사고와 토론

사고와 토론

박준호 · 양은석 · 박일호 · 김희빈
김진형 · 조홍만 · 김영례 · 서상복

전북대학교출판문화원

머리말

서로 말하되 말이 통하지 않고, 오히려 원망과 위협이 되돌아오는 공동체는 우리가 바라는 바와 거리가 멀다. 말이 흐르고 뜻이 모이기 위해서 누군가 일방적으로 생각하기를 멈추거나 침묵해야 한다면 이 역시 우리가 바라는 바가 아니다. 이와 반대로 누구나 자유를 최대한 누리고자 할 때마다, 책임은 더 커진다는 사실을 자각해야 한다. 생각과 표현의 자유를 누리기 위해서 합리성의 표준을 지키는 것이 요구되며, 이런 책임을 지키기 위해서 알아야 할 최소한의 지식을 전달하며 능력을 계발하고자 하는 것이 이 책이 이루고자 하는 바이다.

이 책에서는 누구의 주장에 대해서든 그것을 근거에 비추어 평가할 수 있는 지식과 능력을 신장하고자 한다. 자신의 생각을 주장할 때도 증거를 제시하고자 노력하며, 타인의 의견 제시를 그 근거에 비추어 평가하는 능력과 그 능력에 필요한 최소의 지식을 전달하고자 한다. 그리고 무엇보다도 이런 지식과 능력을 이용하고 발휘하려는 태도를 갖도록 격려하고자 한다. 이런 목표 아래 전반부는 주로 주장과 근거 사이의 관계에 대한 지식과 이해에 집중했다. 그리고 후반부에서는 발표와 토론을 통해서 이를 익히고 활용하는 데 초점을 두었다.

이 책이 만들어지기까지 여러 저자에 의해서 몇 년에 걸쳐 다양한 방면의 노력이 이루어졌다. 그러나 아직도 흠 없이 만족스러운 결과를 얻었다고 자부하기는 이르다. 여러 사람이 자신의 일을 하면서 다른 장소에서 일하다가 간헐적으로 만나서 협의하고 합의한 결과이니 당연한 일일 것이다. 그래도 현재에 만족하지 않는다는 것은 앞으로 더 나은 책을 내놓고자 하는 희망을 드러내는 일이며, 또한 노력의 약속이기도 하다. 이전 판의 저술에 참여하여 도우신 여러 저자께 감사드린다. 그들의 노고가 더 빛나도록 앞으로도 마음을 더 모으겠다. 교재를 강의에 활용하고 있는 여러 강의자께도 감사드린다. 교육목적의 저작에 교육 현장의 목소리야 말로 의심의 여지없이 가장 소중한 자원이다. 학과 교수단의 변함없는 지지 역시 큰 힘이 되고 있고, 이 자리를 빌려 다시 한 번 큰 감사의 말씀을 드린다.

이 책의 내용을 배우고 익혀서, 교과 수강자들이 대응해야 할 당장의 여러 현실적 도전에 의연하게 대처하기를, 그리고 우리 사회가 처한 현금의 여러 고통스러운 상황이 조금이라도 경감되는데 기여하기를 간절히 바란다.

2015년 2월
저자 일동

목차

제 1 장

생각하고 토론하자

개요

인간은 생각하는 동물이며 또한 진리를 찾고자 노력하는 동물이다. 우리의 생각이 근거를 갖추었는지 살피고, 더 나은 증거를 제시하려는 노력은 비판적 사고의 핵심이다. 이는 대학에서 학문을 하는데 필수불가결하다. 뿐만 아니라, 이런 사고에 토대를 두고 이루어지는 합리적 토론은 사회에서 발생하는 여러 문제를 평화적이고 민주적으로 해결하기 위해서 반드시 필요하다.

제1절 생각하기

학습목표	1. 비판적 사고의 중요성을 이해한다. 2. 비판적 토론의 중요성을 이해한다.
기본개념	비판적 사고

인간은 생각하는 동물이다. 무엇인가에 대해서 의식적으로 생각하기도 하지만, 심지어 의식하지 않는 순간에도 우리는 생각과 함께 한다. 이런 생각의 흐름을 억제하거나 억압하는 상황은 일종의 부자유이다. 반대로 생각의 자유는 인간을 더 현명하게 변화시킨다. 프랭클린은 "생각의 자유가 없다면, 지혜라 할 만한 것은 있을 수 없다."고 강조한다. 또한 이 지혜는 자신의 생각을 말과 글로 표현하면서 신장되며, 나의 표현은 남의 생각을 자극하고 그들의 표현을 이끌어내는 촉매가 되어 함께 더 현명해질 수 있다. 인간은 표현하는 동물이기에 항상 더 향상될 수 있다. 자유로운 표현이 중요한 이유가 여기에 있다. "자유롭게 말할 수 없다면 공적인 자유라 할 만한 것 역시 있을 수 없다." 프랭클린이 덧붙인 말이다.[1]

그런데 다른 자유와 마찬가지로 표현의 자유에도 책임이 따른다. 특히 자유롭게 표현된 생각 가운데, 무엇인가를 주장하는 생각에는 책임이 따른다. 이런 주장은 공개적으로 표현되었다는 것뿐만 아니라, 남이 나의 생각을 수용하라고 요구하는 데서 더 큰 공적 성격을 띠기 때문이다. 자신이 주장하는 바에 근거를 제시하는 일은 가장 중요한 책무이다. 표현의 자유를 마음껏 누리면서도 이런 의무를 다하지 않고서 제시되는 주장은 독단이다. 독단가는 자신의 주장에 근거를 제시하지 않거나, 자신의 생각에 불리한 증거는 무시한다. 나아가 남이 자신의 주장을 "묻지도 따지지도 않고" "그냥" 받아들이라고 말한다.[2]

그러나 인간은 합리적 동물이다. 어떤 주장을 증거에 비추어 옳은지 그른지, 그리고 그 증거는 신뢰할만한지 아닌지를 묻고 따지는 일은 합리적 태도의 기본인데, 우리는 원하기만 한다면 이런 태도를 가질 수 있기 때문이다. 자신의 신념에 유리한 증거에 솔깃하고 반대증거는 무시하는 것이 자기 방어의 중요한 심리적 수단이기에, 합리성을 구현하는 일은 매우 어려운 일이다. 하지만 인간은 자신의 신념이 옳기를 바란다는 점에서 볼 때 합리적 태도를 갖는 것이 일상에서 동떨어진 일만은 결코 아니다. 신뢰할만한 증거를 갖춘 신념이나 주장은 그렇지 않은 신념이나 주장에 비해서 옳을 가능성이 더 커지는 게 보통이기 때문이다.

소크라테스가 "검토되지 않은 삶은 살만한 가치가 없다."고 말했을 때, 그는 어떤 생각이나 주장이 옳은지 그른지, 신뢰할만한지의 여부를 한 번 더 생각하는 것이 얼마나 중요한지를 강조한 셈이다. 합리성의 중요한 측면이 바로 이런 반성적 사고이다. 또한 근거에 비추어 검토하는 일은 유리한 증거만이 아니라 불리한 증거도 고려해야 하는 일이므로, 합리적 사고는 비판적(批判的) 사고이기도 하다. 결국 합리적 태도의 다른 이름은 신념이나 주장을 증거에 비추어 검토하고자 하는 "반성적 사고"와 "비판적 사고"이다. 따라서 남을 헐뜯는 "비방(誹謗)"이나 남의 흠을 책잡아 나쁘게 말하는 "비난(非難)"과 비판적 사고를 동일시하는 일은 오해이다. 비판적 사고의 핵심은 "왜 그렇게 생각해야 하는가?, 왜 그것을 거부해야 하는가?, 왜 그것을 믿어야 하는가?, 왜 그것을 믿지 않아야 하는가?"를 묻고 답하려는 노력이다.

이렇게 '왜?'라는 물음을 제기할 때, 우리는 생각과 주장의 근거, 그리고 때로는 이에 바탕을 두고 있는 행위의 이유나 근거를 묻고 있는 것이다. 그런데, 어떤 주장과 그 주장의 근거는 하나의 논증을 이룬다. 이때 주장을 논증의 결론이라 하고, 근거를 논증의 전제라고 한다. 어떤 주장이 어떤 내용인지 명료하게 확인하고, 근거를 제시하고 있는지, 그리고 그 근거에 의해서 주장이 입증되는지를 검토하는 일이 비판적 사고의 거의 전부이다. 이런 관점에서 비판적 사고는 곧 논증적 사고이다.

자신의 생각이나 행동이든 다른 사람의 생각이나 행동이든, 그에 대한 근거가 신뢰할만한 근거인지를 묻기 시작하면 그 사람은 비판적 사고를 하는 것이라고 말할 수 있다. 반면에 신뢰할만한 근거 없이 주장하거나 행동하고 반대 증거를 무시한다면, 그리고 합당한 근거 없이 남의 주장을 받아들이거나 거부한다면 무비판적 또는 비논리적이라고 할 수 있다. 이렇듯 비판적 사고는 논증을 제시하는 일 뿐만 아니라 논증의 평가에도 관심을 두는데, 논증의 평가에서 가장 중요한 축은 바로 전제와 결론 사이의 논리적 관계이기 때문에 비판적 사고는 핵심적인 부분에서 논리적 사고이다. 본 교재의 전반부에서는 주로 이러한 논리적 사고 능력의 신장을 통해서 비판적 사고 능력을 신장하는 내용을 다룬다. 이를 위해서 논증의 종류와 논리적 평가 기준을 제시하고 연습하는 것을 배우게 될 것이다.

근거를 따져 묻고자 하는 사고는 여러 측면에서 가치 있다. 앞에서 말했듯이 근거가 제시된 생각이나 주장은 그렇지 않은 생각이나 주장에 비해서 옳을 가능성이 크다. 이렇듯 근거를 묻고 따지는 일은 진리 탐구에 있어서 반드시 필요하며, 대학이 진리탐구를 목표로 삼는 한 대학인이 갖추어야 할 가장 중요한 자질이 비판적 사고이다. 또한 정보화 사회인 현대 사회에서 잘 살아가는 데 반드시 필요한 것도 비판적 사고력이다.

우리는 인터넷을 통해 수많은 정보와 지식을 접할 수 있게 되었지만, 그 많은 정보가 모두 옳은 것은 아니므로 무비판적으로 그냥 받아들여서는 안 된다. 그것들의 옳고 그름을 판단하기 위해서 비판적 사고 능력이 절실하게 필요하다. 이런 능력은 대부분의 직장에서 업무를 수행하기 위해 가장 기본적으로 갖추어야 할 능력이기도 하다. 현대사회에서는 새로운 문제를 신속히 해결할 수 있는 능력, 특히 추론능력을 필요로 하게 되었다. 추론능력이란 일정한 정보를 전제로 삼아 결론을 도출하는 논증 능력의 일종이다. 그래서 요즈음 공직적성 평가(PSAT), 법학전문대학원적성시험(LEET), 약학대학 입문자격시험(PEET)을 비롯하여, 기업의 입사시험에서 추론 능력, 즉 비판적 사고 능력을 측정하는 시험이 실시되고 있는데 이는 당연한 추세이다.

제 2 절 토론하기

학습목표	1. 토론에서 비판적 사고의 중요성을 이해한다. 2. 비판적 토론의 중요성을 이해한다.
기본개념	비판적 토론

논증적 사고인 비판적 사고는 거시적인 관점에서 더 큰 의의를 갖고 있다. 사람들 사이에 문제가 발생했을 때에도 힘에 호소하지 않고 이성에 호소해서, 즉 비판적 토론과 합의에 의해 해결하는 습관이야 말로 민주주의의 기본이다. 과거의 역사를 되돌아 볼 때, 의견의 대립이나 갈등을 폭력, 권위, 권력, 다수와 같은 힘에 호소해서 해결함으로써 많은 불행이 발생하기도 했다. 따라서 힘에 호소하지 않고 이성에 호소해서 해결할 때 행복한 삶에 더 가까이 갈 수 있을 것이다. 근거를 추구하고 존중하는 비판적 사고는 합리적인 민주사회를 지탱하는 시민이 갖추어야 할 필수적인 기본 능력이다.

이처럼 토론에 비판적 사고를 활용하는 것이야 말로 우리가 주변의 동료와 공동체의 시민과 행복하게 공존할 수 있는 밑거름이기에, 비판적 사고를 다루는 본 교재와 교과의 최종 목표를 합리적 토론 능력 신장에 두었다. 토론의 모든 점에 관심을 두기 보다는 어떤 토론이 이성의 관점에서 더 나은 토론인지 평가할 수 있는 최소한의 기준을 제시하고 이를 훈련하는데 초점을 두었다. 더불어, 타인의 생각을 잘 파악하고 자신의 생각을 효과적으로 표현하여 잘 전달하지 못한다면 합리적인 토론을 비롯한 여러 의사소통의 과정에서 어려움에 처할 것이므로, 교재의 여러 곳에서 다른 사람의 글이나 말을 비판적으로 읽는 방법과, 자신의 생각을 합리적으로 강화시켜서 글이나 말로 표현하는 방법에 대해서도 살펴볼 것이다. 특히 자신의 생각을 근거에 입각해서 정리하고 발표하는 부분은 따로 강조하였다.

요즈음 각종 면접시험에서 발표 및 집단 토론 등을 도입하고 있다. 그 이유는 발표나 토론이 비판적인 생각하기-말하기-글쓰기 능력을 종합적으로 보여줄 수 있는 하나의 장을 마련해 주기 때문이다. '사고와 토론'은 이러한 능력을 종합적으로 완성하는 것을 목표로 삼는다.

제 3 절
조망

학습목표	1. 이 저술의 진행과정을 이해한다. 2. 논증을 발표와 토론에 적용하는 능력의 중요성을 이해한다.
기본개념	이론능력, 적용능력

저술의 제목이 함축하듯이, 이 저술은 생각하고 토론하는 것을 소개하는 것이 주된 목적이다. 좀 더 정확히 표현하면, 비판적, 논증적으로 생각하고 그러한 생각을 영어의 "debate"에 해당하는 찬 · 반 입장을 분명히 하여 자신의 입장을 정당화하는 논쟁적인 토론에 응용할 수 있도록 하는 것을 목적으로 한다. 따라서 이 저술은 크게 비판적, 논증적으로 생각하는 것이 무엇인지를 정확히 이해할 수 있도록 하는 이론 부분과, 그러한 이해를 실제에 적용할 수 있도록 하는 실습 부분으로 이루어져 있다.

이론 부분에 해당하는 장은 2장과 3장이다. 2장은 이론의 핵심에 해당하는 장으로 비판적 사고의 핵심으로 간주될 수 있는 논증 개념과, 논증의 두 종류인 연역과 귀납 그리고 이에 해당하지 않는, 즉 일반적으로 받아들여지기 어려운 논증 유형들과 그것들에 대한 비판 방식을 소개한다. 이에 대한 소개는 주요 개념을 이해하는 수준을 넘어서지 않는다. 그 이유는 다음의 두 가지에 기인한다. 첫째, 이 저술은 대학교 신입생 정도의 수준에 맞는 비판적, 논증적 생각하기 교육을 지향한다는 점이다. 이 책의 저자들의 판단에 따르면, 불행하게도 현재 중등교육은 비판적, 논증적 사고 교육이 제대로 이루어지고 있지 않다. 설령 그러한 교육이 이루어지고 있다고 하더라도 논증 개념과 연역, 귀납 논증에 대한 소개 또한 부정확하거나 불충분하다고 보고 있다. 이에 비추어 이 책의 저자들은 가장 시급한 과제가 논증을 정확히 이해하고 판단하는 것이라고 보고 있다. 아울러 이러한 이해와 판단이 가장 쉬운 방법으로 인도되어야 한다고, 즉 불필요하게 어려운 방식으로 인도되지 말아한 한다고 생각한다. 둘째, 현재 시중에 나와 있는 토론관련 교재들에서 소개하고 있는 논증 유형이 너무 많고 일관적이지도 않다는 점이다. 많은 토론 관련 교재들이 연역, 귀납의 다양한 논증 유형에 대한 소개와 함께 툴민의 논증 모형 등을 함께 소개하고 있다. 일차적으로 논증에 대한 연역, 귀납적 판단과 툴민의 모형은 접근방식에 있어서 근본적인 차이가 있다. 아울러 연역, 귀납에 대한 다양한 논증 유형의 소개는 한 학기 신입생 학생들이 소화할만한 범위를 넘어선다. 이러한 이유로 이 책은 논증에 필요한 최소 개념을 소개한다. 이러한 생각은 비판적, 논증적 사고 훈련을 강조해 온 미국 교육 훈련 과정에 힘입은 바가 크다. 가령, 인디애나 대학교 경우, 최초의 논증 훈련 과정에서 논리학에서 사용되는 기호들을 사용하지 않고 일상적인 직관에 바탕을 둔 논증 교육을 시행하고 있다.

3장은 2장에서 배운 논증 개념과 그에 대한 비판 방식을 실제 지문을 통해 재점검하는 장에 해당한다. 즉 2장이 주요 개념 소개에 중점을 두고 있다면, 3장은 그러한 개념을 정확히 이해하고 있는지를 파악하기 위해 주요 개념을 실제로 적용해 보는 장에 해당한다. 그 점에서 2, 3장을 독립된 장으로 논하기 보다는 2장의 주요 내용을 소개하면서 3장의 내용들을 그에 대한 연습으로 풀이하는 것도 논증 개념을 제대로 이해하였는지를 평가해 볼 수 있는 한 방법에 해당한다. 아울러 3장은 이후 실습 부분을 위한 예비 과정에 해당한다. 그 이유는 다음에 기인한다. 3장은 기본적으로 타인의 글을 논리적으로 분석, 평가하는 훈련을 하는 장에 해당한다. 이는 읽기-듣기, 쓰기-말하기 과정에서 전자에 해당하는 과정으로 이러한 과정은 제대로 쓰고 말하기 위한 선행 단계에 해당한다. 왜냐하면, 잘 이해하고 추론, 분석 및 종합, 평가를 할 수 있어야 다른 사람들이 동의할 수 있는 설득력 있는 말하기와 글쓰기를 할 수 있기 때문이다.

4, 5장은 실습 부분에 해당하는 장이다. 이 책의 저자들은 다음의 두 가지를 염두에 두었다. 첫째는 이론 부분에서 습득한 기본 개념을 제대로 응용할 수 있도록 하는 것이다. 프로 야구, 농구 등 각종 프로 게임의 감독들이 하는 주요 언급 중의 하나는 선수들이 배운 내용을 머리로 이해하는 것이 아니라 몸으로 이해하도록 하는 것이며 그에 대한 훈련에 많은 시간을 할애하고 있다는 것이다. 실제로 머리로 이해하는 것과 몸이 주어진 상황에서 직접 반응하는 것에는 많은 차이가 있다. 즉 머리로 논증을 이해하는 것으로는 현실 상황에서 주어진 상황에 맞게 논증을 적용하는 데는 분명한 한계가 있다. 이 저술은 그러한 간극을 최대한 줄이는 것을 목표로 하고 있다. 둘째는 앞서 언급한 것처럼, 최근 각종 입사 시험에서 발표하고 토론하기를 요청하고 있다는 것이다. 달리 표현하면, 입사 당사자들이 자신의 의사를 얼마나 잘 전달하고 또 설득력 있게 전달하는 지를 점검하고자 한다는 점이다. 가령 일부 기업들은 일정 주제에 대해 지원자들을 찬, 반으로 나누어 할당한 후, 그에 대한 변론을 할 것을 요구하고 있다. 그 점에서 어떻게 발표하고 토론할지를 정확히 판단하는 것은 현재 우리의 시대적 요청과 밀접히 연관되어 있다.

4장에서는 이러한 시대적 요청과 관련하여 발표하기를 위해 어떤 것들이 필요한지를 소개한다. 이때 우리의 관심은 모든 발표가 아닌 논증에 바탕을 둔 토론이다. 현재 가장 널리 알려진 발표 유형은 ppt를 사용한 발표이다. 4장에서는 이러한 목적에 부합할 수 있도록 ppt 발표를 위한 기본적인 주의사항과 더불어 ppt 발표 사례를 통해 논증적인 발표가 어떻게 구성되어야 하는지를 소개한다.

5장은 이론과 실습의 완결 편에 해당한다. 즉 이론에서 배운 것들을 발표문에 반영하여 그것을 토론에서 활용할 수 있도록 한다. 이를 위하여 주요한 토론 주제에 대한 찬, 반 입장을 소개하고, 이 두 입장의 토론을 위한 기본적인 토론 발표문을 소개한다. 즉 찬성측이 토론에서 제시할만한 논증과 그에 대한 정당화, 그리고 반대측이 토론에서 제시할만한 논증과 그에 대한 정당화 과정을 토론을 위한 발표문 작성 예시로 소개한다. 아울러 실제 토론 과정의 바람직한 진행 과정을 염두에 두고 질의와 답변 예시를 함께 소개한다.

제 2 장

논리적으로 생각하자

개요

이 장에서는 논증의 여러 유형들을 소개한다. 일상과 토론에서 기본적으로 자주 사용되는 타당한 연역 논증의 형식들과 강한 귀납 논증의 형식을 소개하고, 이런 전형적인 논증유형과 매우 비슷하여 혼란을 일으키는 논증유형들과, 일상에서 범하기 쉬운 오류들을 소개한다.

제 1 절

논리학과 논증

학습목표	1. 추론 개념을 이해한다. 2. 논증 개념을 이해한다.
기본개념	추리, 추론, 논증, 올바른, 좋은

논리학은 "추리 내지 추론(reasoning)에 관한 학문"으로 간주된다. 이와 관련하여 다음 상황을 생각해 보자. "나는 지금 논리학 수업을 듣기 위해 강의실 의자에 앉아 있다. 저쪽에서 누군가 오는 발자국 소리가 난다. 나는 친구들과 누가 오는지를 맞추는 내기를 했다. 나와 영희는 교수가 오고 있는 중이라고 했고, 철수는 항상 지금 쯤 나타나는 순돌이라고 했다."

이제 나와 영희가 한 말이 맞았다고 가정해 보자. 우리는 두 사람이 위와 같은 주장을 하기 위해 어떤 방식으로 추리했는지 그 추리 과정을 기술할 수 있고, 또 어떤 사람이 올바로 추리했는지를 따져 볼 수 있다. 여기서 각 사람이 어떻게 추리했는지를 진술하는 것은 이들의 추리가 올바른가 하는 문제와는 직접적인 관련이 없다. 왜냐하면, 가령 내가 잘못 추리했지만 누가 오는지를 우연히 맞추었을 수도 있기 때문이다. 예를 들어, 나는 내 시계의 9시 40분을 9시 50분으로 잘못 보고 그

때쯤 늘 수업에 들어오는 XX 교수라고 생각하고 그 교수가 오고 있는 중이라고 했다. 그런데 그날 교수가 평상시보다 10분 일찍 와 내 말이 맞았다.

이와 관련하여 전자의 '사람들이 어떻게 추리(생각)하는지'를 연구하는 것은 일반적으로 심리학의 과제로 간주된다. 반면 후자, 즉 '사람들이 어떻게 추리(생각)해야 하는지'를 연구하는 것은 논리학의 과제로 간주된다. 가령 위 경우 영희가 그 교수의 독특한 발자국 소리에 의해 추리했다면, 그것은 나름 설득력 있는 근거가 될 것이다. 하지만 위 예에서처럼 내가 시계를 잘못 보았다는 것이 밝혀진다면, 내 근거는 설득력 있는 근거라고 보기 어려울 것이다. 논리학은 이러한 설득력의 차이를 야기하는 즉 근거가 주장을 잘 지지해 줄 수 있는 올바른(correct) (혹은 좋은(good)) 추론인지, 그렇지 못한 추론인지에 관한 물음을 다룬다. 한마디로 논리학은 올바른 (혹은 좋은) 추리 내지 추론이 무엇인지를 연구하는, 즉 추론의 본성을 연구하는 학문이다.

"올바른 (혹은 좋은) 추리 내지 추론"이라는 개념을 보다 분명히 하기 위해 먼저 추리(reasoning), 추론(inference), 논증(argument) 개념을 좀 더 자세히 살펴보자. 이를 위해 바커가 쓴『논리학의 기초』에 나오는 다음 경우를 고려해 보자.

> 가인은 혼자 생각하고 있다. 그녀는 작년에 그녀의 고용주가 재정적으로 곤란한 상태였고, 그래서 그녀의 봉급을 20% 삭감하여야 했던 사실을 기억한다. 이제 사업은 호전되었고 따라서 그녀는 20% 인상된 봉급을 받게 될 것이다. 처음에 가인은 기분이 매우 좋았지만 좀 지나자 기분이 조금씩 나빠지기 시작했다. 왜냐하면, 그녀의 오른 봉급은 원래 봉급의 96%밖에 되지 않으리라는 것을 깨달았기 때문이다. 그래서 그녀는 "난 삭감되기 전보다 적은 봉급을 받게 될 것이야."라고 결론을 내린다.

논리학에서 추리는 이와 같이 이미 알고 있는 것으로부터 새로운 것을 이끌어내는 생각의 과정을 의미한다. 다양한 추리과정에서 '전제로부터 결론을 이끌어내는 추리'를 논리학에서는 특별히 추론이라고 한다. 이때 추론은 사람들이 행하는 생각의 과정을 나타내며, 이러한 생각이 말이나 글로 즉 언어로 표현되었을 때, 즉 추리(추론)가 언어로 표현되었을 때 우리는 그것을 논증이라고 한다. 추론에서는 전제와 결론이라는 말을 주로 사용하지만, 논증에서는 이러한 표현 대신에 주장과 근거라는 표현을 많이 사용한다. 그 이유는 논증은 내가 다른 사람에게 하고 싶은 주장과 그것을 뒷받침하는 근거 사이의 관계를 나타내기 때문이다. 여기서 주장은 추론의 결론에 해당하고, 근거는 추론의 전제에 해당한다.

가령, 위 사례는 전제로부터 결론을 이끌어내는 추론으로 간주될 수 있고, 그것은 다음과 같은 논증으로 표현될 수 있다. 구체적으로 가인이 삭감되기 전 100만원을 받았다고 할 때, 위 가인의 추론은 다음의 논증과정으로 표현될 수 있다.

1. 나는 작년에 100만원의 월급을 받았다. (전제1)
2. 나는 금년에 20% 삭감된 80만원을 받고 있다. (전제2)
3. 사장이 사업이 호전되어 급여를 이달부터 20% 올려준다고 했다. (전제3)
4. 나는 이달에 96만원을 받게 될 것이다. (2, 3으로부터)
5. 나는 작년보다 (여전히) 적은 봉급을 받게 될 것이다. (결론: 1, 4로부터)

추론과 논증은 기본적인 역할에 있어서는 차이가 없다. 차이점은 생각의 과정을 나타내는가, 아니면 그러한 과정이 말로 표현된 것을 나타내는가의 차이에 불과하다. 그런 점에서 기본 역할을 논할 때에는 양자를 굳이 구분할 필요가 없다. 즉 기본 역할을 논하고자 할 때, 추론과 논증에는 아무런 차이가 없으므로 추론이라고 불러도 되고 논증이라고 불러도 된다. 추론과 논증은 같은 역할을 수행하며, 각각을 구성하는 요소인 전제와 결론 그리고 근거와 주장 또한 같은 역할을 수행한다.

학습정리

1. 논리학은 올바른 (혹은 좋은) 추리 내지 추론이 무엇인지를 연구하는 학문이다.
2. 추론은 전제로부터 결론을 이끌어내는 추리이다.
3. 논증은 추리 특히 추론이 언어로 표현된 것이다.

연.습.문.제

1. 가인이 기분이 좋았던 것은 그녀가 "나는 작년과 같은 봉급을 받게 될 것이다"라는 결론을 내린 데 의한 것이라고 할 때, 본문의 전제 1, 2, 3에서 가인이 어떻게 그런 결론을 도출했는지를 논증 과정으로 표현해 보고, 어느 과정에 잘못이 있는지를 지적해 보시오.

2. 다음 논증의 최종 결론은?

㉠자연과학의 특징인 정확한 예측력은 탐구 현상들을 수학적 표현으로 단순화함으로써 가능했던 것으로 보인다. ㉡일부 사회과학자들 역시 정확한 예측을 원했고 ㉢그래서 똑같은 단순화 작업을 해야 한다고 주장했다. ㉣하지만 이것은 실수다. ㉤이렇게 하면 쉽게 수량화할 수 없는 자료들을 소홀히 다룰 수밖에 없기 때문에 ㉥사회현상이 왜곡되는 결과가 초래된다.

① ㉡ ② ㉢ ③ ㉣ ④ ㉤ ⑤ ㉥

3. 다음 밑줄 친 주장을 지지하는 근거들을 모두 찾으면?

㉠정규직보다 비정규직 비중이 높아지는 방향으로 작업장 내 근본적인 변화가 일어나고 있으며, 노동환경의 구조가 바뀌고 있음이 분명하다. ㉡노동부에서는 고용주들이 정규직보다 비정규직을 점차 원하고 있다고 말한다. ㉢게다가 노동부에서는 여름 한철만 비정규직을 찾던 전통적인 수요도 거의 없어졌다고 말한다. 이런 점들은 <u>고용주들에 의해 작업장이 비정규직으로 충당되어 가고 있다</u>는 것을 나타낸다. ㉣비정규직으로 일하는 사람들 대부분은 건강이 좋지 않은 것으로 나타났다.

① ㉡ ② ㉢ ③ ㉠ ㉡
④ ㉡ ㉢ ⑤ ㉢ ㉣

제 2 절 연역과 귀납

학습목표	1. 연역 개념을 이해한다. 2. 귀납 개념을 이해한다.
기본개념	연역, 귀납

논리학을 전제로부터 결론을 이끌어 내는 논증에 관한 학문이라고 하자. 논증의 대표적 두 유형은 연역(deduction)과 귀납(induction)이다. 어원적으로 보면, 연역의 영어 표현 deduction에서 duction은 라틴어 ducere에서 온 말로 "…로 이끈다(lead)"는 것을 의미하며, de는 "…로부터 떨어져(out of, from)" 나온다는 것을 의미한다. 즉 연역은 "…에서 (밖으로) 끌고나온다"는 어원적 의미를 갖고 있다. 연역은 전제 안에 있는 내용을 밖으로 끌어내어 결론으로 삼는, 따라서 결론의 내용이 전제에 이미 들어있는 그러한 형태의 논증에 해당된다. 한마디로 연역이란 (결론이 전제에 포함되어 있기 때문에) 주어진 전제(들)로부터 결론이 반드시 따라 나오는 필연적 형태의 논증을 말한다.[3] 예를 들어 "모든 사람은 죽는다"고 전제하고서 사람에 속하는 특정 대상, 가령 영희를 들어 "영희는 죽는다"를 결론으로 끌어내는 형태의 논증이다. 이 경우 "모든 사람은 죽는다"는 진술에 "영희는 죽는다"는 진

술 내용이 이미 포함되어 있다. 따라서 전제를 받아들인다고 했을 때, (결론은 전제 안에 있는 내용이기 때문에) 결론 또한 반드시 받아들여야 한다.[4] 즉 연역은 전제가 참이라면 결론이 거짓일 수 없는 형태의 논증이다.[5]

우리는 이를 바탕으로 전제로부터 결론이 반드시 도출되는 논증과 도출되지 않는 논증을 구분할 수 있다. 전자에 해당하는 논증은 연역적으로 올바른(correct) 논증에 해당하며, 후자의 논증은 그렇지 않은 잘못된(incorrect) 논증에 해당한다. 다음의 두 경우를 통해 이를 확인해 보자.

(1) 오늘 비가 오면, 우리 집 앞마당 땅이 젖는다. (전제1)
오늘 비가 왔다. (전제2)
따라서 우리 집 앞마당 땅이 젖었다. (결론)

(2) 오늘 비가 오면, 우리 집 앞마당 땅이 젖는다. (전제1)
우리 집 앞마당 땅이 젖었다. (전제2)
따라서 오늘 비가 왔다. (결론)

(1)의 전제 1은 일반적으로 우리가 알고 있는 원리 내지 사실이다. 전제 2는 당일 내가 관찰한 사실에 해당한다. 만일 2시경 비가 왔다면, 우리가 전제 1과 전제 2를 받아들일 경우, 다른 말로 전제 1과 전제 2가 참일 경우, ("우리 집 앞마당에 비닐이 씌워졌다"와 같은 다른 추가적인 전제가 없는 한) 그 시각에 "우리 집 앞마당 땅이 젖었다"는 결론에 해당하는, 우리 집 앞마당 땅이 젖은 사건이 발생했을 수밖에 없다는 것을, 즉 결론이 참이라는 것을 받아들일 수밖에 없다. 반면 (2)의 경우는 그렇지 않다. 왜냐하면, 전제 1과 전제 2를 받아들이더라도 결론을 거부할 수 있는, 즉 전제 1과 전제 2가 참이더라도 결론이 거짓이 되는 상황이 있을 수 있기 때문이다. 가령 내가 마당 잔디에 물을 주기 위해 물을 뿌린 경우, 그날 날씨가 맑았지만 땅이 젖어 있을 수 있다.

(1)은 논리학에서 전건긍정논증(modus ponens)이라고 부르는 논증의 예로, 연

역적으로 올바른 논증에 해당한다. 반면 (2)는 조건문의 후건(조건문의 뒷부분에 해당하는 문장)을 긍정하는 데서 발생하는 오류라는 의미에서 후건긍정의 오류(the fallacy of affirming the consequent)라고 부르는 경우로, 연역적으로 잘못된 논증에 해당한다. 올바른 논증은 뒤에서 논의할 타당성(validity)과 밀접히 연관되어 있다.

귀납의 영어표현 induction에서 in은 "안으로(into)"를 의미한다. 따라서 어원적으로 귀납은 "(밖에 있는 것들을) 안으로 끌고 들어간다"는 의미를 갖고 있다. 즉 귀납은 전제에 있었던 내용들을 결론에 해당하는 하나의 내용 안으로 끌고 들어가는 형태의 논증에 해당한다. 이때 주의할 것은 각각의 전제는 단지 끌고 들어간 내용(결론)의 일부에 해당한다는 것이다. 즉 귀납은 전제가 결론 내용의 일부에 해당할 뿐, 결론 내용 전부를 의미하지는 않는 그러한 논증에 해당한다.

대략적으로 귀납은 전제(들)이 결론의 일부에 해당되지만 결론 전체를 포함하지는 못하는, 그로인해 주어진 전제(들)을 넘어선 내용을 결론으로 끌어내는 형태의 논증을 말한다. 예를 들어, 위의 연역과 반대로 "소크라테스는 죽었다"에 해당하는 사실과 유사한 사실들(예: 아리스토텔레스는 죽었다)을 전제로 삼아 그것들로부터 "모든 사람은 죽는다"를 결론으로 끌어내는 형태의 논증에 해당한다. 이 경우 결론이 전제의 범위를 넘어서 있기 때문에, 즉 전제에 없는 내용, 가령 "플라톤은 죽었다"와 같은 내용이 결론에 포함되어 있기 때문에 전제가 모두 참일지라도 결론이 반드시 참이라고 할 수 없다. 가령, 지금까지 발견된 사실들을 바탕으로 "모든 까마귀는 검다"고 결론 내렸지만, 내일 우리는 검지 않은 까마귀를 발견할 수도 있다.

귀납은 전제의 참이 결론의 참을 반드시 보장하지는 않는다. 그 이유는 전제에 없는 내용이 결론에 포함되어 있고, 그것이 결론에 전제에서 의도하지 않은 어떤 영향을 미칠 수 있기 때문이다. 실제로 검지 않은 까마귀가 호주에서 발견되어 "모든 까마귀는 검다"는 일반 진술은 더 이상 참인 진술로 간주되지 않는다. 이는 지금까지 관찰된 까마귀가 검다는 것이 앞으로 관찰될 까마귀가 모두 검다는 것을 보장해 주지는 않는다는 사실을 잘 보여준다. 하지만 우리는 일상에서 지금까지 아침에 동쪽에서 해가 떴다는 사실에 근거해서 내일도 동쪽에서 해가 뜰 것이라고 추론하고 그에 맞춰 생활한다. 가령 7시 30분쯤 버스를 타고 8시 30분쯤 회사에 도착할 경우, 어쩌다 한번 씩 (갑자기 비가 많이 와 도로가 정체 되서) 예측이 빗나가서 지각하는 경우가 있더라도, 7시 30분쯤 버스를 타면 우리는 보통 8시 30분쯤 회사에 도착한다고 추론한다. 이는 전제가 참이라고 해서 결론이 반드시 참이라고 할 수는 없지만 대개의 경우는 결론이 참이 되기 때문이다. 이러한 점에 비추어 연역이 전제가 결론을 필연적으로(necessarily) 지지해 주는, 즉 전제가 참이라면 결론이 반드시 참이 되는 형태의 논증인데 반해, 귀납은 전제가 결론을 개연적으로(probably) 지지해 주는, 즉 전제가 참일 경우 결론이 개연적으로 참이 되는 형태의 논증에 해당한다.[6]

이와 같이 귀납에서는 전제로부터 결론이 따라 나오거나 따라 나오지 않는 것이 반드시 성립하는 것이 아니기 때문에, 올바른 논증과 잘못된 논증으로 구분하기보다는 전제가 얼마나 결론을 강하게 뒷받침하는지에 따라 좋은(good) 논증과 나쁜(bad) 논증으로 구분한다. 귀납의 경우 "더 강한(또는 더 약한)" 등의 표현을 사용하여 논증의 강도를 표현하는데, "좋은"과 "나쁜"은 "더 좋은(better)" "더 나쁜(worse)"과 같이 두 논증을 비교하는 비교 개념에 해당한다. 가령, 다음의 두 경우를 고려해 보자.

(3) 소크라테스는 죽었다. (전제1)
아리스토텔레스는 죽었다. (전제2)
따라서 모든 사람은 죽는다. (결론)

(4) 소크라테스는 죽었다. (전제1)
플라톤은 죽었다. (전제2)
아리스토텔레스는 죽었다. (전제3)
따라서 모든 사람은 죽는다. (결론)

(4)가 (3)보다 결론을 지지할 입증사례가 더 많기 때문에 (4)는 (3)보다 더 좋은(better) 논증에 해당한다. 반대로 (3)은 (4)보다 더 나쁜(worse) 논증에 해당한다.

하지만 전제와 결론 모두 '죽는다(죽음)'는 공통된 성질을 말하고 있기 때문에 죽음을 입증해 주고 있다는 점에서 두 논증의 전제들은 결론을 각각 지지해 주고 있다. 이러한 점에서 전제가 결론을 필연적으로 지지해 주지는 않지만 개연적으로 지지해 준다고 볼 수 있다. 즉 '좋은'과 '나쁜'은 그러한 논증들을 서로 비교해, 어떤 논증이 더 잘 지지해 주는지를 판단하는 데 사용하는 개념이다. 일반적으로 전제가 결론을 비교적 잘 지지해 줄 경우 그 논증을 "좋은 논증"이라고 표현하고, 그렇지 못할 경우 "나쁜 논증"이라고 표현한다.

학습정리

1. 연역은 전제가 참일 경우 결론이 필연적으로 참이 되는 논증이다.
2. 귀납은 전제가 참일 경우 결론이 개연적으로 참이 되는 논증이다.

연.습.문.제

1. 다음 논증이 연역인지 귀납인지를 점검하시오.(PSAT 기출)

   1. 우리 등산 동우회 회원은 모두 8명이다. 그러므로 우리 동우회원 중 같은 요일에 태어난 사람이 적어도 두 명은 된다.
   2. 올림픽 대회와 세계선수권 대회에서 모두 우승한 사람만이 역도의 일인자이다. 그런데 장미란은 이번 올림픽 대회에 출전하지 않았으므로 역도의 일인자가 아니다.
   3. 오늘 아침 신문에 북아프리카에 리히터 규모 9.0의 강진이 일어나 많은 사망자가 발생했다는 충격적인 보도가 있었다. 따라서 많은 사람들이 무고하게 목숨을 잃었음에 틀림없다.

2. 다음 논증들 중 전제가 결론을 지지하는 정도가 다른 것은?

   ① 모든 고양이는 깃털이 있다. 모든 깃털이 있는 것은 발톱이 있다. 그러므로 모든 고양이는 발톱이 있다.

   ② 철수는 강의실에 있거나 오락실에 있을 것이다. 철수는 강의실에 있지 않다. 그러므로 철수는 오락실에 있을 것이다.

   ③ 박쥐가 후각 능력이 약하거나 탁월한 청각 능력이 없다면, 어둠 속을 빠르게 날아갈 수 없다. 박쥐는 빠르게 어둠 속을 날아갈 수 있다는 것이 확인되었다. 그러므로 박쥐의 청각 능력이 탁월함이 분명하다.

   ④ 삼척시민이 원전건설을 반대한다면, 원자력은 문제가 많은 에너지원이다. 삼척시민이 원전건설을 반대하는 시위를 하고 있다. 그러므로 원자력은 문제가 많은 에너지원이 분명하다.

   ⑤ 쥐와 사람은 생리적으로 유사성이 많다. 장기간 담배연기를 흡입한 쥐는 폐질환을 일으킨다. 따라서 장기간 흡연을 한 사람도 폐질환을 일으킬 것이다.

3. 다음 논증들 중 나머지 넷과 종류가 다른 논증은?

① 우리 학과 학생들은 모두 안경을 꼈는데, 그 중 남학생이 31명이고 여학생은 29명이다. 그러므로 시력이 나쁜 사람이 여학생보다 남학생이 더 많다.

② 공인된 대회에서 금메달을 따면 그 종목의 여왕이라고 한다. 손연재는 아시안게임이라는 공인된 대회에서 금메달을 땄다. 손연재는 이제 그 종목의 여왕이다.

③ 우리 학과 학생들은 31명이 넘는다. 그러므로 적어도 두 사람이 생일이 같은 달은 아니더라도 날짜는 같을 것이다.

④ 아시안 게임에서 금메달을 딴 선수들은 모두 병역을 면제받는다. 나지완은 아시안 게임 야구에서 금메달을 땄지만 후보 선수 역할을 했다. 그래도 나지완은 병역을 면제받을 것이다.

⑤ 나는 엄마를 사랑한다. 그러므로 나는 엄마를 사랑하거나 다른 가족도 사랑한다.

4. 다음 대화에 나타난 철수와 영수의 논증에 대한 평가로 올바른 것을 〈보기〉에서 모두 고르시오.

철수는 주사위 놀이를 하는 친구 영수에게 말했다. "너는 지금까지 다섯 번이나 짝수가 나왔어. 분명 이번에도 짝수가 나올 거야." 그러자 영수는 "아니야. 지금까지 짝수가 나왔으니까 이번에는 분명 홀수가 나올 거야"라고 말했다.

〈보기〉

가. 다섯 번 모두 예외 없이 짝수가 나왔으므로 이번에 짝수가 나오는 것은 필연적이다.

나. 철수의 주장이 근거로부터 반드시 따라 나오는 것은 아니기 때문에 영수의 주장이 참일 개연성이 높다.

다. 철수의 주장이 근거로부터 개연적으로 따라 나오기 때문에 영수의 주장이 반드시 틀렸다고는 할 수 없다.

① 나　② 다　③ 가, 나　④ 나, 다　⑤ 가, 나, 다

5. 다음 논증들 중 전제와 결론 사이의 지지관계가 나머지 넷과 종류가 다른 하나는?

① 모든 동물 학대는 비도덕적 행위라고 할 수 있다. 모든 공장식 사육은 동물 학대임이 분명하다. 따라서 모든 공장식 사육은 비도덕적 행위이다.

② 한국에서 서로 사랑하는 사람들은 대부분 결혼한다. 철수와 영희는 서로 사랑한다. 따라서 철수와 영희는 결혼할 것이다.

③ 우리는 신이 존재한다고 믿는 유신론자이거나 신이 존재하지 않는다고 믿는 무신론자이다. 박교수는 신이 존재한다고 믿지 않는다. 따라서 박교수는 신이 존재하지 않는다고 믿는다.

④ 할머니는 비가 오면 짚신 장사하는 큰 아들이 장사가 안 되어 슬프고, 날이 개면 우산 장사하는 작은 아들이 장사가 안 되어 슬프다. 늘 비가 오거나 날이 개거나 한다. 따라서 할머니는 늘 슬프다.

⑤ 만일 아인슈타인이 물리학자라면, 그는 과학자이다. 아인슈타인은 과학자가 아니다. 따라서 그는 물리학자가 아니다.

6. 다음 논증들 중 나머지 넷과 종류가 다른 논증은?

① 영희는 철수를 좋아하거나 영수를 좋아한다. 영희는 영수를 좋아하지 않는다. 그러므로 영희는 철수를 좋아한다.

② 자연수에서는 덧셈에 관한 교환법칙이 성립한다. 2와 5는 자연수이다. 따라서 2 + 5 = 5 + 2가 성립한다.

③ 오늘의 뉴스에서 아나운서가 제주도에서 폭풍에 의해 3명의 실종자가 발생했다고 보도했다. 따라서 폭풍에 의해 실종된 사람은 적어도 3명이다.

④ 샤랄라 어린이 집에 올해 남아 12명과 여아 17명이 입학했다. 그러므로 올해 샤랄라 어린이 집에 입학한 여아가 남아보다 많다.

⑤ 영희는 철수보다 키가 크고 철수는 만수보다 키가 크다. 그러므로 영희는 만수보다 키가 큼에 틀림없다.

7. 다음 논증들 중 나머지 넷과 종류가 다른 논증은?

① 이 주사위를 100번 던진 결과 그 중에서 1의 눈은 15번 나왔다. 따라서 이 주사위를 1000번 던진다면 그 중에서 1의 눈은 약 150번 나올 것이다.

② 이 주사위를 던졌을 때 1의 눈이 나올 확률은 6의 눈이 나올 확률보다 더 크다. 이 주사위를 던졌을 때 1의 눈이 나올 확률은 1/6이다. 따라서 이 주사위를 던졌을 때 6의 눈이 나올 확률은 1/6보다 크지 않다.

③ 우리 학교 전체 학생들 중에서 학기 중 아르바이트를 하는 학생들이 그렇지 않은 학생보다 더 많다고 한다. 따라서 우리 학과 학생들 중에서도 학기 중 아르바이트를 하는 학생이 그렇지 않은 학생보다 더 많을 것이다.

④ 이번에 개발된 A-약에 대한 위약 실험 결과, 위약을 복용한 환자들 중 병이 호전된 환자들의 비율과 신약을 복용한 환자들 중 병이 호전된 환자들의 비율은 거의 비슷했다. 따라서 A-약은 특별한 약효를 가지고 있지 않은 것이 분명하다.

⑤ 철수와 영희는 모두 공인회계사 시험에 합격했으며, 좋은 학점으로 대학을 졸업했다. 영희는 경영대학원을 나오지 않았으나 철수는 경영대학원을 우수한 성적으로 졸업했다. 영희는 이번에 대기업 취업에 성공했다. 따라서 철수 역시 대기업 취업에 성공할 것이다.

제 3 절

연역 논증

학습목표	1. 타당성 개념을 이해한다. 2. 건전성 개념을 이해한다. 3. 주요 연역 논증 형식을 이해한다.
기본개념	타당성, 건전성, 전건긍정논증, 후건부정논증, 선언삼단논증, 조건삼단논증

1. 타당성과 건전성

연역 논증에서 가장 중요한 개념은 타당성(validity)과 건전성(soundness)이다. 일반적으로 후자보다 전자를 더욱 중요하게 다룬다. 두 개념을 구분하기 위해 다음 두 삼단 논법을 고찰해 보자.

예 1 모든 사람은 동물이다. (대전제)
모든 남자는 사람이다. (소전제)
따라서 모든 남자는 동물이다. (결론)

예 2 모든 사람은 식물이다. (대전제)
모든 여자는 사람이다. (소전제)
따라서 모든 여자는 식물이다. (결론)

위의 두 논증은 모두 다음과 같은 형식을 지니고 있다. “모든 M는 P이다. 모든 S는 M이다. 따라서 모든 S는 P이다.” (*). 그런데 두 논증이 같은 형식을 갖고 있음에도 불구하고, 예 1의 논증은 설득력이 있지만 예 2는 설득력이 없게 보일 것이다. 직관적으로도 “모든 남자는 동물이다.”는 참이지만 “모든 여자는 식물이다.”는 거짓이라, 예 1의 결론은 받아들여지지만 예 2의 결론은 받아들이기 어려울 것이다. 이러한 현상이 생기는 것은 예 1의 경우 전제와 결론 모두 참이지만, 예 2의 경우 대전제와 결론이 거짓이기 때문이다. 즉 전자는 전제가 모두 참이라서 결론이 반드시 참일 수 있지만, 후자는 거짓인 전제가 사용되어 결론이 반드시 참이라고 할 수 없기 때문이다.

여기서 두 논증이 같은 형식을 지니고 있다는 것은 논증의 타당성과 밀접히 연관된다. 전제가 참이라는 가정 하에 전제가 결론의 참을 보장할 때, 우리는 그 논증이 타당(valid)하다고 하고, 그렇지 못할 경우 부당(invalid)하다고 한다. 일단 위의 두 논증은 모두 타당하다. 가령 예 1의 경우, 남자(M)와 사람(H) 그리고 동물(A)을 각각의 성질을 만족하는 대상들을 모아 놓은 집합에 해당하는 것으로 간주할 수 있다. 예를 들어, 남자(M) = {소크라테스, 플라톤, 아리스토텔레스, … }와 같은 집합을 생각할 수 있다. 이와 마찬가지로, 사람(H) = {소크라테스, 플라톤, 아리스토텔레스, … , 크산티페, 이효리, 전지현, … }, 동물(A) = {소크라테스, 플라톤, 아리스토텔레스, … , 크산티페, 이효리, 전지현, … , 우리 집 강아지, … }와 같은 집합을 생각할 수 있다. 아울러 대전제는 사람이 동물의 부분집합에 해당한다는 것을 나타내는 진술로, 소전제는 남자가 사람의 부분집합에 해당한다는 것을 나타내는 진술로 간주할 수 있다. 이 경우 남자는 사람이고, 사람은 동물의 부분집합이기 때문에 남자가 동물의 부분집합에 해당한다는 것이 반드시 따라 나오게 된다. 이를 나타내는 진술이 바로 예 1의 결론이다. 비슷한 방식으로 우리는 예 2의 결론이 전제로부터 반드시 따라 나온다는 것을 확인할 수 있다.

그런데 이와 관련하여 주의할 것은, 타당성에 관한 한 전제가 실제로 참인지는 중요하지 않다는 것이다. 즉 전제가 참이라고 가정했을 때 결론이 참이라고 말할 수 있는지 없는지가 타당성을 평가하는 기준이지, 실제로 전제와 결론이 참인지 아닌지는 타당성의 평가기준이 아니다. 타당성은 "만약 전제가 참이라면 결론이 반드시 참"이라는 조건문 형태로 정의된다. (논리학에서 전건(antecedent)이라고 부르는 조건문의 앞부분은 가정에 해당하기 때문에 그것이 반드시 참일 필요는 없다.) 위의 두 논증의 타당성은 형식과 밀접하게 관련이 있다. 즉 (*)로 표시한 논증 형식을 두 예가 모두 만족하고 있고, (*) 형식을 만족하는 예는 모두 타당하기 때문이다.

덧붙여서 타당한 논증의 전제가 실제로 참이어서 결론 또한 실제로 참일 경우, 그러한 논증을 건전하다(sound)고 한다. 이런 점에서 예 1은 타당할 뿐만 아니라 건전한 논증이다. 반면 예 2는 타당하지만 건전하지 못한(unsound) 논증이다. 왜냐하면, 우리가 알고 있는 생물학적인 지식에 따르면, 남자와 여자 모두 사람에 해당하고 사람은 동물에 해당하지만 식물에 해당하지는 않기 때문이다.

2. 타당한 논증 유형

타당한 논증은 예 1의 설명에서 드러난 것처럼, 논증의 내용이 아닌 형식에 의존한다. 이제 마지막으로 일상에서 많이 사용되는 타당한 형식들 몇 가지를 살펴보자. 가장 먼저 소개할 수 있는 것은 연역과 귀납을 구분하는 데서 이미 소개한 다음의 경우이다.

(1) 오늘 비가 오면, 우리 집 앞마당 땅이 젖는다. (전제1)
오늘 비가 왔다. (전제2)
따라서 우리 집 앞마당 땅이 젖었다. (결론)

(1)은 조건문의 전건(앞 문장)을 긍정하는 논증이라는 의미에서 **전건긍정논증**(modus ponens)이라고 부르는 타당한 논증의 예로, 연역 논증에서 가장 많이 사용하는 논증에 해당한다. 이와 대비적으로 다음의 경우를 고려해 보자.

예 3 오늘 비가 오면, 우리 집 앞마당 땅이 젖는다. (전제1)
오늘 우리 집 앞마당 땅이 젖지 않았다. (전제2)
따라서 오늘 비가 오지 않았다. (결론)

위에서 설명한 것과 비슷한 방법으로 우리는 예 3이 타당하다는 것을 설명할 수 있다. 가령, 예 3의 경우 오늘 하루 종일 내가 우리 집 앞마당을 관찰한 결과 땅이 젖은 경우를 발견할 수 없었다면, (다른 특별한 이유가 없는 한) 적어도 오늘은 비가 오지 않았다고 말할 수 있다. 왜냐하면 비가 왔다면 땅이 젖은 경우를 분명히 발견할 수 있었을 것이기 때문이다. 이는 일종의 대우에 의해 참이 되는 경우에 해당한다. 즉 "오늘 우리 집 앞마당 땅이 젖지 않았다면 비가 오지 않았다."는 "오늘 비가 오면 우리 집 앞마당 땅이 젖는다."의 대우에 해당하고, 전제 2와 더불어 결론은 그것을 진술하고 있는 것으로 간주할 수 있다. 예 3은 조건문의 후건(뒷 문장)을 부정하는 형태의 논증이라는 의미에서 **후건부정논증**(modus tollens)이라고 부르는 논증 사례로, 연역적으로 타당한 논증에 해당한다.

우리는 논증의 타당성이 논증의 내용이 아닌 형식에 의존함을 이미 익혔다. 부정에 해당하는 " …이 아니다"를 "~"로 표현해 보자. 전건긍정논증과 후건부정논증은 다음과 같이 형식화될 수 있다.

- **전건긍정논증: A이면 B. A. 따라서 B.**
- **후건부정논증: A이면 B. ~B. 따라서 ~A.**

즉 (1)과 예 3은 각각 위와 같은 형식을 갖고 있고, 위 형식을 갖춘 논증들은 모두 타당하다.

(1)과 예 3의 예에서 사용된 전건긍정논증과 후건부정논증은 연역 논리학에서 가장 많이 사용되는 타당한 논증형식이다. 하지만 대부분의 사람들에게 보다 친숙한 타당한 논증 형식은 전건긍정논증과 후건부정논증 보다는 다음의 경우이다.

예 4 만약 영희가 늦게 잔다면, 영희는 아침에 늦게 일어날 것이다. (전제1)
영희가 늦게 일어난다면, 영희는 학교에 늦을 것이다. (전제2)
따라서 영희가 늦게 잔다면, 영희는 학교에 늦을 것이다. (결론)

위 예에서 두 전제는 'A(영희가 늦게 잔다)이면, B(영희는 아침에 늦게 일어난다)', 'B이면, C(영희는 학교에 늦는다)'란 형식을 갖추고 있다. 이때 A이면 B이고, B이면 C이기 때문에, 직관적으로 (B를 매개로) A이면 C라는 것을 쉽게 알 수 있다. 이 'A(영희가 늦게 잔다)이면 C(영희는 학교에 늦는다)'가 바로 예 4의 결론에 해당하기 때문에 위 논증은 타당하다. 우리는 이러한 논증을 가리켜 조건문 형태로 이루어진 문장들의 삼단 논법이라고 해서 **조건삼단논증**(hypothetical syllogism)이라고 부른다. 조건삼단논증을 형식화하면 다음과 같다.

- **조건삼단논증: A이면 B. B이면 C. 따라서 A이면 C.**

마지막으로 많이 사용되는 타당한 논증에 해당하는 다음 경우를 고려해 보자.

예 5 밴너나 아츠는 K-1 월드그랑프리에서 우승한 적이 있다. (전제1)
밴너는 K-1 월드그랑프리에서 우승한 적이 없다. (전제2)
따라서 아츠가 K-1 월드그랑프리에서 우승한 적이 있다. (결론)

위 예는 다음과 같은 경우에 해당한다. "내가 요즘 격투기 K-1에 관심을 갖게 되었는데, 제롬 느 밴너나 피터 아츠가 K-1 월드그랑프리에서 우승한 적이 있다는 것을 알게 되었다. 그런데 내가 K-1 격투기 결과들에 대해 아직 충분히 알고 있지 못해 이 두 사람이 모두 K-1 월드그랑프리에서 우승한 적이 있는지 아닌지는 아직 충분히 알지 못한다. 최근 K-1 월드그랑프리 역대 결승전을 다 보여주는 스페셜 프로그램의 시청을 통해, 내가 좋아하는 밴너가 우승한 적이 있는지 없는지를 살펴보았다. 아쉽게도 나는 밴너가 우승한 적이 없다는 것을 알게 되었다." 이를 통해 내가 가진 정보의 한도 내에서 자연스럽게 추론할 수 있는 것은 아츠가 K-1 월드그랑프리에서 우승한 적이 있다는 것이다. 그 이유는 두 사람 중에 적어도 한 사람은 K-1 월드그랑프리에서 우승한 적이 있는데, 밴너가 그에 해당하지 않는다면 아츠가 그에 해당할 것이기 때문이다. 이러한 논증을 우리는 선언 문장의 (한 부분을 부정하고 남은 한 부분을 결론으로 도출하는) 형태의 삼단논증이라는 의미에서 **선언 삼단논증**(disjunctive syllogism)이라고 부른다. 여기서 선언은 "또는"을 나타내는 말로, 전제 1에서 또는(밴너 '나' 아츠)이 사용된 데서 따온 것이다. 선언삼단논증을 형식화하면 다음과 같다.

- **선언삼단논증(I): A 또는 B. ~B. 따라서 A.**
- **선언삼단논증(II): A 또는 B. ~A. 따라서 B.**

지금까지 소개한 타당한 논증들은 명제논리[7]에서 타당한 논증들 중 대표적인 것들이다. 명제논리에는 이 외에도 다양한 타당한 논증들이 있고, 명제논리가 아닌 다른 논리, 가령 정언명제의 논리나 술어논리에서 타당한 논증들이 있다. 이에 관한 소개는 일반적인 논리학 교재를 참조하기 바란다.

3. 부당한 논증 유형

일상에서 많이 사용하지만 연역적으로 부당한 논증들이 있다. 가령 우리는 연역과 귀납을 구분하는 과정에서 전건긍정식을 소개하면서 다음의 논증을 같이 소개했었다.

(2) 오늘 비가 오면, 우리 집 앞마당 땅이 젖는다. (전제1)
우리 집 앞마당 땅이 젖었다. (전제2)
따라서 오늘 비가 왔다. (결론)

이는 전제가 모두 참이더라도 결론이 거짓일 수 있다는 점에서 부당한 논증이며, 이러한 논증이 **후건긍정의 오류**에 해당한다고 앞에서 이미 소개하였다. 이와 관련하여 후건부정논증과 대비될만한 부당한 논증은 다음의 경우이다.

예 6 오늘 비가 오면, 우리 집 앞마당 땅이 젖는다. (전제1)
오늘 비가 오지 않았다. (전제2)
따라서 우리 집 앞마당 땅이 젖지 않았다. (결론)

후건긍정의 오류에서와 비슷하게, 예 6의 경우 우리는 전제가 모두 참이더라도 결론이 거짓일 수 있다는 것을 설명할 수 있다. 왜냐하면, 비는 오지 않았지만 내가 급한 나머지 마당에 방뇨를 해 우리 집 앞마당 땅이 젖었을 수 있기 때문이다. 이는 전제를 받아들이더라도 결론을 거부할 수 있는, 즉 전제들이 참이더라도 결론이 거짓이 될 수 있는 경우에 해당한다. 예 5는 **전건부정의 오류**(the fallacy of denying the antecedent)라고 부르는 경우로, 연역적으로 부당한 논증에 해당한다. 후건긍정의 오류와 전건부정의 오류를 기호화하면 다음과 같다.

- **후건긍정오류:** A**이면** B. B. ∴ A.
- **전건부정오류:** A**이면** B. ~A. ∴ ~B.

선언삼단논증에 대비되는 오류도 고려할만하다. 선언삼단논증과 관련하여 이제 전제 2가 긍정되고 결론이 부정되는 다음의 경우를 고려해 보자.

예 7 밴너나 아츠는 K1 월드그랑프리에서 우승한 적이 있다. (전제1)
아츠가 K1 월드그랑프리에서 우승한 적이 있다. (전제2)
따라서 밴너는 K1 월드그랑프리에서 우승한 적이 없다. (결론)

위 예는 전제 2의 상황에서 내가 K1 월드그랑프리 역대 결승전 시청 중 아츠가

K1 월드그랑프리에서 우승하는 것을 보게 된 경우에 해당한다. 이로부터 밴너가 K1 월드그랑프리에서 우승한 적이 없다는 것을 추론할 수 있을까? 물론 내가 역대 경기를 전부다 시청하고 밴너가 우승한 경우를 보지 못했다면, 위 결론은 도출될 수 있을 것이다. 하지만 위 논증의 전제에는 그러한 전제(나는 역대 경기를 전부다 시청하였는데 밴너가 우승한 적이 없다)가 없다. 이러한 추가적인 전제가 없는 한 내가 더 시청하는 중에 밴너가 우승하는 장면을 목격하게 되는 경우가 있을 수 있기 때문에, 결론이 전제로부터 반드시 따라 나온다고는 할 수 없다. 다음의 예는 이러한 상황을 좀 더 쉽게 이해할 수 있도록 해 줄 것이다.

예 8 장동건은 잘생겼거나 키가 크다. (전제1)
장동건은 키가 크다. (전제2)
따라서 장동건은 잘생기지 않았다. (결론)

널리 알려진 대로, 장동건은 원빈과 더불어 대표적인 키 큰 대한민국 미남 배우이다. 따라서 내가 굉장히 특별한 취향(?)을 가지고 있지 않는 한, 전제 1은 일반적으로 받아들여지고 있는 사실이다. 이에 비추어 위 예는 다음의 경우에 해당한다. "나는 외모에 대해 일반인들과 비슷한 취향을 가지고 있는데, TV 연예 프로그램을 잘 보지 않아 연예인들에 대해 잘 모른다. 내가 사람들로부터 얻은 정보는 장동건이 잘 생겼거나 키가 크다는 것이다. 물론 장동건이 두 경우를 다 만족시킬 수 있지만 나에게는 아직 그것이 분명하지 않다. 우연히 나는 장동건을 보게 되었는데, 그가 키가 크다는 것을 알 수 있었다." 이때 내가 시력이 안 좋아 장동건 얼굴을 정확히 볼 수 없었다고 하자. 위 정보로부터 내가 장동건은 잘생기지 않았다고 추론한다면, (특별한 취향을 갖지 않은) 대부분의 사람은 내 추론이 잘못되었다고 말할 것이다. 설령 특별한 취향을 가지고 있더라도 위 논증은 타당한 논증이 못된다고 말하는 것이 옳다. 그 이유는 내가 결론을 도출하는 데 있어 전제1에서 장동건이 잘생기고 동시에 키가 큰 경우를 고려하지 않았기 때문이다. 즉 두 경우(키 크고 잘생김)를 동시에 만족시킬 때 장동건은 잘생기지 않았다가 따라 나오지 않는데, 나는 그 경우를 고려하지 않았다. 이러한 점으로 인해 예 7과 예 8은 부당한 논증에 해당한다. 각각의 전제 2에서 '또는'의 한 부분을 긍정하고 나머지 부분을 결론에서 부정하는 데서 발생하는 오류라는 의미에서, 이러한 논증을 **선언지 긍정의 오류**(the fallacy of affirming a disjunct)라고 부른다.

- **선언지 긍정의 오류(I):** A **또는** B. A. ∴ ~B.
- **선언지 긍정의 오류(II):** A **또는** B. B. ∴ ~A.

예 7, 예 8과 같은 선언문의 가장 중요한 특징은 선언 형태의 문장, 가령 'A 또는 B'에서, 이러한 문장을 구성하는 요소 A, B가 동시에 참일 수 있다는 것이다. 하지만 일상에서 사용하는 모든 선언문이 A, B가 동시에 참인 것을 허용하는 것은 아니다. 가령 다음 경우를 고려해 보자.

예 9 장동건은 전주에 있거나 서울에 있다. (전제1)
장동건은 전주에 있다. (전제2)
따라서 장동건은 서울에 있지 않다. (결론)

위 예에서 알 수 있듯이, 장동건이 현재 서울에 있으면서 동시에 전주에 있을 수는 없다. 그 점에서 위 논증이 틀렸다고 말하기는 어렵다. 왜냐하면, 장동건이 전주에 있었다면 당연히 그는 서울에 있지 않았을 것이기 때문이다. 실제로 우리는 일상에서 이러한 추론을 많이 사용한다. 보통 전자의 경우, 가령 예 7, 예 8과 같은 선언을 **포괄적**(inclusive) 선언이라고 하고, 후자의 경우, 가령 예 9와 같은 선언을 **배타적**(exclusive) 선언이라고 한다.

위 논의에서 알 수 있듯이, 논리학에서 다루는 선언은 배타적 선언이 아닌 포괄적 선언이다. 그 이유는 포괄적 선언이 보다 고려사항이 많은, 보다 일반적인 선언에 해당하기 때문이다. 아울러 배타적 선언은 포괄적 선언을 사용하여 표현될 수 있다.[8] (이러한 특성은 연언에도 마찬가지로 적용된다.)

연역적으로 부당한 논증이 반드시 나쁜 논증인 것은 아니다. 위에서 소개한 부당한 논증 유형들이 그럴싸해 보인 이유는, 전제들이 모두 참일 때 결론이 반드시 참은 아니지만 결론이 참이 되는 경우들이 있기 때문이다. 연역적으로 필연적이지 않은 부당한 논증들 중, 유의미한 논증들을 구분할 수 있는 주요한 평가 기준의 하나가 다음 절에서 소개할 귀납 논증의 유형들이다.

학습정리

1. 타당한 논증은 전제들이 모두 참일 때 결론이 반드시 참인 논증이다.
2. 건전한 논증은 타당한 논증의 전제들이 실제로 참인 논증이다.
3. 타당한 논증의 대표적 예로 전건긍정, 후건부정, 조건삼단, 선언삼단 논증이 있다.
4. 부당한 논증의 대표적 예로 전건부정, 후건긍정, 선언지긍정의 오류가 있다.

연.습.문.제

1. A 교수는 월요일부터 목요일까지 강의한다. 그는 학생들에게 다음 주 월요일부터 토요일까지 중에서 다음 정보로부터 추론될 수 있는 요일(들)에 시험을 볼 것이라고 했다. 시험은 며칠에 나누어 볼 수도 있다. 시험을 볼 요일(들)은?(PSAT 2009)

- 목요일에 시험을 본다면, 토요일에도 시험을 볼 것이다.
- 월요일에 시험을 보지 않는다면, 화요일이나 목요일에 시험을 볼 것이다.
- 월요일에 시험을 본다면, 수요일에 시험을 보지 않을 것이다.
- 화요일에 시험을 본다면, 목요일이나 금요일에는 시험을 볼 것이다.
- A 교수가 강의하지 않는 날에는 시험을 보지 않을 것이다.

① 월 ② 화 ③ 수 ④ 월, 화 ⑤ 화, 목

2. 다음에서 타당한 논증이라고 볼 수 없는 것은?

① 이 꽃이 모란꽃이라면 향기가 나지 않을 것이다. 그런데 이 꽃에서는 향기가 난다. 그러므로 이 꽃은 모란꽃이 아님이 분명하다.

② 만일 인간의 행위가 통제할 수 없는 원인에 의해 일어났다면, 그 행위에 대해선 비난도 칭찬도 할 수 없을 것이다. 그런데 인간의 행위가 통제할 수없는 원인에 의해 일어났다고 생각할 충분한 이유가 있다. 따라서 인간의 행위에 대해 어떤 비난이나 칭찬도 할 수 없다.

③ 플라톤은 철학자이거나 남자이다. 플라톤은 철학자이다. 그러므로 플라톤은 남자가 아니다.

④ 만일 내가 공부를 열심히 한다면 장학금을 받게 될 것이다. 만일 내가 장학금을 받는다면 부모님이 기뻐하실 것이다. 따라서 내가 공부를 열심히 한다면 부모님이 기뻐하실 것이다.

⑤ 모든 여우는 젖으로 새끼를 키운다. 그러니 한반도 붉은 여우도 젖으로 새끼를 키울 것이다.

3. 다음 연역논증의 타당성 혹은 건전성에 대한 설명 가운데 옳은 것은?

만일 아인슈타인이 과학자라면, 그는 물리학자이다. 아인슈타인은 물리학자이다. 그러므로 그는 과학자이다.

① 타당한 논증이다. ② 부당한 논증이다. ③ 건전한 논증이다.
④ 타당하지만 건전하지 않은 논증이다.
⑤ 타당성, 건전성을 말할 수 없는 논증이다.

4. 다음의 진술들이 모두 참이라고 할 때 반드시 참이라고 할 수 없는 것은?

하천이 기준 이상으로 오염이 된 것이라면 수영이 금지된다.
하천이 기준 이상으로 오염된 것이 아니라면 낚시가 금지되지 않는다.
낚시가 금지되거나, 취사가 금지된다.
수영이 금지되고, 취사가 금지된다.

① 낚시가 금지되면 수영이 금지된다.
② 하천이 기준 이상으로 오염된 것이다.
③ 낚시가 금지되면 하천이 기준 이상으로 오염된 것이다.
④ 하천이 기준 이상으로 오염이 된 것이거나, 낚시가 금지되지 않는다.
⑤ 취사행위가 금지된다.

5. 아래 제시된 논증의 타당성, 건전성에 대한 평가로 적절하지 않은 것은?

(가) 언론사에서 대기업이 인수한 특정 대학들에 후한 점수를 주어 평가한다면, 각 대학들은 언론사 대학평가 폐지 운동에 동참할 것이다. 언론사 대학평가는 대기업이 인수한 특정 대학들에 후한 점수를 주어 평가한 것이 아니다. 따라서 각 대학들은 언론사 대학평가 폐지 운동에 동참하지 않을 것이다.
(나) 검찰은 세월호 참사에 대한 의혹들을 속 시원히 풀어내지 못했거나 또는 유병언 비호세력을 밝혀내지 못했다. 검찰은 유병언을 비호하는 세력을

밝혀내지 못했다. 그러므로 검찰은 세월호 참사에 대한 의혹들을 해소시켰다고 볼 수 있다.

(다) 노벨문학상 수상자를 가장 많이 배출한 나라는 한국이거나 프랑스이다. 한국인 중에서 노벨문학상을 수상한 사람은 아무도 없다. 따라서 노벨문학상 수상자를 가장 많이 배출한 나라는 프랑스이다.

① 논증 (가)는 타당한 논증이 아니다.

② 논증 (나)는 두 개의 선언지 중 하나의 선언지를 긍정하고 나서 남은 선언지 하나를 부정하고 있는 논증이다. 이 논증은 부당한 논증이다.

③ 논증 (다)는 두 개의 선언지 중 하나의 선언지가 거짓임을 밝히고 나서 남은 선언지 하나는 참이라고 주장하고 있는 논증이다. 두 개의 전제 모두 참이라 가정할 때 결론은 거짓이 될 수 없으므로 타당한 논증이다.

④ 논증 (가)와 (나)의 전제가 모두 참이라면, 이 둘의 각 결론 역시 참일 수밖에 없으며 이에 이 둘은 건전한 논증이 된다.

⑤ 논증 (가)는 형식이 아니라 내용 때문에 문제가 발생한 경우이기 때문에 건전하지 않은 논증이고, 논증 (다)는 노벨문학상 수상자를 가장 많이 배출한 나라가 실제로 프랑스인지 모르는 상황이기 때문에 타당성을 평가하기 힘든 논증이다

6. 다음 논증의 타당성과 건전성에 대한 판단으로 올바른 것은?

그녀가 나를 좋아한다면, 나에게 말을 걸어올 것이다.
그녀가 내게 한 마디도 하지 않는 걸 보니,
그녀는 나를 좋아하지 않는구나!

① 건전한 논증

② 타당한 논증

③ 타당하고 건전한 논증

④ 타당하지도 건전하지도 않은 논증

⑤ 타당성, 건전성을 말하기 어려운 논증

7. 다음 네 논증에 대하여 가장 적절하게 설명하고 있는 것을 고르시오.

(가) 만약 프로농구 선수인 김민구 선수가 팬서비스에도 능하다면, 그 선수의 인기는 크게 오를 것이다. 그런데 그 선수의 인기가 크게 오르고 있다. 김민구 선수는 팬서비스에도 능한 게 분명하다.

(나) 베토벤은 〈운명〉을 작곡할 때 하이든의 곡을 베꼈거나 〈드레슬러 주제에 의한 피아노를 위한 9개의 변주곡 C단조〉를 작곡할 때 하이든의 곡을 베꼈다. 베토벤은 〈운명〉을 작곡할 때 하이든의 곡을 베끼지 않았다. 그러므로 베토벤은 〈드레슬러 주제에 의한 피아노를 위한 9개의 변주곡 C단조〉를 작곡할 때 하이든의 곡을 베꼈다.

(다) 어떤 예술작품은 아름답다. 어떤 예술작품은 색채의 조화와 배합을 고려하지 않은 것이다. 그러므로 모든 아름다운 작품은 색채의 조화와 배합을 고려하지 않은 것이다.

(라) 현실을 비관하는 모든 사람은 게으르다. 실패를 두려워하는 모든 사람은 현실을 비관하는 사람이 아니다. 따라서 어떤 게으른 사람은 실패를 두려워하는 사람이 아니다.

① (다)와 (라)는 타당한 논증이다. 그러나 건전한 논증은 아니다. 형식은 타당하지만 거짓 전제가 포함되어 있다.

② (나)와 (다)는 부당한 논증이지만 (가)와 (라)는 타당한 논증이다. (가)와 (라)는 타당한 추론을 통해 참인 전제로부터 참인 결론을 이끌어내고 있기 때문이다.

③ (가)의 전제가 참이라면 그것의 결론 역시 참일 수밖에 없다. 하지만 (나)와 (다)는 그렇지 않다. (라)는 추론 과정에 오류를 포함하고 있다.

④ (나)는 타당하다. 첫 번째 전제(선언명제) 속의 선언지 하나를 부정하면서 남은 선언지 하나가 참이라고 주장하는 것은 타당하다. 그러나 (가)(다)(라)는 타당하지 않다.

⑤ 모두 타당하지 않다. 전제가 모두 참이고 결론도 참이라고 하더라도 추론 과정에 오류를 포함하고 있기 때문이다.

8. 다음 진술들 중에서 참인 것을 모두 고르면?

(ㄱ) 모든 전제들이 참이면서 결론이 거짓인 타당한 논증이 가능하다.
(ㄴ) 타당한 논증이 거짓인 결론을 갖는다면, 그 논증의 모든 전제들이 참인 것은 아니다.
(ㄷ) 타당하지만 결론이 거짓인 논증이 가능하다.
(ㄹ) 만일 한 논증이 건전하지 않으면, 그 논증은 거짓된 결론을 갖는다.
(ㅁ) 타당하지는 않지만 건전한 논증이 가능하다.
(ㅂ) 만일 어떤 논증이 건전하면, 그 논증의 전제들은 참이어야 한다.

① (ㄱ), (ㄷ), (ㅁ) ② (ㄴ), (ㄹ), (ㅁ) ③ (ㄴ), (ㄷ), (ㅂ)
④ (ㄹ), (ㅁ), (ㅂ) ⑤ (ㄷ), (ㄹ), (ㅂ)

9. 〈보기〉에서 타당한 논증을 모두 고르면?

〈보기〉

(가) 순이는 정치학을 듣거나 심리학을 듣는다. 순이가 심리학을 듣는다면 순이는 물리학을 듣지 않는다. 따라서 순이가 정치학을 듣지 않는다면 순이는 물리학을 듣지 않는다.
(나) 철이가 심리학을 듣는다면, 정순이가 심리학을 듣거나 삼순이가 심리학을 듣는다. 정순이와 삼순이가 모두 심리학을 듣는다는 것은 사실이 아니다. 따라서 철이는 심리학을 듣지 않는다.
(다) 정민이가 사회학을 들으면, 효리가 사회학을 듣는다. 정민이가 사회학을 들으면, 태희도 사회학을 듣는다. 따라서 정민이가 사회학을 들으면, 효리가 사회학을 듣거나 태희가 사회학을 듣지 않는다.

① (가) ② (가), (나) ③ (가), (다)
④ (나), (다) ⑤ (가), (나), (다)

10. 다음 논증 중에서 타당하지 않은 것은?

① 영희가 전주에 있거나 중앙도서관에 있을 시간인데, 영희는 지금 중앙도서관에 있지 않다. 영희가 지금 전주에 있음에 틀림없다.

② 만일 희수가 중국에 있다면 희수는 아시아에 있다. 희수가 아시아에 있다면 희수는 태국에 있다. 따라서 희수가 중국에 있다면 희수는 태국에 있다.

③ 만일 철수가 영희하고 사귄다면 은수하고 영화관에 오지 않았을 것이다. 그런데 은수하고 영화를 보고 있는 것을 보면 철수가 영희하고 사귀지 않는 것이 분명하다.

④ 오늘 비가 오면 소풍이 연기된다. 오늘 비가 오고 있다. 그러니 오늘 소풍을 가지 않을 것이 분명하다.

⑤ 공부를 열심히 하면 A학점을 받을 수 있다. 민수가 A학점을 받은 걸 보니 공부를 열심히 한 것이 틀림없다.

11. 다음 진술이 모두 참이라고 할 때, 항상 참이라고 볼 수 없는 것은?

> ㉠ 비판적 사고를 수강하면 논리학을 수강한다.
> ㉡ 비판적 사고를 수강하지 않으면, 사회학을 수강하지 않는다.
> ㉢ 비판적 사고를 수강하면 심리학을 수강한다.
> ㉣ 비판적 사고를 수강한다.

① 논리학을 수강하거나 비판적 사고를 수강한다.
② 심리학을 수강하면 사회학을 수강한다.
③ 사회학을 수강하면 논리학을 수강한다.
④ 사회학을 수강하면 심리학을 수강한다.
⑤ 사회학을 수강하면 비판적 사고도 수강한다.

12. 다음 연역 논증의 타당성 혹은 건전성에 대한 설명 중에서 옳은 것은?

만일 한 회사의 사장이 직원들을 진정으로 사랑한다면, 그는 직원들의 후생복지에 관심을 가지고서 적극적인 지원을 아끼지 않을 것이다. 그 회사의 사장은 직원들의 후생복지에 관심도 없고 지원도 하지 않는 걸 보니, 그가 직원들을 진정으로 사랑한다는 것은 거짓이다.

① 부당한 논증이다.
② 타당한 논증이다.
③ 부당하면서 건전하지 않은 논증이다.
④ 건전하지만 타당하지 않은 논증이다.
⑤ 타당성, 건전성을 판단할 수 없는 논증이다.

13. 다음에서 타당한 논증을 모두 고르면?

〈보기〉

(가) 영희는 학생이거나 가수이다. 영희가 가수라면 영희는 배우가 아니다. 영희가 배우인 것은 분명하다. 따라서 영희는 학생이다.
(나) 철수가 공부를 열심히 하면 철수는 좋은 학점을 받거나 장학금을 받는다. 철수가 좋은 학점도 받고 장학금도 받는다면, 철수는 여자 친구가 생긴다. 하지만 철수는 여자 친구가 생기지 않았다. 따라서 철수는 공부를 열심히 하지 않았음에 틀림없다.
(다) 영수가 머리가 좋지만 공부를 열심히 하지 않는다면, 영수는 중간고사에서 좋은 점수를 받지 못한다. 영수는 중간고사에서 좋은 점수를 받았거나 친구들과 당구를 쳤다. 그런데 영수는 친구들과 당구를 치지 않았다. 따라서 영수가 공부를 열심히 한 것은 분명하다.

① 가　② 가, 나　③ 가, 다　④ 나, 다　⑤ 가, 나, 다

14. 다음에서 타당한 논증이라고 볼 수 없는 것은?

① 지각 변동으로 지층이 융기하면 육지에서도 조개 화석이 발견된다. 히말라야 산맥은 지각 변동으로 지층이 융기하여 만들어진 것이다. 그러므로 히

말라야 산맥에서는 조개 화석이 발견될 것이다.

② 이 우주선이 빛보다 빨리 날 수 있다면, 우리는 시간을 거슬러 과거로 갈 수 있습니다. 그렇지만 아쉽게도 우리는 빛보다 빠른 우주선을 만들지 못합니다. 그래서 이 우주선도 빛보다 빨리 날 수 없지요. 따라서 우리는 시간을 거슬러 과거로 가볼 수가 없습니다.

③ 만약 원시인들이 태평양을 건너지 않았다면, 폴리네시안 유물과 남아메리카 유물 사이에 강한 유사성이 없을 것이다. 그러나 강한 유사성이 있다. 그래서 원시인들은 태평양을 건넜다.

④ 나는 1000달러를 마련하거나 또는 그 차를 살 수 없다. 나는 1000달러를 마련할 수 없다. 그러므로 나는 그 차를 살 수 없다.

⑤ 우리가 뉴욕으로 계속 차를 몰고 간다면, 우리는 회복되기 위해 최소한 이틀을 필요로 할 것이다. 왜냐하면 우리가 뉴욕으로 계속 차를 몰고 간다면, 우리는 24시간 동안 길 위에 있을 것이고, 만약 그런 일이 발생한다면, 우리는 그 여행의 피로로부터 회복되기 위해 최소한 이틀을 필요로 할 것이기 때문이다.

15. 다음 논증의 타당성과 건전성에 대한 평가로 적절한 것은?

청와대 민경욱 대변인은 이날(3월11일) 오전 브리핑을 통해 사드 문제와 관련, "우리 정부의 입장은 쓰리 노(No Request, No Consultation, No Decision)"라며 "'요청이 없었기 때문에 협의도 없었고 결정된 것도 없다'로 간단하게 이해해주면 좋겠다."고 말했다. 그런데 정부는 3월 27일 "한국이 아시아인프라개발은행에 참여한다."고 발표했다.
이런 상황에서 다음과 같은 논증을 시도했다.

우리나라는 중국이 주도하는 아시아인프라개발은행(AIIB)에 참여하거나 미국이 주도하는 미사일고고도방어체제(THAAD)에 참여할 것이다. 우리나라는 미국이 주도하는 미사일고고도방어체제(THAAD)에 참여하지 않을 것이다. 그러므로 우리나라는 중국이 주도하는 아시아인프라개발은행(AIIB)에 참여할 것이다.

① 부당한 논증이다.
② 타당한 논증이다.
③ 타당하면서 건전한 논증이다.
④ 타당하지도 건전하지도 않은 논증이다.
⑤ 결론이 실제로 참이므로 건전한 논증이다.

16. 다음 가–마의 논증 중에서 전제가 참일 때 결론이 반드시 참인 논증을 모두 고르면?

(가) 학생의 직업은 공부야. 너는 공부해야 해. 그러므로 너는 학생이야.
(나) 사람치고 이기적이지 않은 사람은 없어. 너도 사람이야. 그러므로 너도 이기적일 수밖에 없어.
(다) 북한이 남북교류 의향이 있다면 개성공단을 유지시킬 거야. 북한이 개성공단을 폐쇄하지 않고 있어. 그러므로 북한이 남북교류 의향이 있음에 틀림없어.
(라) 보수가 좋은 기업에 취업하려면 학점뿐 아니라 스펙도 좋아야 해. 너는 내세울만한 스펙이 거의 없잖아. 그러므로 너는 보수가 좋은 기업에 취업하지 못해.
(마) 너는 미숙과 미라 둘 모두와 결혼할 수 없어. 너는 미숙과 결혼하기로 했잖아. 그러므로 너는 미라와 결혼할 수 없어.

① 가, 나, 다　② 나, 다, 라　③ 다, 라, 마
④ 가, 나, 마　⑤ 나, 라, 마

17. 다음 논증에 대한 평가로 옳은 것은?

미연방준비위원회는 ①글로벌 경제 상황이 개선되고 미국 내 경기가 예상만큼 좋아지면 달러화 금리를 인상한다고 하였다. 올해 9월 연준 회의에서 ②달러화 금리인상을 하지 않았다. 따라서 ③글로벌 경제상황이 개선되고 미국 내 경기가 예상만큼 좋아진다는 것은 거짓이다. 그런데 9월말 미 상무부 발표에 의하면 ④미국 2분기 경제성장률은 예상보다 아주 높은 수준인 3.9%를 기록했다. 이에 따라 ⑤글로벌 경제상황이 개선되지 않았다고 결론지을 수 있다.

① ①과 ②를 전제로 삼아 ③을 타당하게 추론할 수 없다.
② ①과 ③을 전제로 삼아 ⑤를 타당하게 추론할 수 있다.
③ ③을 전제로 삼아 ④를 타당하게 추론할 수 있다.
④ 미국 2분기 경제성장률이 예상보다 높으면 미국 내 경기가 좋아진 것이다'는 전제를 추가하면 이 논증은 타당해진다.
⑤ '미국 2분기 경제성장률이 예상보다 높으면 미국 내 경기가 좋아진 것이다'는 전제를 추가하면 이 논증은 부당해진다.

18. 〈보기〉의 진술들 중에서 참인 것을 모두 고르면?

〈보기〉

(가) 전제들이 모두 참일 때 결론이 거짓인 건전한 논증이 가능하다.
(나) 거짓인 전제를 갖는 타당한 논증이 가능하다.
(다) 전제들이 모두 참이면서 결론이 거짓인 타당하지만 건전하지 않은 논증이 가능하다.

① 가　② 나　③ 가 , 다　④ 나, 다　⑤ 가, 나, 다

19. 다음 논증을 올바르게 평가한 것을 〈보기〉에서 모두 고르면?

영희와 정희는 핸드폰을 바꾼다. 영희가 핸드폰을 바꾸면, 민수도 핸드폰을 바꾼다. 정희가 핸드폰을 바꾸면, 민수도 핸드폰을 바꾼다. 따라서 민수는 핸드폰을 바꾼다.

〈보기〉

(가) 영희가 핸드폰을 바꾸더라도 민수가 핸드폰을 안 바꿀 수 있다. 가령 민수는 핸드폰을 바꾸는 대신 돈을 공익재단에 기부할 수 있다.
(나) 민수가 핸드폰을 바꾼다는 결론은 제시된 전제들로부터 타당하게 도출되지 않는다. 즉 제시된 전제들을 모두 참이라고 가정해도 결론이 거짓일 수 있다.

(다) 영희와 정희가 핸드폰을 바꾼다는 것이 참이 아닐 수 있다. 가령 영희가 핸드폰을 바꾸더라도 정희는 지금 핸드폰이 남친이 사준 것이라 안 바꿀 수 있다. 심지어 영희도 핸드폰을 안 바꾸는 경우를 충분히 상상할 수 있다.

① 가 ② 가, 나 ③ 가, 다
④ 나, 다 ⑤ 가, 나, 다

20. 〈보기〉에서 타당한 논증을 모두 고르면?

〈보기〉

(가) 영희가 철수를 좋아한다면, 영희는 철수에게 초콜릿과 사탕을 준다. 영희는 철수에게 초콜릿을 주지 않는다. 따라서 영희는 철수를 좋아하지 않는다.
(나) 철수나 영수가 비판적 사고를 들으면, 영희도 비판적 사고를 듣는다. 철수와 영수 모두 비판적 사고를 듣지 않는다. 따라서 영희는 비판적 사고를 듣지 않는다.
(다) 철수가 밴드에 가입하면 영수도 밴드에 가입한다. 영수나 민수가 밴드에 가입하면, 영희와 민희도 밴드에 가입한다. 그러므로 철수가 밴드에 가입하면, 민희도 밴드에 가입한다.

① 가 ② 가, 나 ③ 가, 다
④ 나, 다 ⑤ 가, 나, 다

21. 먼 은하계에 X, 알파, 베타, 감마, 델타 다섯 행성이 있다. X행성이 매우 호전적이어서 기회만 있으면 다른 행성을 식민지하고자 한다. 다음 진술이 참이라고 할 때, X 행성이 침공할 행성을 모두 고르면?

ㄱ. X 행성이 델타 행성을 침공하지 않는다.
ㄴ. X 행성은 베타 행성을 침공하거나 델타 행성을 침공 한다.
ㄷ. X 행성이 감마 행성을 침공하지 않는다면 알파 행성을 침공한다.
ㄹ. X 행성이 베타 행성을 침공한다면 감마 행성을 침공하지 않는다.

① 베타 행성
② 감마 행성
③ 알파와 베타 행성
④ 알파와 감마 행성
⑤ 알파와 베타와 감마 행성

제 4 절

귀납 논증

학습목표	1. 귀납 논증의 주요 유형들을 이해한다. 2. 각 귀납 논증이 강화/약화되는 방식을 이해한다.
기본개념	귀납적 일반화, 통계적 삼단논법, 유비논증, 인과논증

1. 귀납 논증의 특성

앞에서 설명했듯이 귀납 논증은 전제의 내용이 결론의 내용의 일부이지만 결론의 내용은 전제의 내용의 일부가 아닌 논증이다. 즉 귀납 논증에서 결론은 전제보다 더 많은 내용을 가지고 있다. 따라서 연역 논증과 달리 귀납 논증의 전제는 결론이 참이라는 것을 확실하게, 혹은 필연적으로 보장하지 않는다. 귀납 논증의 전제는 결론이 참이라는 것을 단지 높은 **개연성**을 가지고 보장할 뿐이다. 여기서 높은 개연성을 가지고 보장한다는 것은 전제가 참일 때 결론이 참일 확률이 높아진다는 것을 의미한다.

사실 이런 귀납 논증은 일상생활과 과학 탐구에서 두루 사용되고 있다. 우리는 종종 유권자들 중 몇몇의 정치 성향을 조사하여 유권자 전체의 정치 성향을 추론하기도 한다. 물론 유권자 몇몇의 정치 성향에 대한 정보 안에는 유권자 전체의 정치 성향에 대한 정보가 포함되어 있지 않다. 따라서 이런 추론에 포함된 논증도 귀납 논증이라고 할 수 있다. 또 천문학은 과거의 행성들의 운동을 통해서 미래의 행성들의 운동을 예측한다. 물론 과거의 행성들의 운동에 대한 정보 안에는 미래의 행성들의 운동에 대한 정보가 포함되어 있지 않다. 따라서 이런 예측에 포함된 논증 역시 귀납 논증이라고 할 수 있다. 뿐만 아니라 몇몇 제약 회사들은 동물 실험을 통해 얻은 특정 약물의 유해성 여부에 대한 정보를 이용해서 해당 약물이 인간에게도 유해한지 추론한다. 여기서도 동물 실험을 통해 얻은 정보에는 인간에 대한 정보가 포함되어 있지 않다. 따라서 이런 추론에 포함된 논증도 귀납 논증이라고 할 수 있다.

이렇듯 귀납 논증은 여러 분야에서 여러 방법으로 사용되고 있지만, 여러 귀납 논증들과 그것들을 평가하는 방법에는 공통점이 있다. 앞에서 말했듯이 귀납 논증들은 모두 전제가 결론을 개연적으로 지지하는 논증이다. 이 개연성은 전제에 제시된 정보가 모두 참이라고 하더라도 추가 정보 – 새로운 정보와 숨겨진 정보 – 에 의해서 달라질 수 있다. 전제가 모두 참이고 그 전제들이 결론을 강하게 지지한다고 하더라도, 그 지지의 정도는 추가 정보에 따라서 약화되거나 강화될 수 있다. 따라서 대다수의 귀납 논증에 대한 평가는 추가 정보에 의존한다.

앞으로 몇 가지 대표적인 귀납 논증의 유형들을 살펴볼 것이다. 그리고 그것을 평가하는 데 있어 필수적으로 고려해야 할 것들이 언급될 것이다. 이 필수적으로 고려해야 할 것들은 모두 위에서 언급한 추가 정보와 관련이 있다. 우리는 대표적인 귀납 논증의 유형과 그것들을 평가하는 데 있어 어떤 추가 정보가 그 귀납 논증을 약화할 수 있는지, 어떤 추가 정보가 그 귀납 논증을 강화할 수 있는지 살펴볼 것이다.

2. 귀납적 일반화

귀납적 일반화는 귀납 논증의 사례로 가장 많이 언급되는 유형이다. “지금까지 관찰된 까마귀는 모두 검은 색이었다. 따라서 모든 까마귀는 검은 색이다.”, “철,

구리, 금, 은, 알루미늄에 열을 가했더니 팽창했다. 따라서 열이 가해진 모든 금속은 팽창한다." 등과 같은 것이 대표적인 귀납적 일반화 논증이다.

이런 논증들은 모두 어떤 집단의 일부가 가진 성질을 이용해서 그 집단 전체의 성질을 추론한다. 위 사례에서 '까마귀 전체 집단'의 성질은 그 집단의 일부인 '관찰된 까마귀들'의 성질을 이용해서 추론되며, '금속 전체 집단'의 성질은 그 집단의 일부인 '철, 구리, 금, 은, 알루미늄'의 성질에 의해서 추론된다. 여기서 전체 집단은 흔히 '모집단'이라고 불리며, 그 전체 집단의 성질을 추론하기 위해서 사용된 전체 집단의 일부는 '표본'이라고 불린다. 이런 점에서 귀납적 일반화란 표본이 가진 성질들로부터 모집단의 성질들을 추론하는 것이라고 할 수 있다. (통계학에서는 이런 추론을 추정(estimation)이라고 부른다.)

이때, 표본의 성질들로부터 추론된 모집단의 성질이 무엇이냐에 따라서 귀납적 일반화는 두 가지 종류로 나뉜다. 모집단에 속한 모든 것들이 이러저러한 속성을 가지고 있다는 것을 추론하는 귀납적 일반화는 '**보편적 일반화**'라고 불린다. 앞에서 언급한 까마귀의 사례를 다시 보자. 이 논증의 결론은 모집단에 속한 모든 까마귀들이 검다는 속성을 가지고 있다는 것이다. 이런 귀납적 일반화가 바로 보편적 일반화이다. '보편적'이라는 수식어가 붙은 것은 이 귀납 논증의 결론이 '모든 S는 P이다.'와 같은 보편 진술의 성질을 갖추었기 때문이다.

하지만 관찰된 표본으로부터 언제나 모집단에 속한 모든 것들이 가지고 있는 속성들을 추론할 수 있는 것은 아니다. 예를 들어보자. 어떤 조류학자가 비둘기를 관찰했다고 하자. 그리고 관찰된 비둘기들 중에서 80%가 회색이라는 것이 밝혀졌다고 하자. 그를 통해 우리는 모든 비둘기가 회색이라고 추론할 수 없다. 그보다, 모든 비둘기들 중에서 약 80%가 회색이라고 추론하는 것이 올바른 듯이 보인다. 즉 우리는 표본에 속한 비둘기들 중에서 80%가 회색이라는 정보를 이용해서 모집단의 비둘기들 모두가 회색이라는 것이 아니라, 그들 중 약 80%가 회색이라는 것을 추론할 뿐이다. 이런 종류의 추론은 '**통계적 일반화**'라고 불린다. 즉 통계적 일반화란 표본이 가지고 있는 통계적 성질 – 80%가 회색 – 로부터 모집단이 가지고 있는 통계적 성질 – 약 80%가 회색 – 을 추론하는 것이다. '통계적'이라는 수식어가 붙은 것은 이 귀납 논증의 결론이 'S인 것 중 P인 것은 x%이다.'와 같은 통계 진술의 형식을 갖추었기 때문이다. 이 통계적 일반화 역시 표본의 성질로부터 모집단의 성질을 추론한다. 따라서 이런 통계적 일반화 역시 귀납적 일반화로 간주된다.

정리하자면, 귀납적 일반화란 표본의 성질로부터 모집단의 성질을 추론하는 귀납 논증이다. 결론이 보편 진술의 형식을 갖추었다면 그것은 '보편적 일반화'라고 불리고, 결론이 통계 진술의 형식을 갖추었다면 그것은 '통계적 일반화'라고 불린다. 이런 보편적 일반화와 통계적 일반화의 형식은 다음과 같다.

- **보편적 일반화:**
  표본에 속한 S들은 모두 P라는 성질을 가진다.
  따라서 모집단에 속한 S들은 모두 P라는 성질을 가진다.

- **통계적 일반화:**
  표본에 속한 S들 중 P라는 성질을 가진 것은 x%이다.
  따라서 모집단에 속한 S들 중에서 P라는 성질을 가진 것은 약 x%이다.

이런 일반화 논증은 일상생활에서 널리 사용되고 있다. 여론 조사가 대표적이다. 모든 유권자들의 정치 성향을 조사하기란 무척 힘든 일이다. 따라서 여론 조사 기관은 유권자들 중에서 몇몇의 정치 성향을 조사하여 유권자 전체의 정치 성향을 추론한다. 가령 다음과 같은 신문 보도를 생각해보자.

예 1 최근 우리 사회의 최대 이슈로 떠오르고 있는 대통령 선거와 관련한 여론조사에서 전체 유권자들 중 약 60%가 A당을 지지한다는 사실이 밝혀졌다. 휴대전화를 가진 유권자들을 대상으로 조사했으며, 1,035명의 유권자가 응답을 하였다. 그 결과, 응답자 중에서 60%가 A당을 지지한다고 밝혔다. B당을 지지한다는 유권자는 응답자 중에서 29%였으며, 아직 지지정당을 결정하지 않았다는 유권자는 11%였다. 표본은 무작위로 추출되었고, 표본오차는 95% 신뢰수준에 ±3.1%다.

여기서 여론 조사에 응답한 유권자들은 표본에 해당하며, 유권자 전체는 모집단에 해당한다. 이 추론의 결론은 모집단 중에서 약 60%가 A당을 지지한다는 것이며, 전제는 표본 중에서 60%가 A당을 지지한다는 것이다.

여기서 우리는 위 신문보도와 관련된 몇 가지 사실에 주목할 필요가 있다. 첫 번째는 표본 중에서 60%가 A당을 지지한다는 전제로부터 모집단 중 약 60%가 A당을 지지한다는 결론이 도출된다는 것이다. 결론에 삽입된 '약'이라는 표현은 전제가 결론을 지지하는 정도를 높이는 데 중요한 역할을 한다. 사실, 표본에 속한 유권자들 중에 60%가 A당을 지지한다고 하더라도, 모집단에 속한 유권자들 중 '정확히' 60%가 A당을 지지한다는 것은 무척 비개연적이다. 그러나 '모집단에 속한 유권자들 중에서 약 60%가 A당을 지지한다'는 결론은 그렇지 않다. 즉 해당 전제는 '모집단에 속한 유권자들 중에서 60%가 A당을 지지한다'는 것보다 '모집단에 속한 유권자들 중에서 약 60%가 A당을 지지한다'는 것을 훨씬 강하게 지지한다. (이런 점은 위 신문 보도에 등장하는 '표본오차는 95% 신뢰수준에 ±3.1%다'는 것과 밀접하게 관련된다. 이런 통계학적인 내용을 고려하면, 위 사례의 결론은 '전체 유권자들 중에서 A당을 지지하는 유권자들의 비율이 56.9(=60−3.1)%와 63.1(=60+3.1)%에 있을 확률은 95%이다.'로 읽을 수 있다.)

두 번째로, 우리는 위 신문기사 중 '표본은 무작위로 추출되었다'는 표현에 주목해야 한다. 가령, 특정 지역 유권자들만으로 구성된 표본, 혹은 특정 연령대의 유권자들만으로 구성된 표본이 추출된 경우를 생각해보자. 우리는 흔히 지역 혹은 연령대가 정치적 성향과 관련이 있다고 생각한다. 그렇다면, 우린 이런 표본을 편향되었다고 불러야 할 것이다. 특별한 유권자들만으로 구성된 편향된 표본을 추출한 경우에 (여론 조사 결과가 참이라고 하더라도) 그 유권자들이 모집단을 대표한다고 말할 수 없으며, 따라서 표본이 가지고 있는 성질을 모집단도 가지고 있다고 말할 수 없다. 그럼 이런 표본이 편향될 가능성을 어떻게 배제할 수 있는가? 이를 위해서 도입된 한 가지 방법이 바로 '무작위 추출'이라는 방법이다. 무작위 추출을 정확하게 정의하는 것은 쉬운 일이 아니다. 대략적으로 말해 무작위 추출이란, 모집단에서 표본을 추출할 때 동전 던지기와 같은 방법을 이용하는 것을 말한다. 가령,

어떤 유권자를 표본에 넣을지 말지를 동전 던지기 결과로 결정하는 것이다. 앞면이 나오면 해당 유권자를 표본에 넣고, 뒷면이 나오면 해당 유권자를 표본에서 제외하는 것이 대표적인 무작위 추출 방법이다.

세 번째는 표본의 크기에 주목해야 한다. 위 신문 기사에서 표본의 크기는 1,035이다. 만약 이 표본의 크기가 1,035보다 훨씬 작은 50이라면 우리는 위 여론 조사를 신뢰할 수 없다. 왜냐하면 크기가 50인 표본은 수천만이 넘는 유권자들로 이루어진 모집단의 성질을 추론하기에는 너무 작기 때문이다. 극단적으로 말하자면, 이는 주변 친구 몇 명의 의견을 듣고 전체 유권자의 정치 성향을 추론하는 것과 마찬가지다. 물론, 표본의 수가 증가하면 전제가 결론을 더욱 강하게 지지한다. 예를 들어, 다른 여론 조사 기관에서 1,000명의 유권자를 대상으로 실시한 여론 조사에서도 비슷한 결과가 나왔다고 해보자. 이 경우 결론에 대한 우리의 신뢰도가 증가하는 것은 당연하다.

이렇듯, 귀납적 일반화를 평가하는 데 있어 우리는 두 가지 추가 정보를 고려해야 한다. 첫 번째는 표본이 편향되었는지 여부이다. 만약 그렇다면, 귀납적 일반화의 전제가 결론을 지지하는 정도가 약화될 것이다.[9] 두 번째는 표본의 크기이다. 표본의 크기가 너무 작다면, 귀납적 일반화의 전제가 결론을 지지하는 정도가 약화될 것이다.[10] 물론, 믿을만한 무작위 추출 방법을 통해서 표본이 추출되었다는 사실이 밝혀지면 귀납적 일반화의 전제가 결론을 지지하는 정도는 강화된다. 마찬가지로 표본의 크기가 모집단의 성질을 추론할 수 있을 정도로 충분히 크다는 사실이 밝혀진다면 귀납적 일반화의 전제가 결론을 지지하는 정도는 강화될 것이다.

3. 통계적 삼단 논법

앞에서 설명한 귀납적 일반화는 표본의 성질로부터 모집단의 성질을 추론하는 귀납 논증이다. 즉 귀납적 일반화는 어떤 집단(표본)의 성질로부터 그 집단을 포함하는 더 큰 집단(모집단)의 성질을 추론한다. 흥미롭게도 이와 반대 방향의 귀납 논증도 있다. 이 귀납 논증은 어떤 집단의 성질로부터 그 집단에 속한 개체의 성질을 추론한다. 다음 논증을 보자.

예 2 대부분의 장기 흡연자들은 심장에 이상이 있다.
철수는 장기 흡연자이다.
그러므로 철수는 심장에 이상이 있다.

이것은 장기 흡연자들의 집단이 가진 성질, 즉 그 중 대부분이 심장에 이상이 있다는 것으로부터 그 장기 흡연자들의 집단에 속한 한 개체인 철수가 가진 성질, 즉 그는 심장에 이상이 있다는 것을 논증한 것이다.

이 추론은 다음 유명한 연역 논증의 한 가지 유형과 무척 흡사하다.

예 3 모든 사람은 죽는다.
소크라테스는 사람이다.
그러므로 소크라테스는 죽는다.

이 논증 역시 사람들의 집단이 가지고 있는 성질로부터 그 사람들의 집단에 속한 한 개체인 소크라테스가 가진 성질을 추론한 것이다. 이런 논증은 전제들이 참이면 결론 역시 참일 수밖에 없다. 첫 번째 전제는 집단이 가지고 있는 성질을 나타내고, 두 번째 전제는 어떤 개체가 집단에 속한다는 것을 나타낸다. 그리고 이 두 전제로부터 결론이 도출된다. 이렇게 세 단계로 이루어졌다는 점에서 위 논증은 삼단논법이라고 불리기도 한다.

이런 점을 염두에 둘 때, 예 2가 예 3과 흡사하다는 것은 분명하다. 예 2의 첫 번째 전제는 집단이 가지고 있는 성질을 나타내고, 두 번째 전제는 어떤 개체가 그 집단에 속한다는 것을 나타낸다. 그리고 이 두 전제로부터 결론이 도출된다. 이런 점에서 예 2도 삼단 논법으로 불려야 할 듯하다. 하지만 예 2와 예 3은 분명히 다르다. 그 차이점은 첫 번째 전제에서 찾아볼 수 있다. 예 3의 첫 번째 전제는 '모든 S는 P이다'와 같은 보편 진술의 형식을 갖추었지만, 예 2의 첫 번째 전제는 '대부분의 S는 P이다'와 같은 형식을 갖추고 있다. '대부분의 S는 P이다'는 S 중 P인 성질을 가진 것의 비율을 말하고 있다는 의미에서 통계 진술이다. 이런 점 때문에 예 2와 같은 종류의 논증은 특별한 종류의 삼단 논법으로 간주되며, **'통계적 삼단 논법'**이라고 불린다.

통계적 삼단 논법이 귀납 논증이라는 것은 분명하다. 대부분의 장기 흡연자가 심장에 이상이 있고 철수가 장기 흡연자라고 하더라도, 철수가 심장에 이상이 있다는 것이 반드시 참인 것은 아니기 때문이다. 물론, 대부분의 장기 흡연자가 심장에 이상이 있다는 것과 철수가 장기 흡연자라는 전제는 철수가 심장에 이상이 있다는 결론을 개연적으로 지지한다.

이런 통계적 삼단 논법의 특징을 살펴보기 위해 첫 번째 전제에 주목해 보자. 앞에서 말한 대로 '대부분의 장기 흡연자는 심장에 이상이 있다'는 장기 흡연자들 중에서 심장에 이상이 있는 사람의 비율에 대해서 말하고 있다. 이 진술에는 그 비율이 명시적으로 나타나 있지 않지만, 우리는 해당 비율을 명시적으로 나타내는 진술을 이용할 수 있다. 즉 '장기 흡연자들 중에서 90%가 심장에 이상이 있다', '장기 흡연자들 중에서 95%가 심장에 이상이 있다' 등과 같은 진술을 예 2의 첫 번째 전제로 삼을 수도 있다. 물론 해당 비율이 크면 클수록 전제들이 결론을 더욱 강하게 지지한다. 그럼, 통계적 삼단 논법의 형식은 다음과 같이 나타낼 수 있다.

- **통계적 삼단 논법:**
  S인 것들 중에서 x%가 P이다.
  a는 S이다.
  그러므로 a는 P이다.

앞에서 말했듯이 x의 값이 크면 클수록 통계적 삼단 논법의 두 전제는 결론을 더욱 강하게 지지한다.

이런 통계적 삼단 논법을 평가하기 위해서는 한 가지 개념을 이해할 필요가 있다. 철수의 사례를 다시 생각해보자. 우리는 장기 흡연자인 철수가 심장에 이상이 있는지 여부를 궁금해 한다. 이를 판단하기 위해 우리는 철수가 속한 장기 흡연자들의 집단이 가진 성질을 고려한다. 즉 철수가 속한 장기 흡연자들의 집단을 기준으로 하여 철수의 심장 이상 여부를 판단하는 것이다. 다른 말로, 우리는 철수가 속한 장기 흡연자들의 집단에 준거하여 철수의 심장의 이상 여부를 판단한다. 여기서 장기 흡연자들의 집단을 흔히 '준거 집단'이라고 부른다. 위에서 제시된 통계적 삼단 논법의 형식에서는 S인 것들의 집단이 바로 준거 집단이다. 그럼 우리는 통계적 삼단 논법이란 준거 집단의 성질로부터 준거 집단에 속한 개체의 성질을 추론하는 논증이라고 말할 수 있다.

이제 이 준거 집단이라는 개념을 이용해서 신뢰할만한 통계적 삼단 논법이 갖추어야 할 특징을 제시할 수 있다. 철수의 사례를 다시 생각해보자. 우리는 철수가 심장에 이상이 있는지 여부를 판단하려 한다. 우리에게 주어진 정보는 다음과 같다.

① 철수는 장기 흡연자이다.
② 철수는 운동을 열심히 해왔다.
③ 장기 흡연자들 중에서 90%가 심장에 이상이 있다.
④ 운동을 열심히 해온 장기 흡연자들 중에서 90%가 심장에 이상이 없다.

이런 정보들 중 일부를 이용해 우리는 다음과 같은 통계적 삼단 논법을 제시할 수 있다.

예 4 장기 흡연자들 중 90%가 심장에 이상이 있다.
철수는 장기 흡연자이다.
그러므로 철수는 심장에 이상이 있다.

예 5 운동을 열심히 해온 장기 흡연자들 중에서 90%가 심장에 이상이 없다.
철수는 운동을 열심히 해온 장기 흡연자이다.
그러므로 철수는 심장에 이상이 없다.

예 4는 정보 ①과 ③을 전제로 하여 '철수는 심장에 이상이 있다'는 결론을 도출한다. 반면에, 예 5는 정보 ①, ②, ④를 전제로 하여 '철수는 심장에 이상이 없다'는 결론을 도출한다. 이 사례들은 어떤 정보를 선택하느냐에 따라서 상이한 결론이 도출된다는 것을 보여준다. 그럼 이렇게 선택된 정보에 따라서 상이한 결론이 나올 때, 우리는 어떤 판단을 내려야 하는가? 서로 상이한 결론을 내렸기 때문에 우리는 두 논증을 동일하게 평가할 수는 없다. 한편 예 4와 예 5의 첫 번째 전제에 포함된 비율은 90%로 서로 같다. 따라서 비율의 크기는 예 4와 예 5를 비교 평가하는 데 있어 영향을 주지 못한다.

여기서 우리는 준거집단에 주목해야 한다. 예 4의 준거집단은 장기 흡연자들의 집단이지만, 예 5의 준거집단은 운동을 열심히 한 장기 흡연자들의 집단이다. 이런 점에서 볼 때, 심장의 건강 상태와 관련해 예 5의 준거집단이 예 4의 준거집단보다 좀 더 구체적이라고 할 수 있다. 달리 말하자면, 심장의 건강 상태와 관련해 예 5의 준거집단이 예 4의 준거집단보다 더 많은 내용을 포함하고 있다고 말할 수 있다. 앞에서 말했듯이, 통계적 삼단 논법은 개체가 어떤 성질을 가지고 있는지 여부를 특정 준거집단을 기준으로 판단하는 것이다. 따라서 해당 준거집단이 더 많은 내용을 포함하고 있을수록 개체의 성질에 대한 판단은 좀 더 정확해질 것이다. 다른 말로, 준거집단이 구체적일수록 해당 통계적 삼단논법에서 전제가 결론을 더욱 강하게 지지한다. 반대로, 준거집단이 구체적이지 않을수록 해당 통계적 삼단논법에서 전제가 결론을 약하게 지지한다. 이런 점에서 통계적 삼단 논법은 준거 집단의 구체성에 의존하고, 좋은 통계적 삼단 논법이기 위해서는 준거 집단이 최대로 구체적이어야 한다고 말할 수 있다.

이런 점에서, 다음 두 가지 추가 정보는 예 5의 전제가 결론을 지지하는 정도를 심각하게 약화시킨다.

⑤ 철수의 부모는 모두 심장병을 앓았다.
⑥ 부모가 심장병을 앓았던 운동을 열심히 해온 장기 흡연자들 중에서 90%가 심장에 이상이 있다.

이 추가 정보에 의해서 예 5의 전제가 결론을 지지하는 정도가 약화되는 이유는, 이 두 정보가 예 5와 상반되는 결론을 도출하는 좀 더 구체적인 준거 집단을 언급하고 있기 때문이다.

정리하자면, 통계적 삼단 논법을 평가하기 위해서는 두 가지 사항을 고려해야 한다. 첫 번째는 통계적 삼단 논법에 등장하는 비율, 즉 x%가 충분히 큰지 살펴보아야 한다. 두 번째는 해당 준거 집단이 충분히 구체적인지 검토해야 한다. 이 두 가지 사항이 문제가 있다면 통계적 삼단 논법에서 전제가 결론을 지지하는 정도는 낮을 수밖에 없다.

4. 유비논증

앞에서 언급한 귀납적 일반화와 통계적 삼단 논법은 모두 특정 집단과 그 집단의 일부 사이에 성립하는 귀납 논증이었다. 귀납적 일반화는 모집단의 성질을 파악하기 위해서 모집단에 속한 몇몇 대상들의 성질에 대한 정보를 이용한다. 한편 통계적 삼단 논법은 특정 대상의 성질을 알기 위해서 그 대상이 속한 준거 집단의 성질에 대한 정보를 이용한다. 이렇듯 몇몇 귀납 논증은 특정 집단과 그 집단에 속한 대상들 사이에 성립하는 논증이다. 하지만 모든 귀납 논증이 그런 것은 아니다. 어떤 귀납 논증은 대상들을 직접 비교하여 한 대상이 가진 성질로부터 다른 대상이 가진 성질을 추론한다. 가령 다음 논증을 생각해보자.

예 6 일란성 쌍둥이인 민호와 민수는 같은 유전적 성질을 가지고 있다.
민호는 음악적 소질을 가지고 있다.
따라서 민수 역시 음악적 소질을 가지고 있다.

이 논증의 첫 번째 전제는 민호와 민수 사이에 성립하는 어떤 유사성을 언급하고 있다. 위 사례에서 그 유사성은 유전적 성질이 서로 같다는 것이다. 이 논증은 바로 이 유사성을 근거로 다른 성질 – 음악적 소질 – 에도 둘 사이에 유사성이 성립할 것이라고 결론 내린다.

이렇게 몇몇 성질들에 대해서 두 대상이 서로 유사하다는 것을 근거로 다른 성질에 대해서도 두 대상 사이의 유사성이 성립한다는 것을 추론하는 논증을 **유비논증**이라고 한다. 이런 유비논증이 귀납논증이라는 것은 분명하다. 두 대상이 몇몇 성질에 대해서 유사하다고 하더라도 다른 성질에 대해서는 유사하지 않을 수 있다. 따라서 전제가 참이라는 것이 결론이 참이라는 것을 필연적으로 보장하지는 못한다.

유비논증에서 유사성을 비교하는 대상들이 두 개일 필요는 없다. 다음 예를 들어 보자.

예 7　30대 초반인 영호는 인권 문제에 많은 관심을 가지고 있다.
30대 초반인 민호 역시 인권 문제에 많은 관심을 가지고 있다.
30대 초반인 성호 역시 인권 문제에 많은 관심을 가지고 있다.
영호와 민호는 이번 선거에서 A당 후보를 지지한다.
그러므로 성호 역시 이번 선거에서 A당 후보를 지지한다.

이 논증의 처음 세 전제에선 세 개의 대상, 즉 영호, 민호, 성호가 가진 공통 성질이 언급되고 있다. 나이와 관심을 가지는 사회문제에 대해서 영호, 민호, 성호가 서로 유사하다는 것이다. 네 번째 전제에서는 또 다른 성질 – A당 후보를 지지함 – 이 도입되고 영호와 민호가 그 성질을 가지고 있다는 것이 언급된다. 그리고 결론으로 성호 역시 네 번째 전제에서 도입된 성질 – A당 후보를 지지함 – 을 가지고 있다는 것이 도출된다. 즉 성호가 A당 후보를 지지한다는 것에 대해서도 영호, 민호와 유사하다는 것이 도출된 것이다.

그럼 예 7의 유비논증에서 전제가 결론을 지지하는 정도는 어떤 추가 정보에 의해서 약화 혹은 강화되는가?

첫 번째로 생각해 봐야 할 것은 비교되는 대상들의 서로 유사한 정도이다. 앞에서 말했듯이, 유비논증은 비교되는 대상들 사이의 유사성을 근거로 결론을 도출한다. 그러므로 비교되는 대상들 사이의 유사성의 정도에 따라서 유비 논증의 강도는 변한다. 가령, 영호, 민호, 성호가 모두 같은 지역에 살고 있다는 정보, 혹은 이 셋이 대학에서 정치학을 전공했다는 정보, 혹은 이 셋이 모두 같은 시민단체에 기부를 하고 있다는 정보는 영호, 민호, 성호 사이의 유사성을 강화하고, 따라서 예 7에서 전제가 결론을 더욱 강하게 지지하도록 만든다. 물론, 영호, 민호, 성호 사이의 차이점이 밝혀진다면 유비 논증은 약화될 것이다. 가령, 영호와 민호가 A당원이지만, 성호는 그렇지 않다는 정보는 예 7에서 전제가 결론을 약하게 지지하도록 만든다.

두 번째로 검토해야 할 것은 전제에서 유사하다고 말해진 성질과 결론에서 추론되는 성질 사이의 관련성이다. 이를 이해하기 위해서 다음 유비추론을 살펴보자.

예 8　30대 초반인 영호는 인권 문제에 많은 관심을 가지고 있다.
30대 초반인 민호 역시 인권 문제에 많은 관심을 가지고 있다.
30대 초반인 성호 역시 인권 문제에 많은 관심을 가지고 있다.
영호와 민호는 올 여름에 제주도로 휴가를 간다.
그러므로 성호 역시 올 여름에 제주도로 휴가를 간다.

예 8은 예 7과 흡사하지만, 한 가지 결정적인 점에서 다르다. 예 7과 예 8의 전제에서 언급된 영호, 민호, 성호 간 유사한 성질은 '30대 초반임', '인권문제에 관심을 가짐'이다. 한편, 예 7의 결론에서 성호에 대해 추론된 성질은 'A당 후보를 지지함'이며, 예 8의 결론에서 성호에 대해 추론된 성질은 '제주도로 휴가를 감'이다. 예 7과 예 8 중에서 무엇이 더 좋은 유비 추론인가? 당연히 예 7이 예 8보다 더 좋은 논증인 듯이 보인다. 왜 그런가? 그것은 전제에서 언급된 유사한 성질들 – '30대 초반임', '인권문제에 관심을 가짐' – 과 결론에서 추론된 성질 사이의 관련성 때문이다. '30대 초반임'과 '인권문제에 관심을 가짐'은 정치적 선택과 관련이 있어 보인다. 하지만 이 두 성질은 휴가지 선택과는 무관해 보인다. 이렇듯, 전제에서 언급된 유사한 성질들과 결론에서 추론된 성질들 사이의 관련성이 클수록 유비논증은 강화되고, 관련성이 없을수록 유비논증은 약화된다.

세 번째로 고려해야 할 것은 결론의 대상과 비교되는 대상들의 수와 다양성이다. 예 7의 결론에서 언급된 대상은 성호이다. 그리고 성호와 비교되는 대상은 영호와 민호이다. 이 영호와 민호 이외에 또 다른 대상, 가령 진호가 도입되고, 그 역시 30대 초반이며 인권문제에 많은 관심을 가지고 있으며 A당을 지지한다는 정보가 추가된다면, 예 7의 유비논증은 강해진다. 또한 영호와 민호 사이의 다양성 역시 예 7의 유비논증에 영향을 준다. 영호와 민호가 예 7에서 제시된 공통점 이외에도 다양한 다른 성질들－출신학교, 전공, 출신지역, 지난번 선거 지지후보, 소득수준, 직업－에 대해서도 동일한 경우를 생각해보자. 하지만 성호에 대해서는 특별한 정보가 추가로 알려져 있지 않았다고 가정하자. 이 경우 영호와 민호 사이의 유사성은 무척 증가하며, 이에 다양성은 무척 감소한다. 결국, 추가 정보에 의해서 영호, 민호, 성호 사이에 성립하는 유사성은 영호, 민호 사이에 성립하는 유사성보다 훨씬 약해진다. 따라서 영호, 민호가 A당을 지지한다는 사실은 영호, 민호와 확연하게 다른 성호가 A당을 지지한다는 것에 대한 좋은 근거가 될 수 없다. 이런 이유에서, 영호와 민호가 다양하게 유사하다는 추가 정보는 성호가 A당 후보를 지지한다는 결론을 약화시킨다. 이와 반대로, 결론의 대상과 비교되는 대상들(영호와 민호)이 전제에서 제시된 성질들(30대 초반임, 인권문제에 관심이 많음, A당 후보를 지지함) 이외의 것에 대해서는 서로 다르다는 정보, 즉 영호와 민호가 다양한 대상이라는 정보는 결론의 대상(성호)이 A당 후보를 지지한다는 것을 강하게 보장한다.

정리해 보자. 유비논증은 몇몇 성질들에 대한 대상들 사이의 유사성을 통해, 다른 성질의 유사성을 추론하는 논증이다. 이 유비논증의 형식은 다음과 같이 나타낼 수 있다.

- **유비논증:**

  대상 a_1는 $A_1, \cdots, A_n$라는 성질들을 가지고 있다.

  ⋮　　　⋮　　　⋮

  대상 a_m는 $A_1, \cdots, A_n$라는 성질들을 가지고 있다.

대상 $a_1, \cdots, a_m$은 B라는 성질을 가지고 있다.
대상 b는 $A_1, \cdots, A_n$라는 성질들을 가지고 있다.
그러므로 대상 b은 B라는 성질을 가지고 있다.

위에서 우리는 유비논증이 강화/약화되기 위해서는 어떤 정보가 추가되어야 하는지 살펴보았다. 우선, 대상 $a_1, \cdots, a_m$, b등 사이의 유사성이 강화되면 유비논증의 전제는 결론을 강하게 지지하고, 유사성이 약화되면 유비논증의 전제는 결론을 약하게 지지한다. 두 번째는 $A_1, \cdots, A_n$라는 성질들과 B라는 성질 사이의 관련성이 증가하면 유비논증은 강화되고, 관련성이 감소하면 유비논증은 약화된다. 마지막으로, 유비논증의 강도는 대상 $a_1, \cdots, a_m$의 수와 다양성에 의존한다.

흔히들 유비논증은 앞 절에서 언급된 귀납적 일반화, 통계적 삼단 논법보다 약한 귀납논증이라고 말한다. 이런 평가는 유비논증에 포함된 유사성이라는 개념 때문이다. 유사성은 귀납논리의 다른 개념들보다 객관적으로 평가하기 어렵고, 심리적인 요소가 개입되기 쉽다. 하지만 유비논증이 이런 약점을 가진다고 해서, 이것을 거부할 수는 없다. 왜냐하면, 유비논증은 무척 다양한 경우에서 성공적으로 사용되고 있기 때문이다. 가령, 동물실험을 이용해서 약품의 안정성을 추론하는 논증은 인간과 동물 사이의 유사성에 근거한 유비 논증의 일종이다. 또한 판례를 이용한 법률적 추론 역시 유비 논증으로 볼 수 있다. 이러한 법률적 추론은 과거의 사건과 현재의 사건 사이의 유사성에 의존하고 있기 때문이다.

5. 인과 논증

과학은 물론 일상생활에서도 원인과 결과를 밝히는 것은 꽤 중요한 일이다. 범죄의 원인이 밝혀졌을 때에 비로소 그 범죄에 대한 책임을 물을 수 있으며, 질병의 원인이 밝혀졌을 때에 비로소 그 질병에 대한 치료법을 마련할 수 있다. 이렇듯 사건들이나 성질들 사이의 인과 관계를 밝히는 것은 과학과 일상생활 속 논증의 핵심 목표 중의 하나다. 이런 논증의 결론은 'C가 E의 원인이다'와 같은 형식을 가지고 있으며, 이런 종류의 논증들을 흔히 **인과 논증**이라고 부른다. 뒤에서 좀 더 분명해지겠지만, 인과 논증은 일종의 귀납 논증이며, 그러기에 전제는 결론을 개연적으로 지지할 뿐이다.

인과 논증을 분석하고 평가하기 위해서는 우선 결론, 즉 'C가 E의 원인이다'는 말의 의미를 분명히 해야 할 것이다. 하지만 인과 관계에 대한 정의를 제시하는 것은 쉬운 일이 아니다. 인과 관계를 정의하는 문제는 철학의 오래된 문제이며 여전히 논쟁 중이다. 그러나 인과 관계를 정의하기 어렵다는 사실이 인과에 대한 추론이나 논증이 불가능하다는 것을 의미하지는 않는다. 인과 관계에 대한 합의된 정의가 없다고 하더라도 우리는 일상생활과 과학에서 여전히 'C가 E의 원인이다'와 같은 진술을 사용하고, 그것을 결론으로 하는 논증을 제시한다. 상식적인 의미에서만 보자면, 'C가 E의 원인이다'는 말은 'C가 일어난다면 E가 일어날 수밖에 없으며, C가 일어나지 않는다면 E가 일어날 수가 없다.'는 정도로 이해할 수도 있을 것이다. 이 절에서는 이런 상식적인 의미에서 'C가 E의 원인이다'는 진술을 이해할 것이다. 앞으로 좀 더 분명해지겠지만, 실제 과학적 활동에서 등장하는 'C가 E의 원인이다'는 진술도 이 인과 관계의 상식적인 의미를 포착하고자 한다.

그럼, 어떤 증거 혹은 어떤 전제들이 'C가 E의 원인이다'는 결론을 지지하는가? C와 E 사이의 인과 관계를 규명하기 위해서 우리는 어떤 증거들을 수집해야 하는가? 사실, 우리가 할 수 있는 일이란 그리 많지 않다. 우리가 할 수 있는 것은 그저 실험이나 조사를 통해 C와 E에 관련된 통계 자료를 수집하는 것뿐이다. 다음 〈'크론병 환자' 면역 억제제 부작용 원인 찾았다〉라는 제목의 기사를 살펴보자.

예 9 국내 연구진이 만성 염증성 질환인 '크론' 병 환자가 면역 억제제에 부작용을 일으키는 원인을 찾았다. 크론병은 자가면역 질환으로, 면역 체계가 자기 조직을 공격해 입에서부터 항문까지 소화기 계통에 염증을 일으키는 질환이다. 울산의대-서울아산병원 공동연구팀은 "유전자 NUDT15 한쌍 모두에 돌연변이가 생긴 크론병 환자는 면역 억제제에 부작용을 일으킨다는 사실을 알아냈다"고 밝혔다. 연구 결과는 세계적 학술지 '네이처' 자매지인 '네이처 지네

틱스' 11일자에 게재됐다. 연구팀은 면역 억제제를 사용한 크론병 환자 978명의 유전체를 분석했다. 그 결과 NUDT15라는 유전자 한 쌍에 모두 돌연변이가 있는 환자는 모두 면역 억제제에 부작용을 일으켰다. 반면 이 유전자가 정상인 크론병 환자는 모두 면역 억제제에 심각한 부작용을 일으키지 않았다.[11]

요약하자면, 이 기사 속에 등장하는 공동연구팀의 결론은 'NUDT15 유전자에 돌연변이가 있다는 것이 면역 억제제에 대한 부작용 발생의 원인이다'는 것이다. 이런 결론을 내리기 위해서 연구팀은 약 1,000명의 크론병 환자들에 대한 통계 조사를 실시하였다. 우선, 그들은 조사 대상인 크론병 환자들을 다음 두 가지 집단으로 분류했다.

[집단1] NUDT15라는 유전자 한 쌍에 모두 돌연변이가 있는 크론병 환자들의 집단
[집단2] NUDT15라는 유전자가 정상인 크론병 환자들의 집단

그리고 연구팀은 [집단1]에 있는 모든 환자들에게는 면역 억제제에 대한 부작용이 발생하였고, [집단2]에 있는 모든 환자들에게는 해당 부작용이 발생하지 않았다는 것을 밝혀내었다.

정리해보자. C를 'NUDT15라는 유전자 한 쌍에 모두 돌연변이가 있음'이라는 성질을 나타낸다고 하자. 그리고 E를 '면역 억제제에 대한 부작용이 발생함'이라는 성질을 나타낸다고 하자. 그럼 예 9의 공동연구팀이 밝혀낸 것을 다음과 같이 나타낼 수 있다.

(1) 약 1,000명의 크론병 환자들 중에서, C라는 성질을 가진 경우에는 모두 E라는 성질을 가지고 있다.
(2) 약 1,000명의 크론병 환자들 중에서, C라는 성질을 갖지 않은 경우에는 모두 E라는 성질을 가지고 있지 않다.

그리고 연구팀은 이 두 가지로부터 다음을 도출한다.

(3) C는 E의 원인이다.

앞에서 'C가 E의 원인이다'는 것을 'C가 일어난다면 E가 일어날 수밖에 없으며, C가 일어나지 않는다면 E가 일어날 수가 없다'는 정도로 이해하기로 했다. 그렇다면, 분명 (1)과 (2)는 (3)을 어느 정도 지지해주고 있는 듯하다. 물론, (1)과 (2)가 (3)을 확실하게 보장하는 것은 아니다. 이것은 당연하다. 예 9의 연구팀은 모든 크론병 환자들을 조사한 것이 아니다. 크론병 환자들 중에서 1,000명만을 조사했을 뿐이다. 즉, 예 9의 연구팀은 모집단에서 추출된 표본만을 조사했을 뿐, 모집단 전체를 조사한 것은 아니다. 하지만 이런 표본에 대한 조사 결과가 모집단이 가진 특징과 전혀 무관하다고 말할 수는 없다. 단지, 우리는 전제 (1)과 (2)가 인과 관계에 대한 결론 (3)을 높은 정도로 지지한다고 말할 수 있을 뿐이다. 이런 의미에서 인과 논증은 분명 귀납 논증이다.

여기서 우리는 예 9가 무척 특수한 사례라는 것에 주목해야 한다. 인과 관계를 규명하고자 하는 많은 과학 연구에서 (1)과 (2)와 같은 결과가 산출되는 경우는 극히 드물다. 세계에 있는 대상들은 다양한 성질을 가지고 있기 때문에, 그리고 그 성질들은 무척 복잡한 상호작용을 하고 있기 때문에, C라는 성질을 가진 경우들 모두 E라는 성질을 가지는 일은 흔치 않다. 대부분의 경우 C라는 성질을 가진 경우들 중 일부만이 E라는 성질을 가질 뿐이다. 다음 〈美 연구팀 "일부 피임약, 유방암 위험 높여"〉라는 제목의 신문 기사를 생각해보자.

예 10 여성 호르몬 에스트로겐이 고용량 포함된 경구피임약이 유방암 위험을 높일 수 있다는 연구결과가 나왔다. 미국 프레드 허친슨 암연구소의 선임연구원 엘리자베스 비버 박사가 1990~2009년 사이에 유방암 진단을 받은 20~49세 여성 1,102명과, 같은 연령대의 건강한 여성 2만1,952명의 피임약 복용 자료를 종합 분석한 결과, 이 같은 사실이 밝혀졌다고 헬스 데이 뉴스가 1일 보도했다. 최근 1년 사이에 경구피임약을 복용한 여성은 그 이전에 사용한 일이 있거나 전혀 사용한 적이 없는 여성에 비해 유방암 위험이 50% 높은 것으로 나타났다고 비버 박사는 밝혔다.[12]

예 9와 마찬가지로, 위 사례 속 연구팀은 다음과 같이 두 집단을 나누고 각 집단에 대한 연구를 진행했다.

[집단3] 최근 1년 사이에 경구피임약을 복용한 여성들의 집단
[집단4] 그렇지 않은 여성들의 집단

C를 '최근 1년 사이에 경구피임약을 복용함'이라는 성질을 나타낸다고 하자. 그리고 E를 '유방암 진단을 받음'이라는 성질을 나타낸다고 하자. 예 10에는 명시적으로 나타나 있지 않지만, 프레드 허친슨 암연구소의 연구자들의 조사 결과를 다음과 같이 나타낼 수 있을 것이다.

(a) 약 2만3,000명의 여성들 중, C라는 성질을 가진 경우 중 E라는 성질을 나타낸 경우의 비율은 x%이다.
(b) 약 2만3,000명의 여성들 중, C라는 성질을 갖지 않은 경우 중 E라는 성질을 나타낸 경우의 비율은 y%이다.
(c) x는 y보다 크며 그 차이는 유의미하다.

이 (a)와 (b)를 위의 (1)과 (2)와 비교해 보자. (1)과 (2)는 (a)와 (b)에 등장하는 x가 100, y가 0인 경우에 해당한다. 예 9는 극단적인 사례로 실제 인과에 대한 과학 연구에서는 흔하지 않으며, 대부분의 과학 연구는 예 10과 같은 수준에서 이루어진다. 그럼, 이 세 가지 전제 (a)-(c)로부터 'C는 E의 원인이다'와 같은 결론을 내릴 수 있는가? 내릴 수 있다. 하지만 주의해야 한다. 전제 (a)-(c)가 'C가 E의 원인이다'라는 결론을 지지하는 정도는 그리 크지 않다. (a)-(c)로부터 우리가 알 수 있는 것은 C와 E가 통계적으로 어떤 상관이 있다는 사실뿐이다. 이로부터 'C가 E의 원인이다'는 것이 확실하게 도출되는 것은 아니다. 그저 'C와 E사이에 통계적 상관

관계가 있다'는 것은 'C와 E 사이에 인과관계가 있다'는 것의 한 증거일 뿐이다. 즉 통계적 상관관계가 있다는 것은 인과관계가 있다는 것을 귀납적으로 지지한다. 상관관계를 인과관계로 생각하는 것은 분명히 오류이다. 하지만 상관관계와 인과관계가 무관하다고 생각하는 것 역시 오류이다.

정리해보자. 인과 논증의 원인에 해당하는 성질을 가진 것들의 집단을 실험군이라고 한다. [집단1]과 [집단3]이 실험군이다. 한편, 원인의 성질을 갖지 않은 것들의 집단을 대조군이라고 한다. [집단2]와 [집단4]가 대조군이다. 인과 관계를 규명하려는 연구는 모집단에서 표본을 추출하여, 표본들을 실험군과 대조군으로 나누는 과정에서부터 출발한다. 그리고 실험군과 대조군에 대한 실험이나 조사를 통해 각 집단이 결과에 해당하는 성질을 얼마나 가지고 있는지 확인한다. 그 과정을 통해 만들어지는 인과 논증은 다음과 같은 구조를 가지고 있다.

- **인과 논증:**
  C라는 성질을 가진 실험군의 개체들 중 x%가 E라는 성질을 가지고 있다.
  C라는 성질을 갖지 않은 대조군의 개체들 중 y%가 E라는 성질을 가지고 있다.
  x는 y보다 더 크며 그 차이는 유의미하다.
  그러므로 C는 E의 원인이다.

그럼 인과 논증은 언제 강화되고, 언제 약화되는가? 우선 x와 y 사이의 차이가 클수록 인과 논증은 강화된다는 점을 기억할 필요가 있다. 더불어 x가 y보다 크다는 것만으로는 인과 논증이 성립하지 않는다는 점도 주목해야 한다. 그 차이는 상관관계를 주장할 수 있을 정도로 커야 한다. 이 때문에, 인과 논증의 세 번째 전제에 '그 차이는 유의미하다'는 표현이 삽입된 것이다. 이런 점들을 생각해볼 때, 예 9에 등장한 인과 논증이 예 10에 등장한 인과 논증보다 더 강한 논증이라는 것은 분명하다.

두 번째로, 위에서 설명한 인과 논증은 표본으로부터 모집단의 특징을 추론한 것이라는 사실도 기억해야 한다. 이런 점에서 인과 논증의 평가는 많은 부분 귀납적 일반화 논증에 대한 평가와 유사하다. 즉 표본의 편향 여부와 표본의 크기에 대한 고려는 필수적이다. 표본이 적절한 방식으로 무작위 추출 되었다면 논증은 강화될 것이다. 마찬가지로 표본의 크기가 클수록 인과 논증의 강도 역시 증가한다.

마지막으로, 인과 논증의 고유한 특징도 기억해야 한다. 귀납적 일반화 논증과 달리, 인과 논증은 실험군과 대조군을 나눈다. 바로 이 실험군과 대조군을 나누는 작업이 어떻게 이루어졌는가에 따라서 인과 논증의 강도는 변할 수 있다. 가령, 흡연과 폐암 사이의 인과 관계에 대한 연구를 생각해보자. 흡연자 중 운동을 열심히 하는 사람들로 구성된 실험군과, 비흡연자 중 석면공장 노동자들로 구성된 대조군을 생각해보라. 이런 경우, 실험군과 대조군에서 나타나는 폐암 발생 비율의 차이는 흡연과 폐암 사이의 인과관계에 대한 결론을 지지하는 자료로 사용되기 어려울 것이다. 이런 점 때문에, 원인에 해당하는 성질을 제외한 나머지 성질들에 대해서는 실험군과 대조군이 서로 비슷해야 한다. 만약 원인에 해당하는 성질 이외에 몇몇 다른 성질들에 대해서도 실험군과 대조군이 서로 뚜렷한 차이를 가지고 있다면, 해당 인과 논증의 강도는 약화될 것이다.

학습정리

1. 귀납 논증은 추가 정보에 의해서 강화되거나 약화될 수 있다.
2. 귀납적 일반화는 표본의 편향성과 표본의 크기에 의해서 평가된다.
3. 통계적 삼단논법은 준거집단이 구체적일수록 강화된다.
4. 유비논증은 대상들 사이의 유사성, 성질들 사이의 관련성, 비교되는 대상의 수와 다양성에 의해서 평가된다.
5. 인과논증은 표본의 편향성과 그 크기, 그리고 실험군과 대조군이 갖춘 성질에 의해서 평가된다.

연.습.문.제

1. 다음 글의 전제와 결론을 확인하여 논증을 구성한 다음, 이 논증의 전제가 결론을 강하게 입증하지 못하는 이유를 설명하시오.

> 민우는 지난여름 "당분간 비 소식이 없다"는 일기 예보를 듣고 휴가를 떠났는데, 휴가 내내 비 때문에 꼼짝도 못하다가 돌아왔다. 그 후 민우는 기회 있을 때마다 "일기 예보는 엉터리다"고 떠들어댄다.

2. 다음 중 논리적 추리의 방법이 다른 하나는? (PSAT 기출문제)
   ① 많은 수의 A가 다양한 조건에서 관찰되었고, 그리고 관찰된 A가 모두 예외 없이 B라는 성질을 가지고 있으면, '모든' A는 B라는 성질을 가진다.
   ② 이 코르크 마개는 나무이고 그것은 물 위에 뜬다. 육면체로 된 이 물체는 나무이고 그것은 물 위에 뜬다. 그러므로 나무로 된 모든 물체는 물 위에 뜬다.
   ③ 소금암 광산으로부터 얻은 소금이나, 바닷물로부터 얻는 소금이나, 그 소금(NaCI) 안의 염소(CI) 질량을 조사하니 60.66%였다. 따라서 모든 소금에는 염소의 질량이 60.66% 존재한다.
   ④ 케플러는 화성의 상대적 위치를 관찰하여 화성의 궤도를 알아내려 하였다. 그래서 그는 우선 화성의 궤도가 타원이라고 가정하고 이 가설 아래서 화성의 위치를 수학적으로 계산한 뒤, 계산 결과를 이미 있던 관찰 자료에 맞추어 보았다. 다행하게도 관찰 자료와 수학적으로 계산한 위치는 서로 잘 맞아 떨어졌다.
   ⑤ 멘델은 완두콩의 대립형질교배 실험 결과 잡종 2세대에서 다음과 같은 결과를 얻었다. 첫 번째 실험에서 둥근 것(5,474개) 대 주름진 것(1,850개)=2.96 : 1, 두 번째 실험에서는 초록색(428개) 대 노란색(152개)=2.82 : 1이라는 결과를 얻었고, 그것으로부터 제2세대에서는 우성형질과 열성형질의 비율이 약 3 : 1이라는 결론을 얻었다.

3. 다음과 같은 실험결과가 사회현상에 동일하게 적용된다고 가정할 때, 다음 중 적절하게 추론한 것은? (PSAT 기출문제)

> 어떤 생물학자가 완두콩을 심고 관찰하였다. 일정한 시간이 흐른 후 생산된 콩의 크기를 관찰하였더니 작은 콩과 큰 콩이 골고루 발견되었다. 이들 모두를 다시 심고 관찰하였더니 큰 콩의 씨앗이 큰 콩을 생산하였고 작은 콩의 씨앗이 작은 콩을 생산하는 것을 알았다. 그런데 큰 콩의 씨앗에서 생산된 콩은 전체의 평균보다는 크지만 원래의 씨앗보다는 작았다. 반대로 작은 콩의 씨앗에서 생산된 콩은 전체의 평균보다는 작지만 원래의 씨앗보다는 크다는 사실도 발견하였다.

① 사회집단의 속성은 시간이 지날수록 이질적이 될 것이다.
② 국가 간 빈부격차는 시간이 흐를수록 더욱 심화될 것이다.
③ 가난한 가정에서 태어난 자는 부모보다 더 가난하게 될 것이다.
④ 기업의 2세 경영인은 창업주 때보다 더 많은 이익을 창출할 것이다.
⑤ 부유한 가정에서 태어난 사람은 평균 이하의 가난한 사람이 되지 않을 것이다.

4. 다음 논증에 대한 설명과 평가로 적절하지 않은 것은?

> ㉠세계를 둘러보면, 세계는 하나의 큰 기계라는 것을 알게 될 것이다. ㉡그 기계는 무수히 많은 조그만 기계들로 이루어져 있다. ㉢이런 부분들은 너무 작아서 인간의 오감을 통해 확인할 수도 설명할 수도 없다. ㉣이런 작은 기계들과 부분들은 서로 정확히 조율되어 있어, 이를 생각해 본 인간에게 경이로움을 일으킨다. ㉤수단이 목적에 맞게 교묘히 적응되어 있는 이런 세계의 모습은 인간이 만들어낸 정밀한 기계 장치와 유사해 보인다. ㉥물론 세계는 인간이 만들 수 있는 그 어떤 기계 장치보다 더 웅장하고 경이롭다. ㉦그러나 두 결과가 유사하므로 두 원인도 유사할 것이라고 추리할 수 있다. ㉧즉 세계를 만든 신이 존재하고 신의 정신은 인간의 정신과 유사할 것이다.

① ㉠ ㉤ ㉥ ㉦은 이 글의 전제들이다.
② 이 글의 결론은 ㉧으로, 창조주로서의 신이 존재한다는 것을 주장한다.
③ 인간이 만든 기계장치와 이 세계 사이에 어떤 중요한 질적 차이가 있다는

사실은 이 논증을 강화한다.

④ 결과가 유사하다는 사실로부터 원인이 유사하다는 사실이 보장되지 않는다면, 일부 전제의 신뢰성이 약화된다.

⑤ 이 논증의 전제들이 모두 참이라고 하더라고 결론은 거짓일 수 있다.

5. 다음 글의 논증 방식과 가장 유사한 것은?

라스베가스에는 쌍둥이 카지노 A, B가 있다. 내가 라스베가스 카지노 A에 방문했을 때, 카지노는 거대하고 사람들로 가득 차 있었다. 5센트, 10센트, 25센트 달러와 바꾸는 자동교환기들이 있고 블랙잭과 포커를 하는 테이블들이 있었다. 커다란 회전판과 술집, 값싸게 먹을 수 있는 뷔페가 있었다.

그런 다음 나는 라스베가스 카지노 B에 갔다. 거기서 많은 같은 것들을 보았다. 거대한 크기의 카지노, 인파, 자동 교환기, 블랙잭 테이블과 포커 테이블, 회전판, 술집 등. 나는 배가 고프다. 나는 A 카지노에서 보았던 것을 기억하고서, "A 카지노를 방문했을 때와 꼭 마찬가지로 값싸게 먹을 수 있는 뷔페가 있다"고 결론 내린다.

① 대부분의 사람들은 자신에게 이익이 되는 것을 옳다고 말한다. 그 역시 그런 사람들 가운데 하나일 뿐이다. 그러므로 그도 자신에게 이익이 되는 것을 옳다고 말할 것이다.

② 시계와 세계는 정교하고 질서가 있고 목적이 있다는 점에서 유사하다. 시계가 설계자에 의해 만들어진 것이므로, 세계도 설계자인 신이 있다고 해야 한다.

③ 한국에서 서로 사랑하는 사람들은 모두가 결혼한다. 철수와 영희는 서로 사랑한다. 그러므로 철수와 영희는 결혼할 것이다.

④ 우리가 조사한 투표자들의 52%가 민주당에 찬성한다. 우리가 조사한 투표자들 집단은 크기도 크고 다양하다. 그러므로 모든 투표자의 대략 52%가 민주당에 찬성한다.

⑤ 인류가 위대하다는 말은 결코 옳지 않다. 만약 그 말이 옳다면, 자신들의 문명을 자부하는 나라는 마땅히 열악한 사정에 있는 나라에게 원조를 아끼지 말아야 한다. 그러나 어떤 문명국가는 세입의 절반을 다른 나라의 시민들을 해치는 전쟁에 쓰고 있다.

6. 다음 글의 추론 형식과 가장 유사한 것은?

당신은 소수자에 대한 어느 정도의 차별은 피할 수 없다고 말하지만 나는 그렇게 생각하지 않습니다. 당신이 고귀한 생명을 유지하기 위해 하루의 음식을 먹듯이 그들 역시 하루의 음식을 먹고, 당신에게 고된 하루를 위로해 줄 가족이 있듯이 그들에게도 가족이 있습니다. 당신에게 분별력이 있다면 그들에게도 분별력이 있으며, 당신이 부당한 억압에 대해 노여워하듯이 그들 역시 부당한 억압에 대해 노여워합니다. 그러므로 당신이 고귀한 존재로서 존중받아야 한다면 그들 역시 존중받아야 하는 것입니다.

① 대부분의 사람들은 자신에게 이익이 되는 것을 옳다고 말한다. 그 역시 그런 사람들 가운데 하나일 뿐이다. 그러므로 그도 자신에게 이익이 되는 것을 옳다고 말하는 것이다.

② 남태평양의 원주민들 중 일부는 불길한 자가 나타나면 신성한 나뭇가지로 그를 때려 액땜을 하고, 우리나라 사람들은 소금을 뿌려 액땜을 한다. 그런데 우리나라에는 복조리가 있다. 그러므로 그들의 땅에도 복을 부르는 상징물이 있을 것이다.

③ 인간이 자연의 일부라면, 만물이 언젠가는 소멸한다는 자연의 법칙에 지배를 받는 것은 당연하다. 어느 누구라도 늙지 않을 수 없고 결국에는 죽음을 피할 수 없다는 점만 보아도 그렇다. 결국 인간이 자연의 일부라는 사실을 외면할 수는 없는 것이다.

④ 인류가 위대하다는 말은 결코 옳지 않다. 만약 그 말이 옳다면, 자신들의 문명을 자부하는 나라는 마땅히 열악한 사정에 있는 나라에게 원조를 아끼지 말아야 한다. 그러나 어떤 문명국가는 세입의 절반을 다른 나라의 시민들을 해치는 전쟁에 쓰고 있다.

⑤ 삶을 낙관적으로 보는 사람은 다른 사람에 대해서 너그럽다. 타인에게 너그러운 사람은 사람의 허물을 들추는 일을 즐기지 않고, 그런 이유로 늘 친절할 수 있는 것이다. 그래서 삶을 낙관적으로 보는 사람은 다른 사람에 대해서 너그럽다.

7. 다음 중 귀납 논증이 아닌 것은?

① 대부분의 성범죄는 아동학대의 희생자들에 의해 저질러진다는 보고가 있

다. 피고는 성범죄를 저질렀다. 따라서 그는 아동학대의 희생자일 것이다.

② 대부분의 노인들은 시력이 좋지 않다. 시력이 좋지 않은 사람들은 운전을 해서는 안 된다. 따라서 노인들은 모두 운전을 하면 안 된다.

③ 대부분의 사람들이 정부의 비대화를 막을 수 없다고 주장한다. 대부분의 사람들이 주장하는 바는 옳다. 따라서 정부의 비대화는 막을 수 없다.

④ 이 상자 안에서 꺼낸 참다래 거의 모두가 1등급 참다래였다. 따라서 이번에 꺼낼 참다래도 1등급일 것이다.

⑤ 영철이의 신발에는 붉은 진흙이 묻어 있다. 붉은 진흙은 미술관 앞마당에만 있다. 따라서 영철이는 미술관에 다녀온 것이 분명하다.

8. 다음 중에서 김박사의 논증을 강화하는 것은?

김박사는 이번에 새로 개발된 A-피부염 치료제를 복용하는 것이 인간 여성의 임신 능력을 약화시킬 수 있다고 주장했다. 이 주장을 옹호하기 위해서 김박사는 암컷 쥐 100마리를 실험했다. 이 암컷 쥐들 중에서 50마리에겐 해당 피부염 치료제에서 추출한 호르몬을 주입하였으며, 50마리에겐 호르몬을 주입하지 않았다. 그 결과 호르몬을 주입한 쥐 중 교미 후 임신에 성공한 쥐는 30%에 불과했지만, 호르몬을 주입하지 않은 쥐 중 교미 후 임신에 성공한 쥐는 60%에 이르렀다. 이런 실험결과를 바탕으로 김박사는 해당 피부염 치료제는 인간 여성의 임신 능력도 약화시킬 수 있다고 주장했다.

① 인간 여성이 A-피부염에 걸릴 확률은 암컷 쥐가 A-피부염에 걸릴 확률보다 더 크다.

② 인간에게 A-피부염이 발생할 확률을 높이는 것과 동시에 임신 능력도 강화하는 유전자가 발견되었다.

③ 인간이 임신하는 과정과 쥐가 임신하는 과정 사이에는 중요한 생리적 차이점이 있다는 것이 발견되었다.

④ 인간과 유사한 유인원 100마리를 가지고 실험을 한 결과 대조군과 실험군 사이의 임신 성공률에는 큰 차이가 없었다.

⑤ 호르몬을 주입한 쥐들 중 임신이 불가능한 상태에 있었던 쥐들의 비율은 호르몬을 주입하지 않은 쥐들 중 임신이 불가능한 상태에 있었던 쥐들의 비율과 동일했다.

9. 다음 귀납 추론 중 전제가 결론을 지지하는 정도가 큰 순서로 나열한 것은? (이때, 지지하는 정도가 큰 것이 앞에 오도록 한다.)

가. A 지역 남성 유권자들 중 무작위로 1000명을 뽑아 조사한 결과, 그 중 600명이 B당을 지지한다고 밝혔다. 따라서 전국의 모든 유권자 중 약 60%가 B당을 지지할 것이다.
나. A 지역 유권자들 중 무작위로 1000명을 뽑아 조사한 결과, 그 중 600명이 B당을 지지한다고 밝혔다. 따라서 전국의 모든 유권자들 중에서 약 60%가 B당을 지지할 것이다.
다. A 지역 남성 유권자들 중 무작위로 500명을 뽑아 조사한 결과, 그 중 400명이 B당을 지지한다고 밝혔다. 따라서 전국의 모든 유권자들 중에서 약 80%가 B당을 지지할 것이다.

① 가-나-다 ② 나-가-다 ③ 나-다-가
④ 다-가-나 ⑤ 다-나-가

10. 다음 인적자본가설을 약화하는 것을 〈보기〉에서 모두 고르면?

취업률의 남녀 차이를 설명하는 다양한 가설들 중에는 인적자본가설이 있다. 이 가설은 기업에 채용될 남녀의 확률이 다르게 나타나는 현상을 생산성을 나타내는 인적자본의 성별 차이로 설명한다. 이 가설은 더 많은 인적 자본을 가지고 있을수록 취업에 성공할 확률이 더 높여 주며, 기업에서 요구하는 인적 자본을 갖춘 사람들 중에는 남성이 여성보다 더 많다고 주장한다. 즉 이 가설에 따르면, 남성이 여성보다 채용될 확률이 더 높은 이유는 남성이 여성보다 기업이 요구하는 인적 자본을 더 많이 가지고 있기 때문이다.

〈보기〉

ㄱ. 취업을 준비하는 사람들 중 여성의 수보다 남성의 수가 훨씬 많다.
ㄴ. 이번 공개 채용에서 남성을 여성보다 더 많이 뽑은 A 그룹에서, 해당 신입사원들의 생산성을 조사한 결과 여성신입사원의 생산성이 남성 신입사원의 생산성보다 더 높았다.

ㄷ. 취업을 준비하고 있는 남녀 100명을 무작위로 추출하여 상위 인적 자본 그룹과 하위 인적 자본 그룹으로 나누어 조사한 결과 두 그룹 사이의 채용 성공률은 별 차이가 없었다.

① ㄱ ② ㄴ ③ ㄱ, ㄷ ④ ㄴ, ㄷ ⑤ ㄱ, ㄴ, ㄷ

11. 다음 논증과 가장 유사한 방식의 논증은?

얼마 전 신문을 통해 중증의 폐암에 걸린 30대 이상의 한국인은 98% 이상이 3년 이상 살지 못한다는 통계 자료가 발표되었다. 이 기사를 읽은 인철이는 낙담하여 맥이 풀렸다. 인철이는 현재 35살이고, 두 달 전에 종합검진에서 폐암 말기라는 진단결과를 받았기 때문이다.

① 모든 시인은 길 가의 들국화 한 송이를 보고도 자연의 위대함을 느낀다. 우리 과 김민수 교수님은 유명한 시인이다. 그 분도 들국화 한 송이 속에서 자연의 위대함을 느낄 것이다.
② 실제 췌장암에 걸린 사람들 중에서 A-진단법에 의해 췌장암에 걸렸다는 판정을 받은 사람의 비율은 90%이다. 철수는 A-진단법에 의해 췌장암에 걸렸다는 판정을 받았다. 따라서 철수는 췌장암에 걸렸을 것이다.
③ 전화번호부에 기재된 번호들 중에서 무작위로 2,000명을 추출하여 현재 대통령에 대한 지지도를 물었다. 그 결과 44%가 지지한다고 답했다. 그러므로 우리 국민의 절반가량이 현 대통령을 지지하고 있음을 알 수 있다.
④ 군대와 마찬가지로 학교도 질서가 필요하다. 군에서 질서를 유지하기 위해 지휘관은 규칙에 따라 물리력을 행사할 수 있다. 마찬가지로 학교에서 질서를 유지하기 위해 교사가 학생을 체벌할 수 있도록 해야 한다. 그렇지 않으면 학교가 무질서하게 되고 다수의 선의의 피해자가 생길 수 있다.
⑤ 구제역 예방주사를 맞은 소의 90%는 구제역에 걸리지 않았다. 우리 집 소는 구제역 예방주사를 맞았다. 그러므로 우리 집 소는 구제역에 걸리지 않을 것이다.

제 5 절

논증 비판하기

학습목표	1. 연역 논증 비판 방식을 이해한다. 2. 귀납 논증 비판 방식을 이해한다.
기본개념	타당성, 건전성, 전제와 결론의 지지관계, 전제의 신뢰성

1. 연역 논증 비판하기

일반적으로 연역 논리학에서는 건전성이 아닌 타당성에 관해, 즉 타당한 논증이 어떤 것인지에 대해 연구한다. 그 이유는 각각의 전제가 참인지 아닌지는 개별 학문들에서 밝혀야 할 내용에 해당하기 때문이다. 가령 3절에서 소개한 예 1, 예 2와 같은 경우, 두 전제가 참인지 아닌지는 생물학에서 생물 분류표에 의거해 밝혀야 할 내용에 해당된다. 우리가 예 1의 두 전제는 참이지만 예 2의 첫째 전제는 참이 아니라고 판단한 것은, 우리가 알고 있는 얕은 수준의 생물학 분류에 의거한 것이다. 하지만 일반적인 토론 상황에서는 타당성 못지않게 건전성 또한 매우 중요하다. 그 이유는 일상의 토론에서 제시되는 논증은 내가 제시한 결론이 참이라는 것을 보이는 것이고, 그 결론이 참이라는 것을 보이는 최선의 방법은 전제로부터 결론이 잘 따라 나오고, 즉 타당하고, 내가 사용한 전제가 참이라는, 즉 건전하다는 것을 보이는 것이기 때문이다.

이러한 점에 비추어 볼 때, 상대방이 연역 논증을 제시했을 때 이를 비판할 수 있는 방법은 두 가지이다. 하나는 전제로부터 결론이 반드시 도출되는 것은 아니라는 점을 지적하는 것으로, 이는 논증의 타당성에 대한 문제제기에 해당한다. 다른 하나는 주어진 전제가 참이 아니라서 결론이 참이라는 것이 보장되지 않는다는 것을 지적하는 것으로, 이는 논증의 건전성에 대한 문제제기에 해당한다.

1) 타당성 문제 제기하기

타당성을 비판하는 가장 전형적인 방법은 주어진 전제들이 참이더라도 결론이 거짓이 될 수 있는 가능성이 있다는 점을 보이는 것이다. 이때 결론이 거짓일 가능성이 반드시 현실적으로 실현 가능한 경우일 필요는 없다. 가령 "모든 사람은 죽는다."란 결론을 반박하기 위하여 우리는 내가 죽지 않고 영원히 사는 경우를 상상할 수 있다. 이러한 경우는 상상 가능하지만 실제로 일어날 법하지 않은 경우이다. 타당성에 대한 문제 제기는 설령 일어날 법하지 않더라도 그러한 반례를 상상할 수 있다는 것으로 충분한 비판이 될 수 있다. 그 이유는 그러한 반례가 전제로부터 결론이 반드시 따라 나오는 것이 아니라는 점을 보장하기 때문이다. 적어도 연역 논증에 관한 한, 이로부터 우리가 제시할 수 있는 제1원리는 전제들을 받아들이더라도 결론을 거부할 수 있는 경우를 상상하라는 것이다. 이는 기본적으로 연역 논증의 타당성에 대한 문제제기에 해당한다.

2) 건전성 문제 제기하기

건전한 연역 논증은 타당한 연역 논증의 경우와 다른 부분이 있다. 건전한 연역 논증을 제시하는 입장에서는 전제들로부터 결론이 반드시 따라 나온다는 것을 보여야 할 뿐 아니라, 내가 주장하는 결론이 참이기 위하여 제시된 전제들이 모두 참이어야 한다는 것을 보여야 한다. 즉 주어진 전제들이 참이라는 것을 입증해야 한다. 가령 예 1, 예 2의 경우 순수 논리학자의 입장에서는 이 두 논증의 전제들로부터 결론이 반드시 따라 나오기 때문에 두 논증 사이에 별 차이가 없다. 하지만 일상에서 어떤 주장이 옳은지 옳지 않은지를 판단해야 하는 입장에서는 사정이 완전히 다르다. 왜냐하면, 예 1의 경우 전제가 결론의 참을 보장하지만, 예 2의 경우는 그렇지 않기 때문이다.

이러한 점에 비추어 볼 때, 설령 상대가 타당한 연역 논증을 제시하였다고 하더라도, 상대방의 논증을 비판할 수 있는 방법이 있다. 그 방법은 제시된 전제들 중 적어도 하나는 참이 아니라는 것을 보이는 것이다. 즉 상대방이 제시한 연역 논증은 (설령 타당할지라도) 건전한 연역 논증을 구성하지 않는다는 것을 보이는 것이다.

전제를 비판함에 있어서 주의할 것은, 모든 비판이 상대방의 주장이 틀렸다는 것을 보일 수 있는 유의미한 비판일 수는 없다는 것이다. 유의미한 비판이 되려면, 우선 그 주장에 대한 반론이 가능해야 한다. 이와 관련하여 접속사를 갖지 않은 단순 문장으로 이루어진 주장을 비판하는 방법은, 먼저 그것의 부정 문장을 만드는 것이다. 가령 "영희는 학생이다."는 진술을 비판하려면, 그것의 부정 문장 "영희는 학생이 아니다."라는 문장을 제시하면 된다. 이를 형식화 하면 다음과 같다.

- **주장**: A ⇒ **반론**: ~A

이는 부정문으로 이루어진 주장에 대해서도 똑같이 적용된다. 가령 "영희는 학생이 아니다."란 주장에 반론을 제기하려면 "영희는 학생이 아닌 것이 아니다. = 영희는 학생이다."라고 하면 된다. 이를 형식화 하면 다음과 같다.

- **주장**: ~A ⇒ **반론**: ~~A (= A)

부정이 아닌 다른 논리적 접속사들, 가령 "그리고", "또는", "만약 – 라면"과 같은 접속사로 이루어진 복합문장의 주장에 대해 유의미하게 비판하는 것은 좀 더 복잡하다.

우선 "만약 A라면, B"라는 주장에 대해서는 A이지만 B가 아닌 반례를 들어야 한다. 예를 들어 "만약 영희가 날라리라면, 영희는 나이트클럽에 간다."란 주장을 유의미하게 비판하기 위해서는, 영희가 날라리더라도 나이트클럽에 가지 않는 경우가 있다는 것을 보여주어야 한다. 영희는 나이트클럽에 가지 않지만 다른 클럽에 가는 경우를 들어 영희가 날라리지만 나이트클럽에 가지 않을 수 있다는 것을 보일 수 있다. 이를 형식화 하면 다음과 같다.

- **주장:** A**이면** B. ⇒ **반론:** A**이고** ~B.

유사하게 "A이고 B"라는 주장을 유의미하게 비판하려면, A가 아니거나 B가 아니라고 해야 한다. 가령 "진희는 학생이고 여자이다."란 주장에 반론이 되려면 "진희는 학생이 아니거나 여자가 아니다."에 상응하는 반론을 제기해야 한다. 여기서 "또는"에 해당하는 "거나"를 포함하는 주장은 둘 중에 적어도 하나만 만족되면 전체 문장이 참이 될 수 있는 매우 약한 주장이다. 즉 "그리고"는 둘 다 만족시켜야 하는 강한 주장이므로, 이에 대한 반론은 둘 중에 하나는 만족시키지 않아도 된다는 약한 주장을 하는 것으로 충분하다. 구체적으로 다음의 세 경우가 모두 반론에 해당한다.

1) 진희는 학생이 아니다.
2) 진희는 여자가 아니다.
3) 진희는 학생이 아니고 여자도 아니다.

각각의 반론은 다음의 형식화를 만족하는 경우들에 해당한다.

- **주장:** A**이고** B. ⇒ **반론:** ~A **또는** ~B.

선언 형태의 "A 이거나 B"라고 주장하는 것은 둘 중의 하나만 만족시켜도 되는 약한 주장을 하는 것이다. 그렇다면 연언 주장과 반대로 이에 대한 반론이 되려면,

둘 다 아니라는 강한 반론을 제기해야 한다. 가령 "진희는 학생이거나 여자이다."란 주장에 반론이 되려면 "진희는 학생도 아니고 여자도 아니다."라고 해야 한다. 즉 다음과 같은 형식의 반론이 되어야 한다.

- **주장:** A **또는** B. ⇒ **반론:** ~A **그리고** ~B.

그런데 반론을 제시하는 것이 유의미한 비판이기는 하지만, 아직 상대방의 주장이 틀렸다는 것을 충분히 보여주지는 않는다. 가령 "모든 사람은 죽는다."는 주장에 대하여 "모든 사람이 죽는 것은 아니다."라고 하는 것은 반론이 되기는 하지만 상대방의 주장이 틀렸다는 것을 보여주기에는 충분하지 않다. 그 이유는 내가 제시한 반론이 참이라고 보기 어렵기 때문이다. 따라서 다음에 필요한 것은 내가 제시한 반론이 참이라는 것을 보이는 것이다. 이를 보이는 가장 전형적인 방법은 실제 반례를 드는 것이다. 가령, "모든 사과는 빨갛다."란 주장에 대하여 노란 사과를 예로 들어 붉지 않은 사과가 있다고 해야 상대방의 주장에 반례를 제시한 것이 된다.

따라서 건전성에 대한 문제제기는 다음의 두 단계로 이루어지는 것이 바람직하다. 첫째 단계는 상대방의 주장에 대한 반론 구성하기로, 위에서 제시한 반론의 형식들을 구성하는 단계에 해당한다. 둘째 단계는 반례 제시하기로, 반론을 구성한 후 그러한 반론을 만족하는 참인 사례를 찾아 그것을 제시하는 단계에 해당한다. "진희는 학생이거나 여자이다."란 주장에 대하여, "진희는 40대 남자 교수이다."라는 것은 '주장 A 또는 B => 반론: ~A 그리고 ~B'에서 반론 '~A 그리고 ~B(학생도 여자도 아님)'을 형식적으로 만족할 뿐만 아니라 내용적으로도 만족시키는 사례에 해당한다.

2. 귀납 논증 비판하기

귀납 논리학에서는 타당성, 건전성을 말할 수 없다. 하지만 일상적인 토론에서 귀납 논증을 펼 경우 타당성, 건전성은 아니더라도 그에 준하는 것들을 보이는 것은 매우 중요하다. 즉 내가 사용한 전제로부터 결론이 어떤 점에서 개연적으로 따라 나오는지 그리고 내가 사용한 전제가 어떤 점에서 일반적으로 받아들일 만한 것인지를 보여주어야, 전제로부터 결론을 이끌어 낸 논증이 다른 사람에게 설득력을 얻을 수 있다. 따라서 토론에서 귀납 논증을 사용할 경우 정확히 타당성, 건전성은 아니더라도 그에 준하여 전제가 결론을 잘 뒷받침해 준다는 것을 보이는 것(전제와 결론의 지지 관계 점검)과 전제가 일반적으로 받아들일 수 있다는 것을 보이는 것(전제의 신뢰성 점검)이 연역 논증의 타당성, 건전성 못지않게 필요하다.

이러한 점에 비추어 볼 때, 상대방이 귀납 논증을 제시했을 때 이를 비판할 수 있는 방법은 큰 틀에서 연역 논증과 크게 다르지 않다. 즉 연역 논증에서 타당성, 건전성에 대한 문제제기처럼 전제로부터 결론이 잘 따라 나오지 않는다는 점을 지적하거나, 주어진 전제가 참일 개연성이 낮아서 결론이 참일 개연성이 낮다는 것을 지적하면 되기 때문이다. 즉 전제와 결론의 지지관계와 전제의 신뢰성을 문제 삼으면 된다. 하지만 세부적으로는 연역 논증과 다른 부분들이 있기 때문에, 귀납 논증을 비판하는데 주의해야 할 사항들이 있어서 여기에서 그 점을 추가적으로 지적하려 한다.

1) 전제와 결론의 지지관계 문제 제기하기

귀납 논증에서 전제와 결론의 지지관계에 대한 문제 제기는 연역 논증에서 타당성에 대한 문제 제기에 해당한다. 두 논증 모두 전제를 받아들이고 결론을 거부할 수 있는 경우가 있다는 점을 문제 삼는 점에서는 같다. 하지만 귀납 논증에서는 추가적으로 좀 더 유의해야 할 사항이 있다. 그 이유는 주어진 전제들이 참이더라도 결론이 거짓이 될 수 있는 가능성이 있다는 점을 지적하는 것으로 귀납 논증을 비판하기에 충분하지 않기 때문이다.

귀납 논증은 기본적으로 전제들이 모두 참이더라도 결론이 거짓이 될 가능성을 배제할 수 없는 논증이다. 그 점에서 전제들이 모두 참이더라도 결론이 거짓이 될 가능성이 있다고 지적하는 것은 귀납 논증에 대한 비판이 되지 못한다. 왜냐하면 귀납 논증 자체가 그러한 가능성을 배제하지 않는 논증이기 때문이다. 상대방이 귀납 논증을 제시했을 때, 유의미한 비판이 되려면 전제들이 모두 참 혹은 참이 될 개연성이 높을지라도 결론이 참이 될 개연성이 높지 않다는 것을 보여야 한다. 즉 단순히 결론이 거짓이 될 가능성이 있다는 데 그쳐서는 안 되고 그러한 일이 일어날 개연성이 높다는 것을 보여주어야 한다.

가령, 영희와 철수가 학교를 가는 중에 영수와 순이를 만났는데 영수와 순이 모두 왼손잡이였다고 하자. 그리고 이로부터 영희가 다음과 같은 귀납적 일반화 논증을 폈다고 하자.

예 11 우리 반 급우 영수는 왼손잡이이다. (전제1)
우리 반 급우 순이는 왼손잡이이다.(전제2)
따라서 우리 반 급우들의 대부분은 왼손잡이이다. (결론)

이 경우 반론, 즉 전제들이 모두 참이더라도 결론이 거짓일 가능성이 있다는 것을 지적하는 것으로 충분하지 않다. 즉, 전제들이 모두 참이더라도 우리 반 급우들의 대부분은 왼손잡이가 아닐 가능성이 있다는 것을 지적하는 것으로 충분하지 않다. 왜냐하면, 예 11의 논증 자체가 그러한 가능성을 배제하지 않기 때문이다. 우리가 보여야 할 것은 전제들이 모두 참이더라도 결론이 거짓이 될 가능성이 있다가 아니라 그렇게 될 개연성이 매우 높다는 것이다. 가령, 위 예의 경우 우리 반 급우들의 대부분이 왼손잡이가 아닐 개연성이 높다는 것을 보여야 한다. 이는 대한민국 성인 내지 성인표본에서 왼손잡이와 오른손잡이 비율을 통해 입증할 수 있다. 가령, 국내 오른손잡이와 왼손잡이의 비율이 9 : 1이라고 할 때, 예 11의 전제들이 모두 참이더라도 이러한 정보를 통해 결론을 거부할 수 있다.

이런 예가 보여주는 것처럼, 귀납 논증에서 전제와 결론 사이의 지지관계는 전제에 포함되어 있지 않은 새로운 정보에 의해 약화될 수 있다. 위의 사례와 같이, 귀납적 일반화 논증의 지지관계는 좀 더 큰 표본에 대한 추가 정보에 의해서 약화될 수 있다. 앞 절에서 제시되었던 다양한 귀납 논증의 지지관계도 마찬가지다. 통계적 삼단 논법의 지지관계는 준거집합이 충분히 구체적이지 않다는 추가 정보에 의해서 약화된다. 유비 논증의 경우, 비교되는 대상들 사이에는 뚜렷한 차이가 존재한다는 추가 정보에 의해서 전제가 결론을 지지하는 정도가 약화된다. 인과 논증도 마찬가지다. 더 큰 표본에서는 상관관계가 존재하지 않는다는 추가정보, 실험군과 대조군 사이의 구분이 원인에 해당하는 성질 이외의 다른 성질에 대해 편향되어 있다는 추가 정보는 인과 논증의 지지관계를 약화시킨다.

2) 전제의 신뢰성 문제 제기하기

전제에 대한 비판은 연역 논증에서의 건전성에 대한 비판과 크게 다르지 않다. 몇몇 귀납 논증의 경우, 그 전제를 신뢰할 수 없는 경우가 있다. 가령, 다음과 같은 통계적 일반화 논증을 생각해보자.

> 예 12 표본에 속한 1,000명의 유권자들 중에 80%가 A당을 지지한다.
> 그러므로 전체 유권자들 중에 약 80%가 A당을 지지한다.

위 논증에서 전제는 적절한가? 즉 다른 말로 위 논증의 전제는 신뢰할 만한가? 이 전제를 신뢰하지 못할 다양한 이유들이 존재할 수 있다. 흔히 정치적 이슈에 관한 여론 조사는 유선이나 무선을 통한 직접 조사로 진행된다. 이런 여론 조사 방식에는 응답자가 자신의 정치적 입장에 대해서 솔직하다는 것이 전제되어 있다. 하지만 여론조사기관, 당시 정치 · 사회적 상황, 익명성 보장 여부 등 때문에 응답자는 자신의 지지 정당을 솔직히 밝히지 않을 수 있다. 만약 응답자가 자신의 의견을 솔직히 밝히지 않는다는 것에 대한 충분한 근거가 있다면, 예 12에 있는 전제의 신뢰성은 무척 낮아질 것이며, 이에 따라 위 논증은 약화될 것이다.

하지만 귀납 논증에서 전제의 신뢰성에 대한 문제제기는 특별한 어려움을 겪을 수 있다. 통계적 삼단 논법을 예로 들어 보자. 앞에서 설명했듯이 통계적 삼단 논법의 전제에는 모집단에 대한 통계 진술이 포함되어 있다. 그런 통계 진술들은 다른 진술들과 달리 신뢰성을 판단하기 쉽지 않다. 가령, '모든 사과들은 노랗다'는 보편 진술을 생각해보자. 이 진술이 적절하지 않다는 것, 즉 거짓이라는 것을 보이기 위해서는 '노랗지 않은 사과가 하나 있다'는 것을 지적하기만 하면 된다. 하지만 '모든 사과들 중 90%는 노랗다'는 통계 진술을 생각해 보자. 앞에서 언급한 보편

진술과 달리 이 통계 진술은 '노랗지 않은 사과가 하나 있다'는 것만으로 이 진술이 거짓이라는 것이 증명되지 않는다.

그럼 노랗지 않은 사과가 몇 개가 있을 때 '모든 사과들 중 90%는 노랗다'는 통계 진술이 거짓이라고 생각할 수 있는가? 이 질문에 적합한 답을 제시하기 위해서는 다소 복잡한 통계학적 방법에 대한 지식이 요구된다. 대략적으로 말하자면, 통계학은 '사과들 중에서 충분한 수의 표본을 무작위 추출한 결과, 표본에 있는 사과들 중 노란 사과의 비율이 90%와 유의미한 수준에서 차이가 날 때 우리는 '모든 사과들 중 90%는 노랗다'는 진술을 거짓인 것으로 거부해야 한다'고 말한다. 여기서 우리는 '얼마의 표본을 추출해야 하는가?', '유의미한 수준은 어느 정도인가?', '거짓인 것으로 거부한다는 것은 무슨 의미인가?'와 같은 질문에 답할 수 있어야 한다. 현대 표준적인 통계학이 다루는 문제는 결국 이런 질문들에 대한 답이며, 그 답은 이 책의 범위를 넘어선다.

여기서 우리는 귀납 논증의 전제의 신뢰성을 평가하는 데 있어 어려움이 있다고 하더라도, 논증 평가의 기본적인 구조는 변함이 없다는 사실에 주목해야 한다. 결국, 전제의 신뢰성을 평가하는 것은 전제가 참이 될 개연성이 낮다, 혹은 전제를 신뢰할 수 없다는 것을 보이는 것일 뿐이다. 그 방법이 어떤 것이든, 전제의 신뢰성이 의심스럽다면 해당 논증은 약화될 것이다.

학습정리

1. 연역 논증 비판은 타당성이나 건전성을 비판하는 것이다.
2. 타당성 비판은 전제들이 모두 참이더라도 결론이 거짓일 가능성이 있다는 것을 보이는 것이다.
3. 건전성 비판은 제시된 전제가 참이 아닐 수 있다는 것을 보이는 것이다.
4. 귀납 논증 비판은 타당성, 건전성에 대한 비판과 유사한 비판을 하는 것이다.
5. 귀납 논증에서 전제와 결론의 지지관계를 비판하기 위해서는 추가 정보를 이용해서 전제가 참이더라도 결론이 거짓이 될 개연성이 높다는 것을 보여야 한다.
6. 귀납 논증에서 전제의 신뢰성을 비판하기 위해서는 전제가 참이 될 개연성이 낮다는 것을 보여야 한다.

연.습.문.제

1. 다음 논증을 비판하시오. (PSAT 기출문제)

(전제1) 만일 국제 평화가 유지된다면, UN은 불필요하다. 또 만일 국가 간에 전쟁이 일어난다면, UN은 전쟁방지라는 목적을 성취하지 못한 것이기 때문에 불필요하다.

(전제2) 국가 간에는 평화 아니면 전쟁 상태만 존재한다.

(결 론) 따라서 UN은 불필요하다.

2. 다음 글을 비판하기 위한 통계자료로 사용하기에 적절한 것을 〈보기〉에서 모두 고르면? (PSAT 기출문제)

미국에서 시민들이 지역공동체 참여 활동에서 이탈하는 경향에 대한 설명으로 가장 그럴듯한 것은 사회 전체가 바빠졌다는 점이다. 공동체 활동에 불참하면서 사람들이 가장 많이 내세우는 핑계가 바로 이것이다. 참여하지 못하는 이유로 미국인이 가장 많이 꼽는 것은 '시간이 별로 없어서'이다. 자원봉사 활동에 나서지 못하는 가장 흔한 이유 역시 '너무 바빠서'이다. 분명히 현 세대는 한 세대 이전의 미국인에 비해 더 바쁘다고 느낀다. '항상 쫓기는 기분'이라고 대답하는 사람들의 비율은 1960년대 중반에 비해서 1990년대 중반에 절반 이상이나 상승했다. 아울러 "우리는 거의 언제나 열심히 일한다.", "자주 밤늦게까지 남아서 일한다."라고 대답한 미국인의 수는 지속적으로 증가하였다. 구체적으로 가장 바쁘다고 느끼는 집단은 직업적 측면에서는 주로 대학교육을 받은 정규직 직장인, 연령적 측면에서는 25세에서 54세 사이의 남녀, 가정적 측면에서는 어린 자녀를 둔 부모 등의 집단이다. 이런 결과가 그리 놀라운 것은 아니지만, 역사적으로 볼 때 바로 이 집단들이 과거 공동체 생활에 특히 적극적이었음을 고려한다면 심각한 일이다. 복잡하게 생각할 것 없이, 우리를 공동체 참여에서 이탈하게 만드는 범인은 늘어난 노동시간이다.

〈보기〉

ㄱ. 1960년대 이후 시간외 근무를 하는 사람들의 비율이 지속적으로 증가했다.
ㄴ. 1960년대 이후 노동시간이 늘어난 집단과 노동시간이 줄어든 집단 모두에서 시민 활동 시간이 감소했다.
ㄷ. 1960년대 이후 맞벌이 가정의 비율이 지속적으로 증가 했다.

3. 다음 논증에 대한 평가로 적절한 것을 〈보기〉에서 모두 고르면?

[전제1] 할머니는 비가 오면 짚신 장사하는 큰 아들이 장사가 안 되어 슬프고, 날이 개면 우산 장사하는 작은 아들이 장사가 안 되어 슬프다.
[전제2] 늘 비가 오거나 날이 개거나 한다.
[결 론] 그러므로 할머니는 늘 슬프다.

〈보기〉

가. 전제1이 반드시 옳다고 할 수 없다. 할머니는 비가 오면 우산 장사하는 작은 아들이 장사가 잘 되어 기쁘다고 생각할 수 있다.
나. 전제1이 반드시 옳다고 할 수 없다. 할머니는 날이 개면 짚신 장사하는 큰 아들이 장사가 잘 되어 기쁘다고 생각할 수 있다.
다. 타당한 논증이다. 즉 전제가 모두 옳다면 결론 또한 옳은 논증이다.
라. 늘 비가 오거나 날이 개거나 둘 중 하나일 것이니 이 논증은 충분히 건전한 논증이다.

① 가, 나 ② 다, 라 ③ 가, 나, 다
④ 가, 나, 라 ⑤ 가, 나, 다, 라

4. 다음 글에 등장하는 연구진의 결론을 약화하는 것으로 가장 적절한 것은?

국내 연구진이 만성 염증성 질환인 크론병 환자가 면역 억제제에 부작용을 일으키는 원인을 찾았다. 크론병은 자가면역질환으로, 면역 체계가 자기 조직을 공격해 입에서부터 항문까지 소화기 계통에 염증을 일으키는 질환이다. 울산의대-서울아산병원 공동연구팀은 “유전자 NUDT15에 돌연변이가 생긴 크론병 환자는 면역 억제제에 부작용을 일으킨다는 사실을 알아냈다"고 밝혔다. 연구팀은 면역 억제제를 사용한 크론병 환자 978명의 유전체를 분석했다. 그 결과 NUDT15라는 유전자에 돌연변이가 있는 환자는 모두 면역 억제제에 부작용을 일으켰다. 반면 이 유전자가 정상인 크론병 환자는 모두 면역 억제제에 부작용을 일으키지 않았다.

① 최근 크론병 환자의 수가 꾸준히 증가하고 있다는 사실이 밝혀졌다.
② 새롭게 발견된 유전자 X가 NUDT15 유전자의 돌연변이와 면역 억제제 부작용 모두를 야기한다는 사실이 밝혀졌다.
③ NUDT15 유전자에 돌연변이가 있는 환자들을 추가로 100명을 조사한 결과 모두 면역 억제제에 부작용을 일으켰다.
④ 크론병 환자들 중에서 NUDT15 유전자에 돌연변이를 가지고 있는 환자들의 비율은 그렇지 않은 크론병 환자들의 비율보다 훨씬 낮다는 사실이 밝혀졌다.
⑤ 분석에서 이용된 NUDT15 유전자에 돌연변이가 있는 환자들의 집단과 그렇지 않은 환자들의 집단 사이에는 NUDT15 유전자의 차이 이외에 어떤 차이도 없다는 것이 밝혀졌다.

5. 다음 논증에 대한 평가로 옳지 않은 것은?

최근 우리 사회의 최대 이슈로 떠오르고 있는 대통령 선거와 관련한 여론 조사에서 전체 유권자들 중 약 60%가 A당을 지지한다는 사실이 밝혀졌다. 휴대전화를 가진 유권자들을 대상으로 조사했으며, 1035명의 유권자가 응답을 하였다. 그 결과, 응답자 중에서 60%가 A당을 지지한다고 밝혔다. B당을 지지한다는 유권자는 응답자 중에서 29%였으며, 아직 지지정당을 결정하지 않았다는 유권자는 11%였다.

① 이전 대통령 선거보다 유권자의 수가 줄었다는 사실은 위 논증의 전제가 참일 개연성을 낮춘다.
② 전화 조사에 응답한 유권자들이 특정 지역에 편중되어 있다면 위 논증의 전제가 결론을 지지하는 정도가 약화된다.

③ 응답자들이 자신의 정치적 입장을 정직하게 말하지 않았다는 사실은 위 논증의 전제가 참일 개연성을 낮춘다.
④ 또 다른 여론조사에서 약 60%의 응답자가 A당을 지지한다고 밝혔다는 사실은 위 논증의 결론이 참일 개연성을 높인다.
⑤ 여론조사를 요구하는 전화를 받은 뒤 실제로 여론조사에 응답한 사람들의 비율이 현저히 낮다는 사실은 위 논증의 결론이 참일 개연성을 낮춘다.

6. 다음 글에 등장하는 실험가들의 주장을 약화하는 것으로 가장 적절한 것은? (LSAT 기출문제)

원자핵들이 결합되는 핵융합 과정에서는 에너지가 방출되고 여러 부산물들이 생길 수밖에 없다. 헬륨4는 그런 융합 부산물 중의 하나이다. 이번에 진행된 핵융합 실험은 밀폐된 플라스크에 든 '무거운' 물, 즉 중수를 이용한 것이었다. 중수는 수소 동위원소인 듀테륨과 산소가 결합된 물질이다. 이 물질의 색과 맛은 일반적인 물과 동일하지만 일반적인 물보다는 무겁다. 실험가들은 외부 진동에 의한 영향을 최소화하기 위해 이 중수로 가득 채운 플라스크를 일반적인 공기가 가득찬 방에 장치하였다. 그리고 이 방의 내부는 외부 공기와 완벽히 차단되었다. 실험 후 상당한 양의 헬륨4가 방 내부의 공기 속에서 발견되었다. 실험가들은 이런 사실을 핵융합이 일어났다는 것에 대한 증거라고 주장하였다.

① 헬륨4가 실험이 진행된 방에서 발견된 유일한 기체인 것은 아니다.
② 핵융합의 부산물에는 헬륨4 이외에도 트라이티움과 감마선이 있다.
③ 실험이 진행된 방 내부 공기 중에서 발견된 헬륨4의 양은 일반적인 공기 중에서 발견되는 헬륨4의 양보다 많지 않았다.
④ 매우 불안정한 헬륨4는 수 시간 내에 일반적인 헬륨으로 바뀌어 금방 사라진다.
⑤ 실험이 진행된 방 속에 있는 공기 중에서 헬륨4가 차지하는 비율은 그리 크지 않다.

7. 다음과 같은 논증을 올바르게 비판한 것을 모두 고르면?

한국 연예인의 이미지가 주변국 연예인의 이미지 보다 우월하다면, 중국에서 한류가 유행할 것이다. 아울러 드라마 같은 한국 문화의 질이 주변국 보다 우월하다면, 중국에서 한류가 유행할 것이다. 한국 연예인의 이미지가 주변국 연예인의 이미지 보다 우월하거나 드라마 같은 한국 문화의 질이 주변국 보다 우월하다. 따라서 중국에서 한류가 유행할 것이다.

〈보 기〉

(가) 주변 국가와 비교해 우리 문화의 질이 주변국 보다 우월한 것 이외에 다른 용인을 갖다 대더라도 최근 동북아 정세를 고려해 볼 때 국민 정서상 중국에서 한류가 유행하기는 어렵다.

(나) 중국에서 한류가 유행할 것이라는 결론은 제시된 전제들로부터 타당하게 도출되지 않는다. 즉 제시된 전제들을 모두 참이라고 가정해도 결론이 거짓일 수 있다.

(다) 한국 연예인의 이미지가 주변국 연예인의 이미지 보다 우월하거나 드라마 같은 한국 문화의 질이 주변국 보다 우월하다는 전제가 틀렸다. 한국 연예인의 이미지가 주변국 연예인의 이미지 보다 우월하지 않고 드라마 같은 한국 문화의 질이 주변국 보다 우월하지 않은 경우를 우리는 충분히 상상할 수 있다.

① 가 ② 가, 나 ③ 가, 다 ④ 나, 다 ⑤ 가, 나, 다

8. 다음의 논증을 올바르게 비판한 것을 〈보기〉에서 모두 고르면?

영희가 철수를 좋아하면, 영희는 철수에게 영화를 보러가자고 한다. 영희가 철수에게 영화를 보러가자고 하지 않는다면, 영희는 철수에게 관심이 없다. 영희는 철수를 좋아하거나 관심이 없다. 따라서 영희는 철수에게 영화를 보러가자고 하지 않는다.

〈보 기〉

(가) 영희가 철수를 좋아하더라도 영화를 보러가자고 하지 않을 수 있다. 가령 영희는 철수에게 영화대신 연극을 보러가자고 할 수 있다.

(나) 영희는 철수에게 영화를 보러가자고 하지 않는다는 결론은 제시된 전제들로부터 타당하게 도출되지 않는다. 즉 제시된 전제들을 모두 참이라고 가정해도 결론이 거짓일 수 있다.

(다) 영희는 철수를 좋아하거나 관심이 없다는 전제가 틀렸다. 가령 우리는 영희가 철수를 좋아하지 않고 대신 영수를 좋아하는 경우를 충분히 상상할 수 있다.

① 가 ② 가, 나 ③ 가, 다

④ 나, 다 ⑤ 가, 나, 다

9. 다음 논증에 대한 평가로 적절하지 않은 것은?

A시 성인들 중에서 절반 이상이 술을 즐겨 마시지 않는다는 사실이 밝혀졌다. A시 4개 지역에서 실시한 설문조사 결과 전혀 술을 마시지 않는다는 사람은 20%, 술을 마시긴 하지만 어쩔 수 없을 경우에만 마신다는 사람은 15%, 술을 2주일에 한 번 정도 마시지만 즐기진 않는다는 사람은 25%, 술을 즐겨 마신다는 사람은 30%, 응답을 거부한 사람은 10%였다. 결과적으로 설문조사에 응한 사람들 중에서 술을 즐기지 않는 사람의 비율은 60%나 되었다

① 설문 조사 대상자들이 금주를 권하는 특정 종교를 가지고 있다는 사실은 위 논증의 전제들이 결론을 지지하는 정도를 약화한다.

② 최근 음주를 자제하려는 사회 분위기 때문에 거짓으로 설문조사에 응한 사람이 많다는 사실은 위 논증의 전제가 참일 확률을 낮춘다.

③ 설문 조사에 응답한 사람들의 연령대가 고르며, 남성과 여성의 비율 역시 비슷하다는 사실은 위 논증의 전제가 결론을 지지하는 정도를 강화한다.

④ A시의 다른 두 개 지역에서 동일한 설문 조사 결과, 술을 즐기지 않는 사람의 비율이 55%였다는 사실은 위 논증의 전제들이 결론을 지지하는 정도

를 강화한다.

⑤ A시와 멀리 떨어진 B시에서 동일한 설문조사를 한 결과 술을 즐긴다는 사람들의 비율이 50%가 넘지 않는다는 사실은 위 논증의 전제가 결론을 지지하는 정도를 약화한다.

10. 다음에 제시된 논증에 대한 설명 중 잘못된 것은?

ⓐ 자연은 기계이거나, 스스로 진화하는 어떤 것이다. ⓑ 본질적으로 기계는 완성된 작품 또는 닫힌 체계이다. ⓒ 반면에 자연은 완성된 것이 아니다. 왜냐하면 ⓓ 자연은 아직 이루어지지 않은 어떤 것이 되기 위한 작용을 하는데, ⓔ 아직 이루어지지 않은 어떤 것이 되기 위한 작용을 하는 것은 발전하는 것을 의미하고 ⓕ 발전하는 것은 아직 완성된 것이 아니기 때문이다. ⓖ 발전하는 것이 스스로 기계를 만들 수는 있겠지만, 그것 자체가 기계일 수는 없다. ⓗ 따라서 자연은 기계가 아니다. ⓘ 결국 자연은 스스로 진화하는 어떤 것이다.

① 주어진 논증의 ⓐ와 ⓗ는 주전제이고 ⓘ는 주결론이다.

② 주어진 논증에서 전제들이 ⓑ, ⓒ, ⓖ이고 결론 ⓗ인 부속 논증이 있다.

③ 주어진 논증에서 ⓒ는 부속 전제들 ⓓ, ⓔ, ⓕ에 의해 지지되는 부속 논증의 결론이다. 아울러 이 부속논증은 ⓓ, ⓔ, ⓕ을 받아들이면, ⓒ를 거부할 수 없는 타당한 논증이다.

④ 주논증을 비판하는 방법 가운데 하나는 "자연은 기계도 아니고 스스로 진화하는 것도 아니다"라는 것을 만족하는 반례를 제시하는 것이다.

⑤ 주논증은 타당한 논증이다. 이 논증을 비판하는 방법 가운데 하나는 전제가 참이더라도 결론이 거짓일 수 있는 가능성이 매우 높다는 점을 보이는 것이다.

11. 다음 논증에 대한 비판으로 적절하지 않은 것은?

[전제1] 신이 악을 제거할 수 없다면, 신은 전능하지 못하다.
[전제2] 신이 악을 제거하고 싶어 하지 않는다면, 신은 전선하지 못하다.
[전제3] 신은 악을 제거할 수 없거나 제거하고 싶어 하지 않거나 이다.
[결 론] 신은 전능하지 못하거나 전선하지 못하다.

① [전제1]이 틀렸음을 밝힌다.
② [전제2]가 틀렸음을 밝힌다.
③ [전제3]이 틀렸음을 밝힌다.
④ 논증의 형식이 부당함을 밝힌다.
⑤ [전제1], [전제2], [전제3]이 모두 틀렸음을 밝힌다.

12. 다음에서 주어진 논증에 대한 비판으로 적절하지 않은 것은?

① **논증:** 이번 연구결과에 따르면, 미국의 임신율은 캐나다, 영국, 프랑스의 두 배였고, 네덜란드의 일곱 배였습니다. 따라서 미국은 OECD 국가 중에서 10대의 임신율이 증가하고 있는 유일한 나라입니다.
비판: 전제가 옳다고 하여도 결론을 받아들이기가 어렵다. 미국의 임신율과 미국의 10대 임신율이 같다고 보기 어렵다.

② **논증:** 부자인 사람은 모두 행복하다. 내가 아는 그도 부자이니 행복할 것이다.
비판: 부자 중에 행복하지 않은 사람이 있을 수 있다. 우리 아저씨는 부자였지만 우울증 환자였다.

③ **논증:** 세상의 어리석은 일을 보고 웃어라. 그러면 그대는 후회할 것이다. 세상의 어리석은 일을 보고 울어라. 그래도 역시 그대는 후회할 것이다. 그대가 세상의 어리석은 일을 보고 웃든 울든 간에, 그대는 후회할 것이다.
비판: 세상의 어리석은 일을 보고 웃지도 않고 울지도 않을 수 있다. 세상의 어리석은 일을 보고 무감각한 사람도 있다.

④ **논증:** 박정희 대통령의 국장 행렬에는 많은 시민들이 나와 애도를 표했다. 이것은 박 대통령께서 얼마나 위대한 지도자였는지를 말해주는 것이다.

비판: 국장 행렬에 많은 시민이 나와 애도를 표한 것이 위대한 지도자였음을 증명하는 것은 아니다.

⑤ **논증:** 성공한 사람은 벤츠를 타고 다니거나 호텔에서 식사를 한다. 그러니 너도 성공하고 싶으면 그렇게 해야 한다.

비판: 성공한 우리 형은 국산차를 타고 다니거나 집밥을 애호한다.

제 6 절

오류

학습목표	오류가 무엇인가를 안다.
기본개념	관련성의 오류, 충분성의 오류, 귀납논증과 관련된 오류들

1. 논증과 오류

앞에서 우리는 논증 평가 기준을 학습하고, 그것을 실제 논증에 적용해 보았다. 이것은 비판적 사고의 기본적인 훈련법이라고 할 수 있다. 이와 더불어 잘못된 논증의 전형적인 패턴을 익힌다면, 논증을 제시하거나 평가할 때의 실수를 최소화할 수 있을 것이다. 이 절의 목표는 그런 잘못된 논증의 전형적인 패턴들 몇 가지를 익히는 것이다. 이런 잘못된 논증을 흔히 오류라고 부른다.

오류는 몇 가지로 나뉠 수 있다. 사실 우리는 이미 몇 가지 오류를 배웠다. 3절에서 전건부정의 오류, 후건긍정의 오류, 선언지 긍정의 오류 등 (연역) 논증의 몇 가지 부당한 형식이 이미 소개되었다. 동일한 형식을 갖추면 모두 오류라는 의미에서 이런 것들을 '형식적 오류'라고 부른다. 이런 오류들은 연역 논증을 제시하려고 할 때 흔히 발생할 수 있는 것들이다. 하지만 오류에는 이런 것들만 있는 것은 아니다. 어떤 논증들은 형식보다는 전제와 결론이 말하는 내용에 의해서 논증 상의 잘못을 저지르는 경우들이 있다. 이런 오류들은 '비형식적 오류'라고 불린다. 이 절에서 우리는 이 '비형식적 오류'들의 몇몇 유형들을 살펴볼 것이다.

우리가 다루게 될 오류는 모두 논증 상의 오류이다. 논증은 전제와 결론으로 구성되었으며, 전제는 결론을 지지한다. 앞에서 반복적으로 설명했듯이, 좋은 논증이 되기 위해서는 전제는 신뢰할 수 있어야 하며 결론을 강하게 지지해야 한다. 오류를 다루는 다양한 책들은 오류들을 여러 방법으로 분류하고, 그 오류들에 다양한 이름을 붙인다. 이 절의 목적은 그 다양한 오류들을 모두 소개하는 것이 아니다. 그보다, 결론과 관련이 없는 전제를 관련이 있는 것처럼 논증하여 발생하는 오류, 그리고 전제가 충분히 결론을 지지하지 못함에도 충분히 지지하는 것처럼 논증하여 발생하는 오류들만을 소개할 것이다. 특히, 앞 절에서 다룬 귀납 논증과 관련된 몇 가지 오류들에 대해서 설명할 것이다.

2. 관련성의 오류

자신의 주장에 대해서 상대방을 설득할 수 있는 방법은 여럿이다. 가령, 자신의 권력을 이용할 수도 있으며, 동정을 얻어 상대방을 설득할 수도 있다. 하지만 이런 것들은 모두 그 주장과 관련된 내용들이 아니다. 논증을 통해서 상대방을 설득하고자 한다면, 논증의 결론과 관련된 내용들을 담고 있어야 한다. 하지만 권력, 연민, 공포, 아첨, 대중에 호소하여 상대방을 설득하고자 하는 것은 모두 주장하려는 바와 관련 없는 것을 이용해서 주장을 옹호하려는 오류들이다.

이런 오류들 중에는 주장과 그 주장을 하는 사람을 혼동해서 발생하는 오류도 있다. 가령, 다음 예들을 생각해보자.

예 13 이번에 물리학회지에 발표된 A 교수의 논문의 자료들은 신뢰할 수 없다. 왜냐하면, 그는 최근 가정생활에 문제가 생겼으며, 그로 인해 이혼 소송 중이기 때문이다.

예 14 술을 먹지 말라는 의사의 충고는 받아들일 수 없다. 그 의사 자신도 술을 즐기지 않는가?

예 13의 전제는 A 교수의 가정생활에는 문제가 있으며, 그로 인해 이혼 소송 중이라는 것이다. 그리고 결론은 A 교수의 자료들은 신뢰할 수 없다는 것이다. 사실 A 교수의 자료의 신뢰성과 A 교수의 가정생활은 전혀 관련이 없다. 따라서 전제가 결론을 지지한다고 말할 수 없다. 예 14도 마찬가지다. 의사가 술을 즐긴다는 전제와 술을 먹지 말라는 의사의 충고는 서로 아무런 관련이 없다. 따라서 전제가 결론을 지지한다고 말할 수 없다.

이런 예들은 모두 상대방이 주장한 내용을 비판하고 있는 것이 아니라, 상대방을 비판하고 있다. 논증을 평가하는 데 있어, 그 논증을 누가 제시했는지는 결론의 옳음과 관련이 없으며, 이런 경우에 전제가 결론을 지지하지 못한다. 흔히, '연민에 호소하는 오류', '대중에 호소하는 오류', '인신공격의 오류', '발생적 오류', '허수아비 공격의 오류', '피장파장의 오류' 라 불리는 것들[13]은, 모두 이렇게 결론과 관련 없는 전제들을 이용해서 논증을 제시했을 때 발생하는 오류들이라고 생각할 수 있다.

관련이 없는 것을 관련이 있는 것처럼 꾸며서 논증하는 방법에는 결론을 교묘히 바꾸어 전제들이 결론과 밀접하게 관련 있는 것처럼 꾸미는 경우도 있다. 다음을 생각해보자.

예 15 (김민주 대통령 후보는 예산을 낭비하지 않고 운영을 잘 한다면, 국가방위예산의 수십억 원을 절약할 수 있다는 것을 근거로 국가방위예산을 줄이자고 주장했다. 이에 그의 정치적 상대 후보는 다음과 같이 주장했다.) 김민주 후보는 방위비를 삭감함으로써 우리의 방위 태세를 약화시키려고 합니다. 방위비 삭감은 군사력의 약화를 의미하며, 나아가 국제정치 무대에서 우리나라가 지니는 역할이 축소되어 군사적인 측면에서 2류 국가의 대접을 받게 될 것입니다. 따라서 김민주 후보가 말한 대로 방위예산을 삭감해서는 절대 안 됩니다.

김민주 후보의 정치적 상대 후보는, 김민주 후보의 국가방위예산에서 낭비를 줄이자는 주장을 국가방위비용 자체를 삭감하자는 주장으로 바꾸어 놓았다. 그리고 그 바뀐 주장과 관련된 근거를 제시하였다. 하지만 그렇게 제시된 근거들은 원래 김민주 후보의 주장인 낭비를 줄이자는 것과 전혀 관련이 없는 것이다. 낭비를 줄이자는 것이 군사력의 약화를 의미하지 않는다는 것은 분명하다. 결국 이 논증은 원래의 결론과 관련 없는 전제들을 이용해서 원래의 결론이 논박된 것처럼 보이게 만드는 오류라고 할 수 있다. 이런 오류는 '허수아비 공격의 오류' 혹은 '논점 일탈의 오류'라고 불린다. 김민주 후보의 주장을 쉽게 논박하기 위해서 김민주 후보의 실제 주장과 관련이 없는 '국가방위비용 자체를 삭감하자'라는 '허수아비'를 세워 '논점을 일탈했다'는 의미다.

한편, 결론과 관련 있는 요소를 의도적으로 누락시키는 경우도 있다. 다음 사례를 생각해보자.

예 16 박 교수는 자연 세계에서 일어나는 다양한 현상들이 신에 호소하지 않고 설명될 수 있다고 말한다. 이런 이유에서 그는 신이 존재한다는 것을 믿을 아무런 이유가 없다고 주장한다. 우리는 신이 존재한다고 믿는 유신론자이거나 신이 존재하지 않는다고 믿는 무신론자일 수밖에 없다. 따라서 박 교수는 신은 존재하지 않는다고 믿는 무신론자임에 틀림없다.

흥미롭게도 이 논증은 연역적으로 타당한 논증이다. 이 논증은 '신이 존재한다고 믿거나, 신이 존재하지 않는다고 믿는다'와, '박교수는 신이 존재한다고 믿지 않는다'라는 전제로부터 '박교수는 신이 존재하지 않는다고 믿는다'는 결론을 도출한다. 이것은 연역적으로 타당한 선언삼단논증의 형식을 갖추고 있다. 그럼 이 논증의 문제점은 무엇인가? 그것은 바로 첫 번째 전제에 있다. 사실 신의 존재에 관한 입장에는 유신론과 무신론 두 가지만 있는 것이 아니다. 신의 존재도 믿지 않고 신의 부재도 믿지 않는 불가지론도 가능하다. 결국 이 논증은 박 교수가 불가지론자일 수 있는 가능성을 의도적으로 누락하여, 박 교수가 무신론자라는 결론을 도출한 것이다. 즉 신 존재에 대해선 유신론과 무신론 밖에 없다는 '잘못된 이분법'을 이용해서 원하는 결론을 도출한 것이다. 이런 점에서 이러한 종류의 오류는 결론과 관련이 있는 요소를 의도적으로 누락했다고 말할 수 있으며, '잘못된 이분법의 오류', 혹은 '흑백 사고의 오류'라고 불린다.

3. 충분성의 오류

전제가 결론을 충분히 지지하지 않아서 발생하는 오류는 귀납 논증에서 많이 찾아볼 수 있다. 가령, 다음과 같은 통계적 일반화 논증을 살펴보자.

> 예 17 유권자의 약 60%는 A당을 지지한다. 왜냐하면, 내 주변 사람들 10명 중에서 6명이 A당을 지지하기 때문이다.

분명, 내 주변 사람들 10명 중 6명이 A당을 지지한다는 전제는 유권자의 약 60%가 A당을 지지한다는 결론과 관련이 있다. 하지만 이 전제가 결론을 지지하는 정도는 매우 작다. 왜냐하면, 수천만 명의 유권자 집단의 특징을 추론하기에는 내 주변 사람 10명이라는 표본의 크기가 너무 작기 때문이다. 이런 오류는 흔히 '불충분한 통계의 오류'라고 불린다. 귀납적 일반화와 관련된 오류는 표본의 크기가 작은 경우에만 발생하는 것은 아니다.

사실 위 예 17에서 표본은 그 크기가 크지 않을 뿐만 아니라, 표본에 속한 개체들이 편향되어 있다고 말할 수 있다. '내 주변 사람들'은 아마도 나와 비슷한 생각을 가지고 있을 것이다. 따라서 이들은 다양한 생각들을 가진 사람들로 구성된 유권자 전체를 대표하지 못한다. 따라서 위 전제는 결론을 충분하게 지지하지 못한다. 이렇듯 표본이 편향되어 발생하는 귀납적 일반화의 오류를 '편향 통계의 오류'라고 부른다. 그리고 '불충분한 통계의 오류'와 '편향 통계의 오류'는 모두 '성급한 일반화의 오류'라고 불리기도 한다.

다른 귀납 논증에도 전제가 결론을 지지하는 정도가 충분하지 않아 발생하는 오류가 있다. 우선 통계적 삼단 논법과 관련된 오류를 생각해 보자. 다음 A라는 암진단법과 관련된 논증을 보라.

> 예 18 실제 췌장암에 걸린 사람들 중에서 A–진단법에 의해 췌장암에 걸렸다는 판정을 받은 사람의 비율은 90%이다. 철수는 A–진단법에 의해 췌장암에 걸렸다는 판정을 받았다. 따라서 철수는 췌장암에 걸렸을 것이다.

얼핏 보면, 이 논증의 전제는 결론을 충분히 지지하는 통계적 삼단 논법으로 착각하기 쉽다. 하지만 그렇지 않다. 이 논증은 통계적 삼단 논법이 아니며, 심지어 오류이기까지 하다. 즉 위 논증의 전제가 모두 옳다고 하더라도 철수가 췌장암에 걸렸을 확률은 그리 크지 않다.

우선 예 18과 같은 논증은 다음과 같이 형식적으로 나타낼 수 있다는 사실에 주목하자.

> P인 것들 중에서 90%가 S이다.
> a는 S이다.
> 그러므로 a는 P이다.

한편, 4절에서 제시한 통계적 삼단 논법의 형식은 다음과 같았다.

> S인 것들 중에서 x%가 P이다.
> a는 S이다.
> 그러므로 a는 P이다.

이렇게 형식을 비교해 볼 때, 예 18이 통계적 삼단 논법이 아니라는 것은 분명하다. 만약 예 18을 통계적 삼단 논법으로 착각했다면, 그 착각은 예 18의 첫 번째 전제를 "A–진단법에 의해 췌장암에 걸렸다는 판정을 받은 사람들 중에서 실제 췌장암에 걸린 사람들의 비율은 90%이다."라는 진술과 혼동했기 때문에 일어난 것이다.

예 18이 통계적 삼단 논법이 아니라는 사실과 더불어, 예 18의 전제가 모두 옳다고 하더라도 그 결론이 옳을 확률은 매우 낮다는 것도 언급할 필요가 있다. 우선 예 18의 첫 번째 전제가 무엇을 의미하는지 분명히 하자. 거칠게 말해, 그것은 'A-진단법의 정확도'를 의미한다. 즉, 첫 번째 전제는 '실제로 췌장암에 걸렸을 때, 그 진단법이 췌장암에 걸렸다고 정확하게 판정할 확률이 90%이다'는 것이다. 일상적으로 우리는 90%의 정확도를 가진 검사에서 췌장암에 대한 양성 판정이 나왔다면, 췌장암에 걸렸을 확률이 제법 클 것이라고 생각한다. 하지만 이런 생각은 오류이다. 그리고 이 오류는 모든 사람들 중에 췌장암에 걸린 사람의 비율이 무척 작다는 사실을 고려하지 않았기 때문에 발생한다. 사실 2011년 현재 대한민국에서 췌장암에 걸린 사람의 수는 10,000보다 훨씬 작다. 즉 2011년 대한민국 사람들 중에서 췌장암에 걸린 사람의 비율은 0.1%도 안 된다는 것이다.[14] A-진단법을 통해 췌장암이라는 판정을 받기 전, 철수가 췌장암에 걸렸을 확률은 0.1%도 안 되었다. 따라서 철수가 90%의 정확도를 가진 A-진단법에서 양성 판정을 받았다고 하더라고, 실제로 철수가 췌장암에 걸렸을 확률이 0.1%에서 90% 가까이로 급격히 커지는 일은 일어나지 않는다. (실제로 그 확률을 계산하면, A-진단법에 의해서 양성 판정을 받은 철수가 췌장암에 걸렸을 확률은 1%보다 작다.)

앞에서 말했듯, 위와 같은 오류는 '모든 사람들 중에서 췌장암에 걸린 사람의 비율이 무척 작다'는 사실을 무시했기 때문에 발생한다. 통계학에서 이런 비율을 기저율(base rate)이라고 부른다. 그리고 이런 기저율을 무시했다는 의미에서 예 18과 같은 오류는 '기저율 오류'라고 불리며, 통계적 추론에서 나타나는 오류 중 가장 대표적인 것이다.

유비 논증에서도 전제가 결론을 충분히 지지하지 않아 오류가 발생할 수 있다. 다음 사례를 생각해보자.

예 19 한 가지 음악만을 듣거나 한 가지 음식만을 먹는다면, 금방 싫증나거나 식상할 것이다. 식사나 음악 감상을 다양하게 하면, 재미있고 풍부한 경험을 할 수 있다. 그러므로 평생 동안 오직 한 사람하고만 성관계를 갖는것 – 즉 결혼 – 은 짜릿하고 풍부한 경험을 하고자 하는 강렬한 희망을 버리는 것이라고 결론내릴 수 있다.

이 논증은 전형적인 유비 논증의 형식으로 재구성할 수 있다. 전제는 '음악, 음식, 성관계는 서로 유사하다'는 것과, '음악과 음식에 대해서 우리는 재미있고 풍부한 경험을 하길 바란다'는 것이다. 이로부터 '성관계에 대해서도 재미있고 풍부한 경험을 하길 바란다'는 결론이 도출된다. 이 논증의 전제는 결론을 강하게 지지하는가? 이 질문에 대한 답은 음악, 음식에 대한 욕구와 성관계에 대한 욕구 사이의 유사성에 의존한다. 사실 우리는 이 욕구들이 유사하지 않다는 다양한 논증을 제시할 수 있을 것이다. 가령, 성적 욕구가 가진 특별한 성질을 언급하면서, 그것이 음식에 대한 욕구, 음악에 대한 욕구와 다르다고 논증할 수 있다. 이런 논증은 예 19의 논증이 잘못된 유비에 근거하고 있다고 비판하는 것이다. 이런 점에서 예 19와 같은 논증은 '그릇된 유비의 오류'라고 불린다.

전제들이 결론을 지지하기에 충분치 않은 귀납 논증의 사례는 인과 논증에서도 찾아볼 수 있다. 다음 예를 보자.

예 20 민영이가 복을 가지고 태어난 것이 분명하다. 민영이가 태어난 이후에 아빠가 승진을 했으며, 할아버지의 건강이 좋아졌다. 뿐만 아니라 좋은 집으로 이사를 가게 되었다. 우리 집안의 경사는 모두 복덩이인 민영이가 태어났기 때문이다.

어떤 사건이 다른 사건의 원인이기 위해서는 원인이라고 불리는 사건이 결과라고 불리는 사건보다 먼저 일어나야 한다. 하지만 그것이 두 사건 사이에 인과관계가 성립한다는 충분한 증거라고 말할 수는 없다. 민영이가 태어났다는 것은 집안의 경사보다 앞선 사건이다. 시간적으로 앞섰다고 해서 원인이라고 말하기엔 충분치 않다. 이렇게 선후관계를 인과관계로 착각하여 발생하는 오류는 '선후인과의 오류'

라고 불린다.

한편 인과 논증과 관련된 다른 오류들도 있다. 다음 예를 보자.

> 예 21 얼굴에 붉은 반점들이 나타날 때마다 아이들에겐 심한 열이 난다. 따라서 이 붉은 반점들이 아이들의 열을 올리는 것이 분명하다.

위 예는 상관관계로부터 인과관계를 추론하는 전형적인 인과 논증이다. 예 21에는 명시적으로 제시되지는 않았지만, 이 인과 논증은 다음과 같은 형식으로 재구성될 수 있을 것이다.

(1) 얼굴에 붉은 반점이 나타나는 집단에 속한 아이들 중에서 심한 열이 나는 아이의 비율은 x%이다.
(2) 얼굴에 붉은 반점이 나타나지 않는 집단에 속한 아이들 중에서 심한 열이 나는 아이의 비율은 y%이다.
(3) x는 y보다 크며, 그 차이는 유의미하다.
(4) 그러므로 얼굴에 붉은 반점이 나타난다는 것은 심한 열이 나는 것의 원인이다.

위 논증에서 전제 (1)-(3)은 붉은 반점과 고열 사이에 상관관계가 있다는 것을 말하고 있다. 하지만 이런 상관관계가 이 붉은 반점과 고열 사이에 인과관계가 있다는 것에 대한 충분한 근거가 되지 않는다. 사실 붉은 반점과 고열은 모두 홍역이라는 공통 원인에 의해서 야기된 것일 수 있다. 즉 홍역이 붉은 반점을 만들어 내고, 홍역이 고열을 만들어 내는 것이다. 이런 점을 볼 때, 상관관계를 인과관계로 착각하는 오류도 공통 원인의 가능성을 고려하지 않은 불충분한 전제로 결론을 도출하는 오류라고 할 수 있다. 이런 종류의 오류는 '공통 원인을 무시하는 오류'라고 불린다.

지금껏 우리는 전제와 결론 사이의 불충분한 지지관계 때문에 발생하는 귀납 논증의 오류를 살펴보았다. 물론, 전제와 결론 사이의 불충분한 지지관계 때문에 발생하는 또 다른 종류의 오류도 있다. 다음을 보자.

예 22 지금까지 아무도 신이 존재한다는 것을 증명하지 못했다. 그러므로 신은 존재하지 않는다.

아무도 신이 존재한다는 것을 증명하지 못했다는 사실은 신이 존재한다는 것에 대한 어떤 부정적인 증거일 수는 있다. 하지만 신의 부재에 대한 충분한 증거라고 말할 수는 없다. 신의 부재를 충분히 지지하기 위해서는 단지 존재를 증명하지 못했다는 것을 넘어 부재를 증명할 수 있는 방안이 제시되어야 한다. 위 예 22의 전제가 충분치 않다는 것은 다음과 같이 아주 유사한 논증이 정반대의 결론을 내린다는 것으로도 확인할 수 있다.

예 23 지금까지 아무도 신이 부재한다는 것을 증명하지 못했다. 그러므로 신은 존재한다.

사실 아무도 신이 존재한다는 것을 증명하지 못했으며 아무도 신이 부재한다는 것을 증명하지 못했다. 이 사실로부터 예 22와 예 23은 신이 존재한다와 부재한다를 모두 논증한다. 이런 점은 예 22와 예 23의 전제들이 결론을 지지하는 정도는 아주 작다는 것을 의미한다. 이런 종류의 오류가 가진 공통된 특징은 'X에 대한 무지로부터 X가 거짓이라는 것을 추론한다'는 것이다. 이런 점에서 이런 오류들은 '무지의 오류'라고 불린다.

마지막으로 전제가 결론을 충분히 지지하지 못해 발생하는 오류들 중, 논쟁에서 자주 등장하는 것을 하나 살펴보자. 다음을 보자.

예 24 만일 정부가 우리 학교 신문의 내용을 검열하도록 허용한다면, 정부는 곧 도서관의 책과 잡지도 검열할 것이다. 책과 잡지를 검열할 수 있는 정부는 곧 우리의 교과서도 검열하려 할 것이다. 교과서마저 검열 대상이 된다면 선생의 강의 내용 자체도 검열 대상이 될 것이다. 결국 학교의 모든 것이 검

> 열 대상이 되리라는 것은 분명하다. 그러므로 정부의 학교 신문에 대한 검열을 허용해서는 안 된다.

이 논증은 'A가 일어나면 B가 일어날 것이다. B가 일어나면 C가 일어날 것이다. 그러나 C는 받아들일 수 없다. 그러므로 A를 일어나지 못하게 해야 한다.'와 유사한 형식을 갖추고 있다. 즉 A를 부정하기 위해서 A 때문에 연쇄적으로 일어날 수 있는 일들을 고려하고 있는 것이다. 형식만을 고려한다면, 이 논증은 훌륭해 보일 수도 있다. 하지만, 문제는 이 논증의 전제가 말하는 사건들의 연쇄가 실제로 발생하는지 여부다. 만약 학교 신문의 검열, 도서관의 책과 잡지에 대한 검열, 교과서에 대한 검열, 강의 내용에 대한 검열이 인과적으로 연결되어 있다는 것을 충분히 밝힐 수 없다면, 위 논증은 좋은 논증이라고 할 수 없다. 실제 논쟁에서 이런 종류의 논증은 사소한 일이 점차 아주 심각한 일을 야기할 수 있기 때문에 그 사소한 일을 막아야 한다는 식으로 제시된다. '바늘 도둑이 소 도둑 된다'는 속담이 의도하는 것과 같이, 사소한 바늘 도둑이 심각한 소 도둑이 될 수 있기 때문에 바늘을 훔치는 일을 막아야 한다는 것이다. 하지만 사소한 일과 심각한 일 사이에 있는 연쇄적인 사건들 사이의 인과 관계가 충분히 규명되지 않으면, 이와 같은 논증은 오류일 수밖에 없다. 사소한 일이 도미노의 첫 번째 블록이 되어 전체 블록을 쓰러뜨린다는 의미에서 이런 오류는 '도미노의 오류'라고 불린다.

학습정리

1. 힘, 연민, 공포, 사람 등 결론과 관련이 없는 전제를 이용하거나, 허수아비를 세워 전제가 결론과 관련이 있는 것처럼 꾸미거나, 잘못된 이분법으로 관련된 내용이 누락될 때 오류가 발생한다.
2. 관련이 있다고 하더라도 충분치 않은 근거를 마치 충분한 것인 듯 제시할 때 오류가 발생한다. 전제가 결론을 충분히 지지하지 않는 논증과 관련된 오류에는 성급한 일반화의 오류, 기저율 오류, 그릇된 유비의 오류, 선후인과의 오류, 공통원인을 무시하는 오류, 무지의 오류, 도미노의 오류 등이 있다.

연.습.문.제

1. 다음 글에 제시된 논리적 오류의 사례로 적절하지 않은 것은?

흔히 주변에서 암 검진 결과 암의 징후가 없다는 판정을 받은 후 암이 발견되면, 검진이 엉터리였다고 비난하는 것을 본다. 우리 몸의 세포들을 모두 살펴보지 않은 이상 암세포가 없다고 결론지을 수 없다는 것은 논리적으로 명확한데 말이다. 우리는 1,000마리의 까마귀를 관찰하여 모두 까맣다고 해서 까맣지 않은 까마귀가 없다고 단정할 수는 없다고 학교에서 배웠다. 하지만 교실에서 범하지 않는 논리적 오류를 실생활에서는 흔히 범하곤 한다. 예를 들어, 1960년대에 의사들은 모유가 분유에 비해 이점이 있다는 증거를 찾지 못하였다. 그러자 당시 의사들은 모유가 특별한 이점이 없다고 결론지었다. 그 결과, 많은 사람들이 대가를 치러야만 했다. 수십 년이 지난 후에, 유아기에 모유를 먹지 않은 사람들은 특정 암을 비롯하여 여러 가지 질병에 걸릴 위험성이 높다는 사실이 밝혀진 것이다. 이와 같이 우리는 '증거의 없음'을 '없음의 증거'로 오인하곤 한다.

① 다양한 물질의 전기 저항을 조사한 결과 전기 저항이 0인 경우는 없었다. 따라서 전기 저항이 0인 물질은 없다.

② 어떤 사람이 술과 담배를 즐겼지만 몸에 어떤 이상도 발견되지 않았다. 따라서 그 사람에게는 술과 담배가 무해하다.

③ 경찰은 어떤 피의자가 확실한 알리바이가 있다는 것을 확인했다. 따라서 그 피의자는 해당 범죄 현장에 있지 않았다.

④ 주변에서 빛을 내는 것을 조사해보니 열 발생이 동반되지 않는 것이 없었다. 그러므로 열을 내지 않는 발광체는 없다.

⑤ 현재까지 수많은 노력에도 불구하고 외계 지적 생명체는 발견되지 않았다. 그러므로 외계 지적 생명체는 존재하지 않는다.

2. 다음 글의 오류와 가장 유사한 오류를 범하고 있는 논증은 무엇인가?

학문적으로 높은 업적을 남긴 사람들 중에는 체력이 부족한 사람들이 많다. 이를 볼 때 학문적 연구는 체력을 감퇴시키는 것이 분명하다.

① 내가 시험 볼 때 철수의 답안지를 보았다고 해서 철수가 나를 나쁘다고 비난할 수는 없다. 왜냐하면 철수 역시 지난 시험에서 다른 사람의 답안지를 훔쳐보았기 때문이다.

② 밴너나 아츠는 K1 월드 그랑프리에서 우승한 적이 있다. 이번 K1 월드 그랑프리에서 아츠가 우승했다. 따라서 밴너는 K1 월드 그랑프리에서 우승한 적이 없다.

③ 당신은 내가 집세를 1년 치 못 냈다고 해서 나와 나의 어린 자식들을 쫓아내서는 안 됩니다. 우리가 갈 수 있는 곳은 아무 데도 없어요. 나의 어린 자식들이 무슨 죄가 있습니까?

④ 미국 대통령이 윌슨일 때 1차 대전이 일어났고, 루스벨트일 때 2차 대전이 일어났으며, 트루먼일 때 한국전쟁이 일어났고, 케네디일 때 월남전이 일어났다. 이들은 모두 미국 민주당 소속이었다. 전쟁을 원하지 않으면 미국에서 민주당이 집권하는 것을 막아야 한다.

⑤ 다윈의 진화론에 의하면, 인간은 원숭이와 같은 동물로부터 자연 선택에 의해서 진화했다고 한다. 그러나 그러한 진화가 사실이라는 것을 말해 줄 수 있는 원숭이와 인간의 중간쯤 되는 동물이 발견된 것이 없으며, 자연 선택이 무엇인가에 대한 적절하고 일관성 있는 설명이라는 것도 제공된 것이 없다.

3. 다음 글에서 제시된 오류와 가장 유사한 것은? (PSAT 기출문제)

"최근 몇몇 청소년이 폭력 장면이 생생하게 묘사된 영화를 보고난 후, 영화의 폭력 장면을 흉내 낸 행동을 했다는 보도가 있었다. 따라서 폭력적 영화가 영화 관람자의 폭력적인 행동을 증가시킨다고 할 수 있다"와 같은 논증은 오류이다. 왜냐하면 폭력적인 영화가 폭력적인 행동을 증가시킨 것이 아니라, 폭력에 호의적인 사회 분위기가 폭력적인 영화와 폭력적인 행동을 모두 증가시킨 것이기 때문이다.

① 얼굴에 붉은 반점들이 나타날 때마다 아이들에겐 심한 열이 난다. 따라서 이 붉은 반점들이 아이들의 열을 올리는 것이 분명하다.

② 민영이가 복을 가지고 태어난 것이 분명하다. 민영이가 태어난 이후에 아빠가 승진을 했으며, 할아버지의 건강이 좋아졌다. 뿐만 아니라 좋은 집으로 이사를 가게 되었다. 우리 집안의 경사는 모두 복덩이인 민영이가 태어났기 때문이다.

③ 철수는 여자가 아니다. 따라서 철수가 임신 중절에 대해서 말하는 것은 아무런 의미가 없다.

④ (김민주 대통령 후보는 예산을 낭비하지 않고 운영을 잘 한다면 국가방위예산의 수십억 원을 절약할 수 있다는 것을 근거로 국가방위예산을 줄이자고 주장했다. 이에 그의 정치적 상대 후보는 다음과 같이 주장했다.) 김민주 후보는 방위비를 삭감함으로써 우리의 방위 태세를 약화시키려고 합니다. 방위비 삭감은 군사력의 약화를 의미하며, 나아가 국제 정치 무대에서 우리나라가 지니는 역할이 축소되어 군사적인 측면에서 2류 국가의 대접을 받게 될 것입니다. 따라서 김민주 후보가 말한 대로 방위예산을 삭감해서는 절대 안 됩니다.

⑤ 이번에 물리학회지에 발표된 A 교수의 논문의 자료들은 신뢰할 수 없다. 왜냐하면, 그는 최근 가정생활에 문제가 생겼으며, 그로 인해 이혼 소송 중이기 때문이다.

4. 다음과 가장 유사한 논증은? (LSAT 기출문제)

> 영화 속에 나오는 폭력적인 장면들을 보는 것이 공격적인 욕구를 해소하는 데 도움이 된다고 생각하는 사람들이 있다. 다른 사람이 음식을 먹는 것을 보면 배가 부르단 말인가?

① 직장 내 사무용품을 개인적으로 쓰는 것은 도덕적으로 옳지 않다고 생각하는 사람들이 있다. 공용으로 사용하는 물건을 개인적 목적으로 사용하는 것이 부도덕하다는 것은 당연하지 않은가?

② 민족주의에 대한 여러 비판들은 쉽게 논박될 수 있다고 생각하는 사람들이 있다. 민족주의가 결코 옳다고 말할 수 없는 여러 끔찍한 범죄를 옹호하는 데 사용되지 않았다는 말인가?

③ 프로 레슬링이 승부가 정해진 쇼에 불과하다는 사실을 근거로 모든 프로 격투기가 그러한 쇼에 불과하다고 생각하는 사람들이 있다. 모든 프로 격투기가 프로 레슬링의 운영진과 같은 사람들에 의해서 관리된다는 말인가?

④ 물가는 경제학자들에 의해서 통제될 수 있다고 생각하는 사람들이 있다. 천문학자들이 행성의 운동을 바꿀 수 있다는 말인가?

⑤ 일 중독자들은 일을 통해 자신들의 부족한 대인 관계에 대한 보상을 받는다고 생각하는 사람들이 있다. 많은 사람들을 상대할 수밖에 없는 의사들은 일 중독자가 아니란 말인가?

5. 다음 논증에 대한 평가로 가장 알맞은 것은?

용우는 지난여름 "당분간 비 소식이 없다"는 일기 예보를 듣고 휴가를 떠났는데, 휴가 내내 비 때문에 꼼짝도 못하다가 돌아왔다. 그 후 용우는 기회 있을 때마다 "일기 예보는 엉터리다"고 말한다.

① 이 논증의 결론은 "당분간 비 소식 없다"이다.
② 너무 적은 증거에 의존해서 일반화를 시도하고 있다.
③ 불충분한 통계에 의존한 것은 아니지만 편향된 자료에 의존하고 있다.
④ 타당성이라는 귀납논증의 특징을 결여하고 있다.
⑤ 그른 전제, 즉 신뢰할 수 없는 전제에 의존하고 있다.

6. 다음 논증에 대한 설명으로 적절한 것을 보기에서 모두 고르면?

A시에서 운행하는 택시들 중에는 파란색 택시와 녹색 택시 밖에 없다. 어제 철수는 택시 뺑소니 사고를 목격했다. 그가 본 바로는 뺑소니 택시는 파란색이었으며, 경찰에게 파란색 택시를 보았다고 말했다. 어제와 같은 날씨에 실제 택시의 색이 파란색일 때 철수가 파란색 택시를 보았다고 말할 확률은 90%라고 한다. 마찬가지로 실제 택시의 색이 녹색일 때 철수가 녹색 택시를 보았다고 말할 확률도 90%라고 한다. 앞에서 말했듯이 철수는 파란색 택시를 보았다고 말했다. 따라서 이번 뺑소니 사고는 파란색 택시가 일으켰을 것이다.

〈보 기〉

ㄱ. 철수가 파란색 택시를 보았다고 말했을 때, 실제 택시의 색이 파란색일 확률은 95%보다 클 수도 있다.

ㄴ. 만약 A시에서 운행하는 파란색 택시의 비율이 녹색 택시의 비율보다 훨씬 작다면, 위 논증의 결론이 참일 확률은 낮아진다.

ㄷ. 위 논증은 "흡연자들 중에서 90%는 심장에 이상이 있다. 철수는 흡연자이다. 그러므로 철수는 심장에 이상이 있을 것이다."와 같은 형식을 가지고 있다.

① ㄱ ② ㄷ ③ ㄱ, ㄴ ④ ㄴ, ㄷ ⑤ ㄱ, ㄴ, ㄷ

7. 다음 글의 논리적 오류와 가장 근접한 것은?

김 작가는 경제 발전이 인간 삶에 있어서 가장 중요한 것은 아니라고 주장한다. 배울 만큼 배운 제법 유명한 소설가가 원시로 돌아가자는 그런 순진한 주장을 한다는 것은 다소 놀랍다. 왜냐하면, 지금과 같은 경제 상황에서 원시로 돌아가서 생활하는 것은 현실적으로 불가능하며, 지금과 같은 삶을 경험한 현대인이 원시의 삶을 산다면 그들은 결코 행복하다고 느낄 수 없을 것이기 때문이다.

① 많은 사람들이 유전자조작 기술이 인간복제에 사용되는 경우 예상하지 못한 재앙이 발생할 것이라고 우려한다. 그러나 이러한 태도는 잘못이다. 과학적으로 유전자조작 기술이 위험하다는 것을 보여주는 어떠한 증거도 없다.

② A 의원은 자신의 지역구에 원전 수거물 관리 시설이 설치되는 것을 반대한다. 그러나 원자력은 비용이 저렴할 뿐만 아니라, 사실상 매우 안전하다. 이제껏 우리나라에서 한 건의 원전 사고도 발생하지 않았다. 뿐만 아니라 현재 우리 경제가 요구하는 전력 수요를 충족할 수 있는 현실적인 유일한 방법은 원자력 발전 뿐이다.

③ 저수지에서 떠 온 물 한 컵을 시험해 보았는데, 그것은 마셔도 안전한 물로 판정되었다. 당국은 그 저수지의 물 전부가 마셔도 안전하다는 결론을 내렸다.

④ 국회 국방위원회 소속인 C 의원은 우리나라가 핵무기를 결코 보유해서는 안 된다고 주장한다. 국방 위원회 소속 국회의원의 신분인 자가 자신의 국가를 무방비 상태로 방치하겠다는 주장을 한다는 것은 결코 용서받지 못할 일이다. 왜냐하면, 국제 상황에서 국방을 무방비 상태로 방치하는 것은 국가 안보에 대한 기본적인 관심조차 없도록 하는 것이며, 이는 국가의 존립을 위협하는 것이기 때문이다.

⑤ D 시장은 원전 수거물 관리 시설 설치에 찬성하였다. 그러나 D 시장은 시민의 안전보다는 다음 국회의원 선거 공천권에 더 관심이 있는 전형적인 저질 정치인에 불과하다. 따라서 양식 있는 시민이라면, D 시장의 주장을 결코 귀담아 들어서는 안 된다.

8. 다음 글에 포함된 오류와 가장 유사한 오류는?

학생들이 떠들자 선생님이 조용히 하라고 큰소리로 외쳤다. 그러자 한 학생이 선생님이 더 떠든다고 반박했다.

① 한 가지 음식이나 음악만 들으면 금방 싫증이 난다. 식사나 음악 감상도 다양하게 하면 한결 더 즐거울 것이다. 이렇듯 우리 직업도 자주 바꾸면 싫증나지 않고 좋을 것이다.

② 길동이한테 전공을 제쳐두고 취업공부만 열심히 해서 원하는 기업에 취업한 친척이 있었다. 길동이는 원하는 기업에 취업하려면 전공 공부를 할 필요가 없다고 주장한다.

③ 이번 김교수의 물리학 논문은 신뢰할 수 없어. 왜냐하면 그는 최근에 가정에 문제가 생겨 이혼했어.

④ 의사가 폐렴 환자에게 건강을 위해 담배를 끊으라고 하였더니, 환자가 당신도 피우잖아요 하였다.

⑤ 선생님이 학생들의 지나친 행동을 사소한 것이라도 허용하면 학생들은 앞으로 더 심한 잘못을 하게 될 거야.

9. 다음의 추론들은 모두 오류를 포함하고 있다. 가장 유사한 유형의 오류가 포함된 추론을 묶은 것은?

가. 저수지에서 떠 온 물 한 컵을 시험해 보았는데, 그것은 마셔도 안전한 물로 판정되었다. 당국은 그 저수지의 물 전부가 마셔도 안전하다는 결론을 내렸다.
나. 프로이트의 정신분석학이 잘못된 이론이라는 것을 증명하려는 수많은 시도가 있었지만 그 중 어떤 것도 성공하지 못했다. 따라서 프로이트 이론은 훌륭한 과학이론에 해당된다.
다. 담배는 암을 유발시키지 않는다. 왜냐하면 담배가 발암물질이라는 결정적 증거가 없기 때문이다.
라. 아기들이 홍역을 앓을 때마다, 그들의 몸에 붉은 반점이 나타난다. 또한 아기들의 체온이 높이 올라간다. 고열 때문에 붉은 반점이 나타나는 것이 분명하다.
마. 부지런한 농부들은 모두 많은 소를 갖고 있다. 이제 이 마을의 게으른 농부들에게 소를 많이 주어 부지런한 농부가 되게 하자

① 가 , 라 ② 나 , 다 ③ 나 , 라 ④ 다 , 마 ⑤ 라 , 마

제 3 장

분석하고 평가하자

개요

이 장의 목적은 논증을 분석하고 평가하는 방법을 학습하는 데에 있다. 이를 위한 구체적인 방법이 논증분석 4단계이다. ① 논증의 결론과 전제를 찾고, ② 전제와 결론의 지지관계를 점검한다. 그리고 ③ 전제의 신뢰성을 점검한 후, ④ 비판적 대안을 제시한다. 이를 바탕으로 실제로 다양한 길이의 논증글을 분석해 볼 것이다.

제 1 절

논증 찾기

학습목표	1. 논증의 전제와 결론을 찾아 표준형식으로 재구성할 줄 안다. 2. 생략된 전제를 찾을 줄 안다.
기본개념	논증의 표준형식, 재구성, 자비의 원리

토론은 논증을 사용한 대화와 설득의 과정이다. 즉 토론은 주어진 논제와 관련하여 갈등 관계에 있는 양측이 각자의 주장에 대해 좋은 이유를 최대한 제시하고, 이를 통해 상대측을 합리적으로 설득하는 활동이다. 따라서 설득력 있는 토론을 하기 위해서는 자신의 주장을 정당화시킬 수 있는 논증을 적절하게 구성할 줄 알아야 한다. 뿐만 아니라 상대측의 논리적 약점을 찾아 상대측의 논증을 반박하고자 할 때, 그 논증이 타당하고 건전한지를 평가할 수 있어야 한다.

이를 위해 우선 논증을 분석하는 방법, 즉 논증분석의 4단계를 살펴볼 것이다. 1단계에서는 전제(근거)와 결론(주장)을 찾아 논증의 표준형식으로 재구성해야 하는데, 이때 생략된 부분이 있으면 보충하여야 한다. 2단계에서는 전제와 결론 간의 지지관계를 점검하고, 3단계에서는 전제의 신뢰성을 점검하고, 4단계에서는 비판적 대안을 제시한다. 논증분석 4단계에서 실제로 논증을 분석하는 단계는 1단계이고, 2단계는 전제가 결론을 얼마나 지지해주는지를 검토하여 연역논증인지 귀납논증인지를 파악하는 단계이며, 3단계는 전제를 뒷받침하는 근거자료를 통해 전제의 신뢰성을 점검하는 단계이다. 4단계는 논증 평가를 넘어서 제시된 논증의 주장에 동의한다면 더 좋은 논증으로 재구성하고, 논증의 주장에 동의하지 않는다면 반대 논증(비판적 대안 논증)을 제시하는 단계이다.

1. 전제와 결론을 찾아 표준형식으로 재구성하기

비판적 사고란 한마디로 논증적 사고이다. 따라서 비판적 사고를 잘 하기 위해서는 논증을 주의 깊게 분석할 줄 아는 능력이 필요하다. 논증분석의 1단계는 1)논증의 전제와 결론 찾기, 2)논증을 표준형식으로 재구성하기, 3)생략된 부분 보충하기로 이루어진다.

1) 전제와 결론 찾기

비판적 사고의 궁극 목적 중의 하나는 논증을 평가하고 비판적 대안을 제시하는 일이다. 그런데 논증을 올바르게 평가하기 위해서는 먼저 논증을 제대로 이해해야 한다. 다시 말해서 논증이 주장하는 바가 무엇이고, 그 주장을 위해 어떤 근거나 이유를 제시하고 있는지를 명확하게 이해하고 있어야 한다. 논증을 정확하게 이해하는 과정이 바로 논증분석인 것이다. 그런 의미에서 논증분석의 일차적인 목표는 논증에 대한 반박이나 평가가 아니라 논증에 대한 명확한 이해임을 유념하자. 왜냐하면, 논증을 제대로 이해하지도 못한 상태에서 논증을 받아들이거나 거부하는 것은 엉뚱한 일일 수밖에 없기 때문이다. 따라서 논증분석을 통해 논증을 명확하게 이해한 다음, 이를 기반으로 논증을 평가하는 것이 올바른 순서다.

논증을 제대로 분석할 수 있는 사람은 논증을 평가할 준비가 되어 있는 사람이기도 하다. 사실 논증을 제대로 분석해 놓으면 어떤 근거들이 있고, 그 근거들이 어떤 경로를 통해 주장을 뒷받침하는지 그 구조가 한눈에 들어오므로, 논증을 평가하는 것이 그리 어렵지 않게 된다. 논증의 평가란 제시된 근거가 과연 참인지, 또 이 근거에서 주장하는 바가 정말로 따라 나오는지를 검토하는 작업이기 때문이다. 이렇게 논증을 분석하는 연습 과정을 거치고 나면 남의 글을 읽을 때나 말을 들을 때, 대충대충 건성으로 넘기지 않고 앞뒤 관계를 살펴 꼼꼼하게 읽거나 듣는 훈련이 되어서 실수할 확률이 줄어든다.

그렇다면 논증 분석을 위해 가장 먼저 해야 할 일은 무엇인가? 논증자가 이 논증을 통해 무슨 주장을 하려 하는지, 그리고 그 주장의 근거로 어떤 이유들을 제시했는지를 찾아내는 일, 즉 논증의 전제와 결론을 찾아내는 일이다. 그런데 논증에서 전제는 결론보다 먼저 나올 수도 있고 뒤에 나올 수도 있다. 그리고 전제와 결론이 한 문장 안에 다 들어 있을 수도 있으며, 다른 문장으로 나누어져 있을 수도 있다.

예 1 인터넷 실명제를 실시해야 한다. 네티즌의 악성 댓글은 인신공격과 같은 언어폭력을 일으키기 때문이다.

예 1은 전제와 결론이 다른 문장으로 되어 있으며, 결론 다음에 전제가 나오는 구조다. 다음 예 2는 이와 다르다.

예 2 시베리아에 사는 고니는 우리나라에서 겨울을 지내는데, 이번 겨울에도 우리나라에 날아올 것이다.

예 2는 전제와 결론이 한 문장으로 되어 있으며, 전제가 먼저 있고 결론이 그 다음에 있는 구조를 가진다. 한편, 다음 예 3처럼 두 전제 사이에 결론이 끼어 있을 수도 있다.

예 3 선생님께서 수업 시간에 발표를 한 학생은 가산점을 받는다고 했는데, 강철이도 가산점을 받을 것이다. 그는 가장 먼저 발표를 했다.

이러한 예들을 통해 문장의 위치를 가지고 전제와 결론을 판단할 수 없다는 것을 알 수 있다. 또한 전제는 얼마든지 한 개 이상일 수도 있다. 물론 한 논증에서 결론은 한 개이다. 어떤 논증에 결론이 두 개 있다면 연쇄논증이거나 독립적인 두 논증이 있는 것으로 생각해야 한다. 결국 결론의 개수는 논증이 몇 개인가를 판단하기 위해 필요하므로 중요하지만, 전제의 개수는 그리 중요하지 않다.

이처럼 전제와 결론을 찾아내는 일은 논증 분석에 있어서 중요한데, 그러나 그것이 생각만큼 쉬운 것은 아니다. 논증에서 전제와 결론을 찾는 기계적인 방법이 있는 것은 아니기 때문이다. 기계적인 방법이 있다면, 전제 또는 결론을 나타내는 지시어를 이용하는 것뿐이다. 사실 아무리 어려운 논증이라 할지라도 전제 지시어나 결론 지시어만 있다면, 어디까지가 전제이고 어디서부터가 결론인지 알아내기는 그리 어려운 일이 아니다. 그것이 왜 전제가 되고 그 전제에서 어떻게 결론이 나오게 됐는지를 이해하는 것은 나중 문제이지만 말이다. 따라서 전제와 결론을 쉽게 찾을 수 있는 전제지시어(왜냐하면, …라는 사실을 고려한다면, …이므로, …인 까닭에, …에서 알 수 있듯이 등)와 결론지시어(따라서, 그러므로, 결과적으로, …임에 틀림없다, …을 의미한다, …라고 추론할 수 있다 등)를 알아두면 유익할 것이다.

그러나 전제나 결론을 나타내는 지시어를 전혀 쓰지 않고서도 우리는 얼마든지 논증을 만들 수 있다. 지시어가 있는 글이 전제와 결론을 찾기가 쉽겠지만 모든 글이 지시어를 쓰고 있는 것은 아니다. 지시어를 남발하게 되면 글이 너무 딱딱해질 뿐만 아니라 건조해지기 때문이다. 따라서 지시어에 의존해서 전제와 결론을 찾기보다는 논증의 내용과 앞뒤 맥락에 의존해서 찾는 훈련을 해야 한다. 다음 두 예를 통해 연습해 보자.

예 4 전구에 불이 켜진다면, 전구 상태는 양호하다. 불이 켜져 있다. 전구상태는 양호할 것이다.

예 5 교수님께서 수업시간에 문제를 푼 학생은 5점의 가산점을 받는다 했는데, 철수는 5점의 가산점을 받을 것이다. 철수는 수업시간에 문제를 풀었다.

예 4와 예 5에서는 전제 지시어와 결론 지시어가 전혀 없다. 그렇지만 우리는 전제와 결론을 찾는 데 전혀 어려움이 없다. 약간 더 어려운 예를 들어 보자.

예 6 대학 도서관의 증축은 마땅히 빨리 이루어져야 한다. 교육은 국가의 백년대계이며 대학 교육은 그 나라 교육과 문화의 핵심적인 요소이다. 게다가 한 나라의 대학교육 수준은 대학의 도서관 시설을 보면 알 수 있다는 말도 있지 않은가?

예 6에서도 전제와 결론을 암시해 주는 지시어는 없다. 그렇지만 찬찬히 보면, 세 번째 문장은 비록 의문문의 형식을 취하고 있지만 한 나라의 대학 교육 수준은 대학의 도서관 시설을 보면 알 수 있다는 것을 강조하는 문장이다. 따라서 문장의 내용으로 보았을 때 첫 번째 문장이 결론이고, 나머지 두 문장이 전제임을 어렵지 않게 알아낼 수 있다. 이 논증을 다음과 같이 정리하면 논증 분석이 된다.

전제 : 교육은 국가의 백년대계이며 대학 교육은 그 나라 교육과 문화의 핵심적인 요소이다. 한 나라의 대학교육 수준은 대학의 도서관 시설을 보면 알 수 있다.

결론 : 대학 도서관의 증축은 마땅히 빨리 이루어져야 한다.

정리해 보자. 논증분석에서 맨 먼저 할 일은 결론과 전제를 찾는 일이다. 그러나 일상적인 글이나 말에 나오는 논증 중에는 앞서 제시한 예처럼 간단하지 않은 경우가 많다. 단순한 논증에서는 전제와 결론을 쉽게 찾아낼 수 있지만, 긴 논증에서는 다른 진술에 의해 입증되는 진술이 두 개 이상 있을 수 있다. 이는 논증의 전제들이 다른 진술에 의해 입증되고 있는 경우이다. 그러므로 결론을 찾기 위해서는 입증되고 있는 진술들 중 어느 것이 논지, 즉 그 글이 주장하고자 하는 핵심적인 것인지를 결정하는 일이 필요하다.

2) 논증을 표준형식으로 재구성하기

전제와 결론을 찾았으면 그 다음 할 일은 이것을 논증의 형식으로 표현하는 것이다. 논증의 논리적 구조를 보여주는 표준형식은 다음과 같다.

전제(또는 전제들)
그러므로 결론

사실 이처럼 명확하게 표준형식을 취하고 있는 논증을 접하는 경우는 드물다. 그러나 어떤 논증이든 전제와 결론을 분리해서 정돈하면 이런 방식으로 재구성할 수 있다. 물론 논증에서 전제를 표시하는 말인 '왜냐하면'과 결론을 표시하는 말인 '그러므로'와 같은 용어들은 논증마다 다를 수 있다. 게다가 전제의 수는 하나일 수도 있고, 결론이 승인할 만한 것임을 확립하는 데 필요한 만큼 많을 수도 있다.

그런데 논증을 표준형식으로 재구성하기 위해서 먼저 해야 할 일이 있다. 평서문의 형태가 아닌 문장을 똑같은 의미를 갖는 평서문 형태로 바꾸어 주는 일이다. 다음 예와 같은 문장들은 수사적인 목적을 위하여 의문문이나 감탄문의 형식을 취하고 있지만, 논증에서는 진술 내용이 중요하므로 진술자의 의도를 살려 평서문으로 바꾸어야 한다.

예 7　철수가 도둑질을 했다니 말이나 됩니까?
　　　철수가 도둑질을 했다니 말도 안 돼!

예 7의 의문문이나 감탄문을 평서문 형태로 바꾸면 예 8과 같다.

예 8　철수는 도둑질을 하지 않았다.

두 번째 할 일은 불필요한 내용들을 제거한 다음 논증의 형태로 정리하는 일이다. 불필요한 내용이란 논증의 결론을 입증하는 데 전혀 도움이 안 되는 문장들을 말한다. 이런 문장들은 수사적인 이유로 제시되지만 결론을 지지하는 데에는 아무런 영향을 주지 않으면서 혼란을 주기 때문에, 이를 생략하면 논증을 더욱 명료하게 재구성할 수 있다.

논증을 표준형식으로 정리하는 것은 논증을 단순화할 목적으로 글이나 말을 재진술 하는 것이다. 실제의 논증을 자세히 분석하려면 최종 결론의 입증에 기여하는 진술은 빠뜨리지 않고 모두 고려해야 한다. 하지만 이렇게 자세하게 분석하는 것이 논증 본래의 취지를 파악하는 데 도움이 되지 않을 수도 있다. 그럴 경우는 등장하는 모든 진술을 논증의 요소로 간주하지 않고, 중간 결론을 전제로 삼아 최종 결론을 입증하는 요약된 논증으로 만들면 논증을 훨씬 더 효율적으로 분석할 수 있다.

논증의 재구성 방법을 더 분명하게 이해하기 위해 예를 들어 보자. 어떤 사람이 다음과 같은 논증을 펼친다고 하자.

> 예 9 내 말 좀 들어보시오. 나는 이따위 온갖 종교적 잡소리에 진저리가 난다구요. 텔레비전에서는 목사가 설교하고(그리고 헌금을 내라 하고), 또 어떤 전도사들은 내 영혼을 구원해 준다면서 나를 창조한 신의 뜻이 무엇인가를 말해주려 합니다. 내 생각은 이렇다오. 만일 신이 정말로 존재한다면 누군가가 신의 존재를 증명했을 텐데, 아무도 증명하지 못했잖습니까? 그러니 신이 존재할 리가 없지요!

예 9의 논증을 재구성하려면 어떻게 해야 할까? 먼저 결론을 찾아야 한다. 결론은 “신이 존재하지 않는다.”는 것이다. 그 다음에는 결론을 뒷받침하는 전제를 찾아야 한다. 논증자가 텔레비전 설교자들이나 기타 종교적 광신자들에 대해 불쾌하게 여기고 있다는 사실은 제시된 결론에 어떤 영향을 미치지 못하므로 무시해도 괜찮다. 신이 존재하지 않는다는 결론을 입증하기 위해 제시된 전제는 (1)만일 신이 존재한다면, 누군가가 신의 존재를 증명했을 것이다. (2)아무도 신의 존재를 증명하지 못했다 이다. 이를 재구성하면 다음과 같다.

예 10 만일 신이 존재한다면, 누군가가 신의 존재를 증명했을 것이다.
아무도 신의 존재를 증명하지 못했다.
그러므로 신은 존재하지 않는다.

논증자의 논증에서 일단 불필요한 것을 제거하고 논증을 표준형식으로 재구성해 놓기만 해도, 그 논증이 어떤 잘못을 범하고 있는가가 더 이상 설명이 필요 없을 정도로 명확하게 드러날 수 있다. 하지만 경우에 따라서는 논증자가 자신의 논증을 왜곡시켰다고 비난할 수도 있다. 이러한 비난을 피하려면, 논증을 가능한 한 주의 깊게 재구성해야 한다. 논증의 결함을 지적하기 전에, 여러분의 재구성 작업이 올바른지를 논증자에게 확인하는 것도 좋은 방법일 것이다. 논증을 재구성하면, 논증의 구조를 명확하게 파악할 수 있어서 의심스러운 전제를 공격하기가 더 쉬어진다.

3) 생략된 부분 보충하기

논증이 제시될 때, 대개는 논증에서 필요한 모든 요소가 빠짐없이 제시되지 않는다. 이런 일은 논증자가 불성실하거나 무능해서 벌어지기도 하지만, 그보다는 대부분 수사적인 이유가 크다. 너무나 뻔해서 일일이 열거하면 글이나 말에 대한 흥미를 떨어뜨리게 되고, 그래서 적당히 생략하게 된다. 결론을 입증하는데 필요한 모든 진술을 제시하게 되면, 글과 말이 현저하게 현학적이고 지루해지기 쉽다. 그러다 보니 글의 호흡이나 속도감을 조절하기 위해서 일부의 전제를 생략하게 된다. 기본 전제의 일부는 물론이고 부속 결론 역시 생략될 수 있다. 이처럼 논증에 꼭 필요한 요소이기는 하지만 여러 이유로 생략된 부분을 논증의 가정이라고 부른다.

하지만 너무 뻔하다고 생각해서 생략했거나, 좋은 수사법을 구사하기 위해 생략했던 가정이 논증에서 문제를 일으킬 수도 있다. 그러기 때문에 논증 평가의 예비단계에서 논증의 생략된 가정을 채워야 한다. 다음 예를 보자.

예 11 너는 사람이야. 그러니 너도 언젠가 죽을 거야.

예 11은 분명히 논증이다. 그런데 "모든 사람은 죽는다."라는 전제가 생략되어 있다. 그 전제는 논증을 제시한 사람이나 듣는 사람 모두 알고 있는 뻔한 것이기 때문에 굳이 말하지 않아도 이 논증을 이해하는 데 전혀 방해가 되지 않는다. 마찬가지로 굳이 결론을 진술하지 않아도 누구라도 짐작할 수 있는 경우라면 결론마저도 생략할 수 있다.

예 12 모든 사람은 이기적이야, 너도 사람이잖아.

예 12의 주장은 "너도 이기적이다."라는 결론을 함의한다는 것을 쉽게 알 수 있다. 더 나아가 전제의 일부와 결론이 모두 생략되는 경우도 있다.

예 13 만일 신이 존재한다면 증명되었을 거야.

예 13에는 결론이 명확하게 제시되어 있지 않지만, 암암리에 "신은 존재하지 않는다."라는 결론이 주장되고 있음이 분명하다. 또 이 주장이 진술자의 본래 의도라면 "신의 존재는 증명되지 않았다."라는 전제도 보충되어야 한다. 논증을 재구성할 때, 생략된 부분을 보충했다는 것을 표시하기 위해서 생략된 결론과 전제에는 괄호를 치기로 한다.

예 14 전제 1 : 만일 신이 존재한다면 증명되었다.
전제 2 : (신의 존재는 증명되지 않았다.)
결　론 : (신은 존재하지 않는다.)

특정 전제나 결론은 논증을 펼치는 사람이나 논증을 듣는 사람 모두 알고 있을 때에는 흔히 생략된다. 모든 사람들이 알고 있는 것을 미주알고주알 말하는 것은 멋쩍은 일일 뿐만 아니라 효과적인 의사소통에 방해가 되기 때문이다. 따라서 논증을 펼칠 때 분명히 모두가 알고 있는 전제는 과감히 생략해도 좋다. 그러나 좋은 논증을 제시하려 할 때, 누가 봐도 당연할 것 같은 전제가 아니라면 논증의 전제와 결론을 최대한 분명하게 밝혀 주어야 한다.

생략된 전제를 어떻게 채워야 하는가? 논증자가 아닌 분석자 입장에서 우리가 따라야 할 논증 분석의 지침은 "상대방의 논증이 가능한 한 좋은 논증이 되도록 생략된 부분을 보충하라"는 것이다. 다음 논증을 살펴보자.

예 15　너도 사람이잖아. 그러니 너도 틀림없이 이기적일 거야.

예 15의 진술을 좋은 논증이 되도록 숨은 전제를 찾아 재구성해야 한다. 그것이 논증자를 합리적인 대화 상대방으로 인정하는 태도이다. 예 15를 예 16과 같이 재구성한다고 해보자.

예 16　생략된 전제 : (사람은 모두 이기적이다.)
전　　제 : 너는 사람이다.
결　　론 : 너도 이기적이다.

그러나 예 15를 예 16과 같이 재구성하면 반박하기가 쉬운 논증이 되어버린다. 이기적이지 않은 사람을 몇 명 알고 있는 경우에는 생략된 전제가 거짓이 되므로 전제들은 결론을 지지해 주지 못한다. 그러므로 논증을 이렇게 재구성하는 것은 공정하지 못하다. 그렇다면 다음과 같이 재구성하면 어떨까?

예 17　생략된 전제 : (사람은 대체로 이기적이다.)
전　　제 : 너는 사람이다.
결　　론 : 너도 이기적이다.

예 15를 예 17와 같이 재구성하면 생략된 전제를 반박하기가 쉽지 않다. 이기적이지 않은 사람 몇 명을 알고 있다 할지라도, "사람은 대체로 이기적이다."라는 전제가 틀렸다는 것을 증명할 수 없기 때문이다. (생략된 전제를 이렇게 채우면 이 논증은 타당한 연역 논증이 아니므로 논증의 입증 정도가 약화되지만, 귀납적으로 강한 논증으로 평가할 수 있다.)

나아가 생략된 것을 채우거나 재진술할 경우, 논증을 제시한 사람의 의도를 해치지 않는 범위에서 재구성해야 한다. 논증의 원래 성격이 바뀌는 방식으로 생략된 부분을 보충하거나 재구성하면 엉뚱한 다른 논증이 되어버리기 때문이다.

이렇게 '가능한 한 가장 좋은 논증이 되도록 생략된 부분을 보충하라'는 일반적 지침을 흔히 논증 분석에서 '자비의 원리'(the principle of charity)라고 말한다. 남의 논증을 분석하면서 생략된 부분을 찾아내어 채워주면, 그 논증은 강화될 것이다. 논증을 분석하는 사람도 자신이 논증을 제시하는 입장에 서면 최대한 강한 논증을 제시하고 싶을 것이기 때문이다. 다시 말해서, 역지사지의 마음으로 남의 입장을 내가 이해하고 존중해주려 하기 때문에 이를 '호의의 원리'라고도 부른다. 분석 대상인 논증을 강한 형태로 재구성하는 것은 남의 글에 대한 배려이자 존중의 태도이다.

2. 복잡한 논증을 표준형식으로 재구성하기

위에서 다룬 논증들은 모두 단 하나의 결론만을 가진 것들이었다. 이렇게 단 하나의 결론만을 가진 논증을 단순논증이라고 한다. 하지만 대개의 논증은 결론을 하나만 가진 채 제시되지 않는다. 가령 다음 논증을 생각해보자.

예 18 ①지난 30년간의 주식 시장을 관찰해 보면, 주식은 경기 침체 후 회복되는 첫 번째 해에 채권보다 수익성이 높은 경우가 많았다. ②따라서 경기 침체 후 회복되는 첫 번째 해의 주식의 수익성은 언제나 채권보다 높다. ③올해가 바로 경기 침체 후 회복기에 접어든 첫 번째 해이다. 따라서 ④올해 주식은 채권보다 수익성이 높을 것이다.

위 예에서 결론의 역할을 하는 것은 무엇인가? 특히 ②는 결론인가, 아니면 전제인가? ①로부터 ②로의 논증은 일종의 귀납적 일반화이다. 따라서 ①과 ②만을 고려했을 때 ①은 전제, ②는 결론이라고 불러야 할 것이다. 하지만 ②, ③, ④만을 고려했을 때 ②와 ③은 전제, ④는 결론이라고 불러야 할 것이다. 이렇듯, ②는 ①에 의해서 정당화되는 결론일 수도 있으며, ④를 정당화하는 전제일 수도 있다. ②가 이러한 특징을 가지는 것은 예 18이 두 개의 논증이 연쇄적으로 일어나는 복합 논증이기 때문이다. 즉 ①로부터 ②를 도출하는 논증과 ②와 ③으로부터 ④를 도출하는 논증이 연쇄적으로 일어난 논증이다. 이런 논증은 흔히 '복합 논증' 혹은 '연쇄 논증'이라고 불린다.

이런 두 개 이상의 논증이 연쇄적으로 일어나는 논증을 분석하기 위해서는 추가적인 용어를 도입할 필요가 있다. 예 18의 최종 결론이 ④라는 것은 분명하다. 이렇게 주어진 논증의 최종적인 결론을 '주결론'이라고 부른다. 그리고 이 주결론을 직접적으로 정당화하는 전제를 '주전제'라고 부른다. 예 18의 주전제는 ②와 ③이다. 그리고 주전제와 주결론으로 이루어진 논증을 '주논증'이라고 한다. 한편, 주전제의 일부를 정당화하기 위해서 추가로 논증이 제시될 수 있는데, 그러한 논증을 '부속논증'이라고 부른다. 예 18의 부속논증은 ①로부터 ②에 이르는 논증이라고 할 수 있다. 이 논증의 전제에 해당하는 ①은 '부속전제'라고 부르며, 이 논증의 결론에 해당하는 ②는 '부속결론'이라고 부른다. 물론 ②는 부속결론이자 주전제의 역할을 한다.

그럼 위의 용어들을 이용하여 예 18과 같은 연쇄 논증을 표준형식으로 나타내면 다음과 같다.

〈부속논증〉

부속전제 : ① 지난 30년간의 주식 시장을 관찰해보면, 주식은 경기 침체 후 회복되는 첫 번째 해에 채권보다 수익성이 높은 경우가 많았다.

부속결론 : ② 경기 침체 후 회복되는 첫 번째 해의 주식의 수익성은 언제나 채권보다 높다.

〈주논증〉

주전제(=부속결론): ② 경기 침체 후 회복되는 첫 번째 해의 주식의 수익성은 언제나 채권보다 높다.

주전제 : ③ 올해가 바로 경기 침체 후 회복기에 접어든 첫 번째 해이다

주결론 : ④ 올해 주식은 채권보다 수익성이 높을 것이다.

이렇게 재구성하게 되면, 예 18의 최종 결론이 무엇이고, 그 최종 결론을 직접적으로 지지하는 전제는 무엇인지, 그리고 그 전제들은 무슨 근거에 의해서 지지받는지 분명히 파악할 수 있다. 즉 두 개 이상의 논증이 연쇄적으로 나타나는 경우에는 부속논증과 주논증을 구분하고, 부속논증의 결론이 주논증의 어떤 전제에 해당하는지 분명하게 나타내는 방식으로 논증을 재구성해야 한다.

그럼 마지막으로, 조금 더 복잡한 다음 논증을 표준 형식으로 재구성해보자.

> 예 19 별이 충분히 지구 가까이에 있고 지동설이 옳다면, 그 별에 대한 연주시차가 관찰되어야 할 것이다. 그러나 연주시차가 관찰되지 않았다. 또한 별이 충분히 가까이 있지 않다는 것 역시 받아들이기 어렵다. 왜냐하면 별이 그토록 멀리 있다는 것은 낭비를 싫어하는 우주의 속성과 부합하지 않기 때문이다. 또한 그토록 멀리 있는 별을 움직이기 위해선 무척 큰 힘이 필요할 텐데, 그 동력은 또 어디로부터 나오는가? 따라서 지동설은 틀렸다.

이 논증은 여러 방식으로 재구성될 수 있을 것이다. 다음은 앞에서 배운 내용을 토대로 위 논증을 여러 부속논증들로 분석하여 재구성한 것이다.

〈부속논증1〉

부속전제 : 별이 충분히 지구 가까이에 있고 지동설이 옳다면, 그 별에 대한 연주시차가 관찰되어야 한다.

부속전제 : 연주시차가 관찰되지 않았다.

부속결론1 : (별이 충분히 지구 가까이에 있지 않거나 지동설이 틀렸다.)

〈부속논증2〉

부속전제 : 별이 그토록 멀리 있다는 것은 낭비를 싫어하는 우주의 속성과 부합하지 않는다.

부속전제 : 그토록 멀리 있는 별을 움직이기 위해선 무천 큰 힘이 필요할 텐데, 그 동력이 나올만한 곳은 없다.

부속결론2 : 별이 충분히 가까이 있지 않다는 것은 받아들이기 어렵다.

〈주논증〉

주전제(=부속결론1) : (별이 충분히 지구 가까이에 있지 않거나 지동설이 틀렸다.)

주전제(=부속결론2) : 별이 충분히 가까이 있지 않다는 것은 받아들이기 어렵다.

주결론 : 지동설이 틀렸다.

위 분석은 예19를 세 개의 논증으로 재구성한 것이다. 부속결론1의 괄호는 생략되었다는 것을 나타내고 있으며, 주논증의 '주전제(=부속결론1)'과 '주전제(=부속결론2)'는 주논증의 전제들이 어떤 부속논증으로부터 도출된 것인지를 명시적으로 나타낸다. (좀 더 숙련된 사람들은 위 논증을 두 가지 부속논증으로 재구성할 수도 있을 것이다. 가령, 위의 재구성에서 등장하는 부속논증1과 주논증을 하나의 논증으로 묶어 분석할 수도 있을 것이다.)

학습정리

1. 논증을 분석하기 위해서는 먼저 논증의 전제와 결론을 찾아 표준형식으로 재구성해야 한다.
2. 논증의 표준형식이란 전제를 먼저 나열하고, 그 다음에 결론을 제시하는 순서이다.
3. 생략된 전제가 있으면 생략된 전제를 찾아 넣어 주어야 한다.
4, 연쇄 논증을 표준형식으로 재구성하는 방법을 습득한다.

연.습.문.제

1. 다음 논증에서 결론과 전제를 찾으시오.
   1. 화석연료의 대량사용이 지구 온난화의 원인이다. 따라서 유해한 가스 배출을 줄이도록 협상을 해야 할 것이다.
   2. 주인이 집을 비운 사이에 도둑이 들었음에 틀림없다. 왜냐하면, 누군가가 방을 뒤진 것처럼 물건들이 흩어져 있고 외부로 향한 창문이 활짝 열려 있기 때문이다.
   3. 사형은 인간의 생명권을 무시하는 야만적이고 잔인한 형벌이다. 또한 사형을 집행하면 무고한 사람의 생명을 빼앗는 법정판결의 오류를 회복하기가 불가능하다. 게다가 최근 연구에 따르면, 사형제가 범죄억제에 효과가 있다는 주장을 증명할 수 없다. 이런 모든 이유에 비추어 볼 때, 사형제는 폐지되어야 마땅하다.

2. 다음 논증에서 숨은 전제를 찾으시오.
   1. 진시황은 인간이다. 따라서 그는 언젠가 죽는다.
   2. 강남에 사는 걸 보니, 은희는 부자임에 틀림없어.
   3. 유명 연예인 김 모 씨는 대마를 소지한 것으로 알려졌다. 그는 약물 소지죄로 법의 처벌을 받을 것임에 틀림없다.

3. 다음 논증에서 숨은 결론을 찾으시오.
   1. 한국 팀이 16강에 진출하지 못하면 내 손가락에 장을 지지겠다. 나는 내 손가락에 장을 지질 일이 없다.
   2. 태아감별법을 합법화하면 장래 부모가 될 사람은 대부분 성별 검사를 할 것이다. 부모들은 남성을 선호한다.

4. 아래 논증의 생략된 전제로 가장 적절한 것은?

우리에게 익숙한 동물들에 대한 홍보활동이 가장 심각한 생태 문제를 해결할 가능성은 거의 없다. 왜냐하면, 그런 홍보 활동을 통해서 우리에게 이미 익숙한 동물들에 대한 관심은 증가하겠지만, 토양 미생물과 같이 익숙하지 않은 생물 종들에 대한 관심은 오히려 감소할 수 있기 때문이다.

① 토양 미생물은 고통이나 다른 느낌을 경험하지 못한다.
② 지금껏 우리에게 익숙하지 않은 동물들은 꾸준히 홍보되었다.
③ 생태 문제를 해결하기 위해선 동물에 대한 홍보가 가장 효과적이다.
④ 사람들은 자신들에게 익숙한 동물들이 겪는 문제에 무관심해 왔다.
⑤ 익숙하지 않은 생물종에 대한 관심이 감소한다면 가장 심각한 생태 문제는 해결되지 않는다.

5. 다음 논증을 표준형식으로 재구성할 때, 전제와 결론을 바르게 구분한 것은?

㉠자연의 질서 내에서 동물과 같은 비이성적 존재는 이성적 존재인 인간을 위해 존재한다. ㉡이성을 가진 인간을 죽이는 것은 부도덕한 행위이지만 동물을 죽이는 것은 그렇지 않다. ㉢이성적 존재를 위해 비이성적 존재를 해하는 것은 부도덕하지 않다. ㉣그러나 이성적 존재를 위해 이성적 존재를 사용하는 것은 부도덕하다.

① 전제: ㉠㉡㉢, 결론: ㉣
② 전제: ㉠㉡㉣, 결론: ㉢
③ 전제: ㉠㉢㉣, 결론: ㉡
④ 전제: ㉡㉢㉣, 결론: ㉠
⑤ 모두 전제이며, 결론이 생략되어 있다.

6. 다음 주어진 논증들을 표준형식으로 재구성한 것 가운데 잘못된 것을 고르시오.

① 내 생각은 이렇다오. 만일 신이 정말로 존재한다면 누군가가 신의 존재를 증명했을 텐데, 아무도 증명하지 못했잖습니까? 그러니 신이 존재할 리가

없지요.

〈표준형식〉

전제1 : 만일 신이 존재한다면, 누군가가 신의 존재를 증명했을 것이다.

전제2 : 아무도 신의 존재를 증명하지 못했다.

결　론 : 신은 존재하지 않는다.

② 너는 사람이야. 그러니 너도 언젠가 죽을 거야.

〈표준형식〉

전제1 : 모든 사람은 죽는다.

전제2 : 너는 사람이다.

결　론 : 너는 죽는다.

③ 모든 사람은 이기적이야. 너도 사람이잖아.

〈표준형식〉

전제1 : 모든 사람은 이기적이다.

전제2 : 너는 사람이다.

결　론 : 그러므로 너는 이기적이다.

④ 만일 신이 존재한다면, 증명되었을 거야.

〈표준형식〉

전제1 : 만일 신이 존재한다면 증명되었을 것이다.

결　론 : 신의 존재는 증명되지 않았다.

⑤ 교수님께서 수업시간에 문제를 푼 학생은 5점의 가산점을 받는다고 했는데, 철수는 5점의 가산점을 받을 것이다.

〈표준형식〉

전제1 : 교수님께서 수업시간에 문제를 푼 학생은 5점의 가산점을 받는다고 하셨다.

전제2 : 철수는 수업시간에 문제를 풀었다.

결　론 : 철수는 5점의 가산점을 받을 것이다.

7. 다음 논증에서 부속결론 혹은 주결론을 도출하기 위해 추가해야 할 숨은 전제로 가장 적절한 것은?

미성년자는 이성적 분별력을 갖추고 있지 않다. 그러므로 미성년자의 행위에 대한 도덕적 책임을 물을 수 없다. 이에 미성년자는 이성적 분별력을 갖출 때까지 보호받을 필요가 있다. 따라서 미성년자를 보호하기 위해 공적인 규제가 필요하다.

① 미성년자는 비도덕적 행위를 저지를 수 있다.
② 미성년자의 행위는 도덕적 판단의 대상이 아니다.
③ 미성년자는 공적인 규제의 대상이 될 수 없다.
④ 이성적 분별력을 갖춰야만 책임을 물을 수 있는 도덕적 주체가 될 수 있다.
⑤ 도덕적 주체가 아닌 존재는 보호받을 필요가 없다.

8. 다음 네 논증에서 전제와 결론을 올바르게 구별한 것 하나를 고르시오.

(가) 플라톤은 『향연』에서 ㉠"진리는 가장 아름다운 것"이라고 말한다. 결국 플라톤에게 있어서 ㉡아름다움에 대한 추구는 진리에 대한 사랑이자 진리를 획득하고자 하는 욕구인 것이다. 이로부터 ㉢철학자의 에로스는 비이성적인 욕구나 본능적 갈망이 아니라 진리에 대한 사랑이라고 추론할 수 있다.

(나) ㉠우리는 질서를 창조하고자 하는 목적으로 삶의 의미들을 구축한다. ㉡우리가 질서를 창조하지 않으면 혼돈밖에 없을 것이다. ㉢이것은 그 의미들이 위협받을 때 불안을 느끼고, 삶에 도움이 될 때 행복감을 경험한다는 것을 함의한다.(리처드 래저러스 · 버니스 래저러스 지음, 『감정과 이성』, 16쪽 변형)

(다) ㉠토론모임에 늦을 수밖에 없었어. ㉡왜냐하면, 일찍 서둘러 출발했음에도 불구하고 내가 탄 버스가 다른 버스와 충돌해서 다리를 다쳤기 때문이야.

(라) ㉠예슬이는 어제 금요일 8교시 수업에 지각했다. ㉡바로 이전 수업 강의실은 우리 수업이 있는 강의실로부터 아주 먼 곳에 있어서 10분 안에 오기 힘들다는 이야기를 들었다. ㉢어제도 10분 만에 도착하기 힘들어서 지각했음이 틀림없다.

① (가)에서 ㉠은 부속전제이고 ㉡은 부속결론이자 주전제이다. (나)의 결론은 ㉢이다.
② (나)의 결론은 ㉠이다. ㉡은 예시일 뿐이다. 즉, 주장을 지지하기보다는 그 주장의 사례를 제공하기 위한 것이다.
③ (다)의 결론은 ㉡이다. ㉠은 ㉡을 지지하는 전제이다.
④ (나)의 결론은 ㉡이고, (다)의 결론은 ㉠이다. (라)는 ㉡과 ㉢이 ㉠을 지지하는 논증이다.
⑤ (라)의 ㉡과 ㉢은 결론인 ㉠을 지지하는 전제이다.

9. 다음 논증을 표준형식으로 재구성할 때, 논증에 필요한 요소를 모두 고른 것은?

㉠학교 폭력을 근절하기 위해 모든 학교에 안전 요원을 배치해야만 하는가? ㉡교사의 생활 지도만으로 충분하지 않은가? ㉢교사를 제외하고 안전 요원을 별도로 배치하는 일은 교사와 그 역할이 중복될 뿐만 아니라 교사의 권위까지 훼손시킬 수 있다는 우려도 있다. ㉣실제로 교사들에게 설문 조사를 실시하여 의견을 수렴해 보았다. ㉤많은 교사들이 수업 준비와 행정적인 업무로 인해 학생들의 생활 지도에 소홀할 수밖에 없다고 토로했다. ㉥75%의 교사들은 학교 폭력을 근절하기 위해 안전 요원이 필요하다는 데 인식을 같이했다. ㉦따라서 모든 학교에 안전 요원을 배치해야만 한다.

① ㉠㉡㉢ ② ㉣㉤㉥ ③ ㉤㉥㉦ ④ ㉢㉤㉥ ⑤ ㉠㉡㉦

10. 아래 글을 표준형식으로 재구성하시오.

㉠사형선고를 받은 사람에게 종신형이나 사형 가운데 하나를 선택하라고 하면, 99%는 종신형을 선택한다. ㉡이 사실은 사람들이 일생동안 감옥에 있는 것보다 죽음을 더 두려워 한다는 점을 보여준다. ㉢그리고 사람이란 두려워하는 것을 피하고자 하기 마련이다. ㉣따라서 사형의 위협이 종신형보다 살인 범죄 억제 효과가 더 클 것이다.

11. 아래 글을 표준형식으로 재구성하시오.

ⓐ금년부터 강화되는 매연검사가 저소득층에게는 심각한 부담이다. ⓑ저소득층은 오래된 중고차를 소유하는 경우가 많다. ⓒ오래된 중고차는 공기오염의 심각성을 고려하지 않고 제작된 것이다. ⓓ이에 저소득층의 중고차가 매연검사를 통과하기 위해서는 비용이 많이 든다. ⓔ또한 매연검사를 통과할 수 있는 차량을 새로 구입하는 것도 만만치 않은 비용이 든다. ⓕ매연검사를 강화하는 것과 함께 저소득층을 지원하는 대책을 마련할 필요가 있다.

12. 다음 논증을 타당한 논증으로 만들기 위해 추가되어야 할 전제는?

김 교수는 연구 조교들과 함께 프로젝트를 수행 중인데 연구 조교들의 전공이 서로 달라 상호 협력이 쉽지 않다. 이 프로젝트에서 연구 조교들이 서로 협력하도록 할 수 있으면 좋은 성과를 이룰 수 있다. 김 교수는 훌륭한 리더이므로 이 프로젝트에서 좋은 성과를 이루어 낼 수 있다.

① 연구 조교들이 비록 전공은 다를지라도 김 교수의 지시를 잘 따른다.
② 김 교수는 지금까지 프로젝트를 실패한 적이 없다.
③ 훌륭한 리더는 모두 프로젝트를 성공적으로 이끌 수 있다.
④ 일정한 보상이 주어지면 연구 조교들은 잘 협력한다.
⑤ 훌륭한 리더는 모두 연구 조교들을 협력하게 할 수 있다.

13. 다음 논증의 (　　) 안에 들어갈 적절한 전제를 〈보기〉에서 모두 고른 것은?

㉠ 만약 인간을 다른 생물들보다 우월한 것으로 대우할 만한 자명한 이유가 없다면, 우리는 인간의 기본적인 욕구를 충족하기 위하여 다른 생물들의 기본적 욕구를 희생시켜서는 안 된다.
㉡ (　　　　　　　　　　　　　　　　　　　　　　　　　　　)
㉢ 만약 인간을 다른 생물들보다 우월한 것으로 대우할 만한 자명한 이유가 없다면, 우리는 인간을 다른 생물들보다 우월한 것으로 대우해서는 안 된다.
㉣ (　　　　　　　　　　　　　　　　　　　　　　　　　　　)

ⓜ 우리는 인간을 다른 생물들보다 우월한 것으로 대우해서는 안 된다.
ⓗ (　　　　　　　　　　　　　　　　　　　　　　　　)
ⓢ 우리는 인간을 다른 생물들과 평등한 것으로 대우해야 한다.

〈보기〉

ⓐ 만약 우리가 인간의 기본적인 욕구를 충족하기 위하여 다른 생물들의 기본적 욕구를 희생시켜서는 안 된다면, 우리는 인간을 다른 생물들보다 우월한 것으로 대우해서는 안 된다.
ⓑ 만약 우리가 인간을 다른 생물들보다 우월한 것으로 대우해서는 안 된다면, 우리는 인간의 기본적인 욕구를 충족하기 위하여 다른 생물들의 기본적 욕구를 희생시켜서는 안 된다.
ⓒ 우리가 인간을 다른 생물들보다 우월한 것으로 대우할 만한 자명한 이유가 없다.
ⓓ 우리가 인간을 다른 생물들보다 우월한 것으로 대우할 만한 자명한 이유가 있다.
ⓔ 우리가 인간을 다른 생물들과 평등한 것으로 대우해야 한다면, 우리는 인간을 다른 생물들 보다 우월한 것으로 대우해서는 안 된다.
ⓕ 우리가 인간을 다른 생물들보다 우월한 것으로 대우해서는 안 된다면, 우리는 인간을 다른 생물들과 평등한 것으로 대우해야 한다.

① ㉡-ⓐ, ㉣-ⓒ, ㉥-ⓔ
② ㉡-ⓐ, ㉣-ⓒ, ㉥-ⓕ
③ ㉡-ⓑ, ㉣-ⓒ, ㉥-ⓔ
④ ㉡-ⓑ, ㉣-ⓒ, ㉥-ⓕ
⑤ ㉡-ⓐ, ㉣-ⓓ, ㉥-ⓔ

14. 다음 글에 대한 설명으로 적절한 것은?

㉠금번 재판에서 연예인 김XX는 좀 과하게 처벌된 것 같아. 하지만 ㉡너는 김XX에 대한 과한 처벌을 문제 삼기 이전에 약물이 우리나라 청소년들에게 심각한 위협이 된다는 것을 알아야 해. ㉢약물 중독자들을 봐. ㉣생활은 완전히 망가지고 과다투여로 일찍 죽는 사람도 있어. ㉤그리고 이들은 약물 습관을 지속하기 위해 범죄를 저지르기도 하거든. ㉥그래서 때로는 일벌백계 차원에서 누군가를 본보기로 삼을 필요가 있는 거야.

① ㉠은 이 글의 주결론이다.
② ㉡과 ㉥은 이 글의 전제이다.
③ ㉠, ㉢, ㉥은 모두 이 글의 전제이다.
④ ㉣과 ㉤은 이 글의 전제이다.
⑤ 이 글에는 전제만 있고 결론은 없다.

15. 다음 논증을 표준형식으로 재구성할 때, 부속결론과 주결론의 쌍으로 적절한 것은?

(1) 개인의 부에 대한 국가의 간섭을 강화해야 한다. (2) 각 개인이 자연적인 자산 즉 지적인 능력, 육체적인 힘, 성격, 외모, 유산 등을 소유하게 된 것은 우연적인 것이다. 또한 (3) 부는 사회적인 협동 없이는 얻어질 수 없다. (4) 각 개인은 자신의 자연적인 자산을 통해 얻은 부를 자신의 소유물로 주장할 응분의 도덕적인 권리가 없다. 따라서 (5) 각 개인이 자연적인 자산을 활용하여 얻은 부는 사회공동의 자산으로 간주해야 한다. 그렇기 때문에 (6) 각 개인의 부는 자신의 처지 향상만을 위해 사용되어서는 안 되고 모든 사람들의 이익증대를 위해 사용되어야 한다. (7) 이것은 개인의 부를 국가에서 재분배해야 한다는 것을 함축한다.

① 부속결론: (1) 주결론: (7)
② 부속결론: (7) 주결론: (5)
③ 부속결론: (5) 주결론: (7)
④ 부속결론: (7) 주결론: (1)
⑤ 부속결론: (5) 주결론: (1)

16. 다음 글을 표준형식으로 재구성했을 때 옳지 않은 것은?

㉠사형선고를 받은 사람들에게 종신형이나 사형 가운데 하나를 선택하라고 하면, 99%는 종신형을 선택한다. ㉡이 사실은 사람들이 일생동안 감옥에 있는 것보다 죽음을 더 두려워한다는 것을 보여준다. ㉢그리고 사람이란 두려워하는 것을 피하기 마련이다. ㉣따라서 사형의 위협이 종신형보다 살인 범죄 억제 효과가 더 클 것이다.

② ㉡과 ㉢은 ㉣을 지지한다.
③ ㉡은 부속 논증의 결론이다.
④ ㉡은 주 논증의 전제이다.
⑤ ㉡은 주 논증의 결론이다.

17. 다음 논증에 대한 분석으로 가장 적절한 것은?

ⓐ DNA 분자는 나선 구조를 가질 수밖에 없다. 왜냐하면 ⓑ 그것과 유사한 α-케로틴의 분자 구조 역시 나선형이기 때문이다. 한편, ⓒ DNA 분자가 나선 구조라면 그것은 삼중 나선이거나 이중 나선일 수밖에 없다. 그러므로 ⓓ DNA의 분자 구조는 삼중 나선이거나 이중 나선이다. 그런데, 계산 결과 ⓔ 삼중 나선이 옳다면 소량의 물 분자만이 DNA 분자와 결합될 수 있다는 것이 밝혀졌다. 하지만 프랭클린의 실험 결과는 이와 달랐다. 즉 그 실험에 따르면, ⓕ 무척 많은 양의 물 분자가 DNA 분자와 결합될 수 있다고 한다. 따라서 ⓖ DNA는 삼중 나선 구조를 가질 수 없다. 그러므로 ⓗ DNA는 이중 나선 구조를 가질 것이다. 더불어 ⓘ 독립적으로 진행된 DNA에 대한 X선 회절 실험 역시 이중 나선이 아니고서야 나올 수 없는 결과를 보여주고 있다.

① ⓐ는 주결론이다.
② ⓑ는 ⓒ를 지지하는 전제이다.
③ ⓓ와 ⓖ는 부속결론이자 주전제이다.
④ ⓔ와 ⓖ는 ⓕ를 지지하는 전제이다.
⑤ ⓗ는 ⓘ를 지지하는 전제이다.

18. 다음 논증에 대한 설명으로 적절하지 않은 것은?

㉠ 오늘날 일선 학교의 교사들이 직면한 가장 중요한 도전은 학생들에게 어법에 맞는 문장을 쓰는 방법을 가르치는 것이다. ㉡ '어법에 맞는 문장'을 통해 내가 말하고자 하는 바는 격조 높은 글쓰기가 아니다. ㉢ 문법의 규칙에

따라 분명하게 그 의미를 전달하는 글쓰기를 의미한다. ㉣ 어법에 맞는 문장을 쓰는 능력이 중요한 이유는 그것을 결여한 사람들이 인류의 위대한 문학작품들–톨스토이나 헤밍웨이 또는 박경리의 작품들–을 이해할 수 없기 때문이며, ㉤ 그런 사람들이 오늘날의 세계에서 효과적으로 의사소통할 수 없을 것이기 때문이다.

① ㉡과 ㉢은 글쓴이가 생각하는 '어법에 맞는 문장'의 의미, 즉 정의이다.
② 이 논증의 결론은 ㉠이다.
③ ㉡, ㉢, ㉣, ㉤이 전제이다.
④ ㉣과 ㉤이 글쓴이의 주장을 뒷받침하는 이유이다.
⑤ 글쓴이는 '일선학교의 교사들에게는 학생들이 인류의 위대한 문학작품을 이해하고 효과적으로 의사소통할 수 있는 능력을 키워줄 책임이 있다.'는 것을 가정하고 있다.

19. 철수는 다음 글을 읽고 〈보기〉와 같이 분석하였다. 철수의 분석에서 잘못된 것은 무엇인가?

㉠정부는 모든 국민들을 위해 금연정책을 강제적으로 실시할 필요가 있다. ㉡흡연이 흡연자에게 절대적으로 나쁜 영향을 미친다는 사실은 금연정책을 실시해야 하는 가장 큰 이유이다. ㉢담배에는 4천여 종이나 되는 많은 발암물질과 화학물질이 함유되어 있어 흡연은 곧 독을 마시는 것과 다를 바 없기 때문이다. ㉣게다가 흡연의 폐해로 신체적인 피해를 주로 말하지만, 사실 담배를 끊어야 한다는 강박관념이나 담배에 대한 극단적 의존과 같은 정신적인 피해도 엄청나다. ㉤또한 비흡연자의 간접흡연과 관련된 문제도 심각하다. ㉥간접흡연은 폐암, 호흡기질병, 심장질환 등 여러 가지 질병의 원인이 되기 때문이다. ㉦게다가 간접흡연자들이 느끼는 불쾌감도 이루 말할 수 없다.

〈보 기〉

(1) 이 글은 흡연이 흡연자와 비흡연자에게 미치는 나쁜 영향을 지적함으로써 정부의 강제적인 금연정책 실시를 주장한다.

(2) ㉢과 ㉣은 흡연이 주는 신체적 · 정신적 피해를 지적함으로써 ㉠을 직접적으로 지지하고 있다.

(3) 이 글의 주전제는 ㉡, ㉣, ㉤, ㉦이다.

(4) 이 글의 주논증은 ㉠, ㉡, ㉤으로 구성된다.

(5) 이 글의 주결론은 ㉠이다.

(6) ㉥과 ㉦이 전제가 되어 ㉤을 지지함으로써 ㉤, ㉥, ㉦은 하나의 독립된 논증을 이룬다.

① (1), (2)　② (2), (3)　③ (3), (5)

④ (4), (5)　⑤ (2), (3), (6)

제 2 절

논증분석 4단계

학습목표	1. 토론에 대해 명확하게 이해한다. 2. 논증분석 4단계를 단계별로 철저하게 숙지한다.
기본개념	토론과 논증, 타당성과 건전성, 찬성논증과 반대논증

토론은 논란이 되고 있는 문제나 쟁점에 관해 논증을 통해 각자의 의견을 교환하는 행위이다.[15] 다시 말해, 토론은 주어지거나 선택한 논제를 지지하거나 반대하는 찬반 양측이 가장 신뢰할 만한 이유나 근거를 들어 각자의 주장을 설득력 있게 제시하는 의사소통행위를 말한다. 물론 이 토론 과정에는 확인질문과 이에 대한 답변, 그리고 반론과 재반론이라는 일련의 논리적 감리 활동이 포함되어 있다. 그러므로 무엇보다도 합리적이고 생산적인 토론이 되기 위해서는 가능한 한 가장 좋은 이유를 제시하여 각자가 지지하는 주장을 정당화하는 데 필요한 논증 구성 능력을 갖춰야 한다. 아울러서 상대방 측이 제시한 논증에서 논리적 결함을 찾아내어 이를 적절하게 반박할 수 있기 위해 논증을 분석하고 평가하는 능력도 계발해야 한다.

이처럼, 토론을 잘 하려면 논증 구성 방법뿐만 아니라 논증을 분석하고 평가하는 방법도 정확하게 알고 있어야 한다. 이를 위해 '논증분석 4단계'를 배우는 것이 큰 도움이 될 것이다. 그런 다음 논증분석의 단계별 지침이, 토론에서 접하게 되는 다양한 길이의 지문을 분석할 때 실제로 어떻게 적용되는지를 보일 것이다. 이를 테면, 직접 제시문을 분석한 사례를 제공하거나 논증 분석을 각자에게 맡길 것이다. 한 가지 덧붙이자면, 여기에서 제시한 논증분석은 하나의 분석 사례일 뿐이다. 수업 시간을 통해 각자의 훌륭한 분석 능력을 발휘해 보기 바란다.

1. 결론과 전제 찾기

논증분석의 첫 단계는 주어진 논증에서 결론과 전제를 찾는 것이다. 결론과 전제를 제대로 찾고자 한다면, 두 번째 단계로 나아가기 전에 제1절의 1) 전제와 결론 찾기, 2) 논증을 표준형식으로 재구성하기 그리고 3) 생략된 부분 보충하기를 다시 한 번 검토해 볼 것을 권한다.

2. 전제와 결론의 지지관계 점검

결론 찾기와 전제 찾기를 성공적으로 끝냈다면, 다음 단계는 해당 논증에서 전제와 결론의 지지관계를 점검할 차례이다. 전제와 결론의 지지관계 점검은 전제에서 결론이 잘 따라 나오는지 여부를 따져보거나, 또는 전제가 결론을 훌륭하게 뒷받침하고 있는지를 꼼꼼하게 검토해보는 것을 말한다.

우선 주어진 논증에서 전제가 결론을 비교적 잘 지지한다고 생각되면, 해당 논증이 연역인지 귀납인지를 판단해야 한다. 가령, 어떤 논증에서 결론의 내용이 전제의 내용 안에 이미 포함되어 있고, 전제를 받아들이면서 동시에 결론을 거부할 수 있는 반례를 상상할 수 없다면, 이 논증은 전제와 결론의 지지관계가 필연적인 연역논증이다. 이와 달리 귀납은 전제를 수용하면서 결론을 받아들이지 않을 수 있는 반례를 상상하는 일이 얼마든지 가능하기 때문에, 전제가 참일 경우 결론이 반드시 참이라고 할 수는 없지만 그래도 대개의 경우 결론이 참이 되는 논증이다.

논증상의 특징에 입각해서 논증 유형 구분을 훌륭하게 마쳤다면, 이제 전제에서 결론이 어떻게 따라 나오는지를 명확하게 규명하는 일이 남아 있다. 연역의 경우 주어진 논증이 연역이라는 것을 입증하는 방법은, 타당한 연역 논증 형식이나 추론 규칙을 통해 결론이 전제에 함축되어 있다는 것을 보이는 것이다. 반면에, 귀납의 경우는 전제에서 결론이 일반적으로 비교적 잘 따라 나온다는 것을 밝혀야 한다. 귀납은 전제가 결론의 내용 일부에 해당하지만 결론 내용 전부를 의미하지 않는 논증이기 때문에, 각각의 전제가 어떤 점에서 결론의 일부를 지지하는지를 충분히 말해주는 것이 좋다.

3. 전제의 신뢰성 점검

전제와 결론 사이의 지지관계를 검토했다면, 다음 세 번째 단계에서는 제시된 전제가 일반적으로 신뢰할 만한 것인지 여부를 따져봐야 한다. 특히, 자기 자신만의 경험적 사실이나 의견에 입각한 전제는 수용해서는 안 된다.

전제가 수용할 만한 것인 경우에는, 이를 입증하는 데 필요한 객관적으로 신뢰할 만한 근거자료를 제시한 후, 이 근거자료가 전제를 어떻게 입증하는지를 상세하게 밝혀주어야 한다. 이를테면, "현행법상 사형제도는 위헌이 아니다"라는 전제의 신뢰성을 보이려 할 경우, 헌법이 사형 제도를 명문화하고 있지는 않지만 이를 간접적으로 인정하고 있다는 근거자료로, 헌법 제110조 제4항 "비상계엄상의 군사재판은 … 단심으로 할 수 있다. 다만, 사형을 선고한 경우에는 그러하지 아니하다"를 제시하여 전제가 일반적으로 신뢰할 만하다는 것을 입증하면 된다.

이와 달리, 전제를 받아들이지 않는 경우라면, 전제를 거부할 수 있는 반례를 찾아 제시해야 한다. 예컨대, "신의 존재를 믿지 않는 자는 무신론자이다"라는 전제에 대해서는 불가지론자의 경우를 반례로 제시하여, 유신론자가 아니라고 해서 무신론자라는 결론이 도출되지 않는다는 것을 보이면 된다.

4. 비판적 대안 제시

논증분석의 최종 단계는 주어진 논증에 대해 비판적인 대안을 제시하는 것이다. 첫 번째 비판적 대안 제시법은 논증 재구성 방법이다. 가령, 주어진 주장과 논증에는 동의하나 해당 논증이 잘못됐거나 불충분한 논증일 경우, 논증분석 2, 3단계의 점검 결과를 적극 반영하여 논증을 타당한 논증이나 좀 더 좋은 논증으로 개선해야 한다.

이에 대해 자세히 살펴보면, 먼저 전제와 결론의 지지관계를 점검하여 연역의 경우는 타당한 형식의 논증이 되도록 재구성하고, 귀납의 경우는 좀 더 강한 논증이 될 수 있도록 전제를 손질하거나 보완해야 한다. 그런 다음 전제의 신뢰성 점검을 한다. 연역논증의 경우 잘못된 전제를 바로 잡아 올바른 전제로 만들어 주고, 귀납은 전제들이 불충분한 경우 논증을 강화시킬 새로운 전제를 보충한 다음, 해당 논증이 어떤 점에서 추가 정보에 의해 개선되었는지를 부연하여 설명해줘야 한다. 두 번째 비판적 대안 제시법은 주어진 주장과 논증에 동의하지 않는 경우로, 이때는 반대논증 구성법을 활용해야 한다. 여기서 반대논증은 동일한 주제에 관해 주어진 주장과 반대되는 주장을 논증을 통해 제시하는 것을 말한다. 반대논증은 상대측의 논증에 대한 반론과 이 반론에 대해 재반론을 제기할 때 그 유용성이 입증될 것이다. 나중에 분명해지겠지만, 실전 토론에서 승패를 결정짓는 요인은 상대측의 논증을 얼마나 합리적으로 훌륭하게 반박하느냐에 달려 있기 때문이다. 그런데 반대논증을 구성할 때는 단순히 찬성논제를 부정하는 선에서 만족해서는 안 된다. 왜냐하면, 반대논증은 적극적으로 새로운 근거를 마련하여 주어진 논증에 반대되는 주장을 제시하는 논증 행위이기 때문이다.

학습정리

논증분석 4단계
첫째, 논증에서 결론과 전제를 찾는다.
둘째, 전제와 결론의 지지관계를 점검하여 연역논증인지 귀납논증인지를 밝힌다.
셋째, 전제의 신뢰성을 점검하기 위해 전제를 뒷받침하는 근거자료를 검토한다.
넷째, 주어진 논증에 동의하거나 동의하지 않는 경우에 따라 논증을 새롭게 재구성한다.

연.습.문.제

1. 다음 논증에 대한 주장으로 옳지 않은 것은?

①동물의 권리도 인정되어야 한다. ②다리 숫자상의 차이, 물속에 사는가 아니면 육지에 사는가에 따라 생기는 차이가 있다고 할지라도 그런 차이가 감각을 느낄 수 있는 존재의 고통을 방관해도 좋을 이유가 될 수 없다. ③권리의 기준은 이성이 있고 없음에 있는 것이 아니라 고통을 느낄 수 있는 능력이 있고 없음에 있다.

① 이 논증에 따르면, 이성은 있지만 고통을 느낄 수 없는 어떤 존재가 있을 경우, 이 존재는 권리가 없다고 보아야 한다.
② 이 논증은 전제②와 전제③이 결론①을 뒷받침하는 구조이다.
③ 이 논증은 전제가 모두 옳다고 하여도 결론의 옳음을 필연적으로 보장하지는 못한다.
④ 이 논증에 따르면, 이성을 가진 인간이 동물을 죽이는 것은 잘못이 아니다.
⑤ 만일 이 논증에 반대한다면, 오직 이성을 가진 존재만이 권리의 주체라는 반론을 제시하여 동물에게는 권리가 없다는 반대논증을 구성하면 된다.

제3절

지문 분석과 평가

학습목표	1. 논증분석 4단계의 단계별 수행 지침에 따라 다양한 지문의 논증 글을 분석해 본다. 2. 긴 지문의 논증 글 분석을 각자가 직접 시도해 본다.
기본개념	논증분석 4단계, 논증구조, 연역논증, 귀납논증

1. 짧은 지문 분석

예 1 동물학대는 비도덕적인 행위라고 할 수 있다. 그런데 공장식 사육은 동물학대가 분명하다. 그러므로 공장식 사육은 비도덕적인 행위이다. (J.R. 데자르뎅, 『환경윤리』, 자작나무, 2002)[16]

[1단계] 예 1은 단순하고 기본적인 논증으로서, '그러므로'라는 '결론 지시어'를 고려했을 때 결론과 전제를 쉽게 찾을 수 있다. 편의상 문장 순서에 따라 번호를 매겨 정리하면 다음과 같다.

① 동물학대는 (모두) 비도덕적인 행위이다.
② 공장식 사육은 동물학대이다.
③ 그러므로 공장식 사육은 비도덕적인 행위이다.

[2단계] 예 1은 연역논증의 대표적인 경우이다. 왜냐하면, 결론에 해당하는 진술 ③은 전제들인 ①, ②의 내용에서 도출된 것인데, 연역논증이란 '결론의 내용이 전제의 내용 안에 이미 포함되어 있는' 논증이기 때문이다. 그러면 정말 결론 ③은 ①과 ②의 내용에서 이끌어낸 것인가? 먼저 진술 ①"동물학대는 비도덕적 행위이다"는 이 세상에 존재하는 모든 동물학대 행위에 대한 진술로서, 어떤 행위이든 그것이 만일 동물학대임이 분명하다면, 그 행위는 비도덕적이라고 말하고 있다. 그런데 진술 ②는 현대의 공장식 사육(factory farming)이 바로 ①에서 언급했던 동물 학대 행위들 중 하나라고 특정하여 지적하고 있다. 즉 ②는 ①이 일일이 거론하지 않고 간단히 '모든' 동물학대 행위로 규정했던 것들 가운데 하나를 선택하여 실제로 보여주는 진술이다. 이것은 ①이 사실은 이미 결론에 해당하는 ③을 말하고 있다는 것을 뜻한다. 달리 말하면, ③의 내용은 ①로부터, ②의 도움을 얻어 끌어내어진 것이다.

[3단계] 예 1은 타당한 연역 논증이므로, 만일 모든 전제가 참이거나 신뢰할 만하다면 결론 또한 반드시 참인 건전한 논증이 된다. 그러면 먼저 전제 ①은 신뢰할 만한가?

일반적으로 '학대'(虐待)[17]란, 그 사전적 정의를 참고할 때 해서는 안 되는 잘못된 행동으로 간주된다. 그런데 문제는 그 대상에 따라 그 행위가 도덕적인지의 여부가 갈릴 수 있다는 것이다. 예컨대, 우리는 뇌염을 일으키는 '모기'를 잡아서 날개와 다리를 하나씩 떼는 등의 행위를 학대라고 말할 수 있다. 하지만 '모기'에 대한 그러한 행위를 비도덕적이라고 말할 것 같지는 않다. 왜냐하면, 쾌락과 고통의 감수성을 도덕적 지위의 충분조건으로 간주하는 공리주의 도덕 이론에 의거할 때, 적어도 '모기'는 고통을 느낄 수 없고 의식도 없는 벌레로 생각되기 때문이다.

그러나 만일 '모기'가 고통을 느낀다면, 그러한 행위는 학대일 것이고, 따라서 비도덕적인 행위가 될 것이다. 이는 전제 ①에서 말하는 동물이 고통을 느끼는 존재일 경우, 그에 대한 학대는 당연히 비도덕적임을 의미한다. 특히 그 동물이 고등동물일수록 우리는 그것이 잘못된 행동이라고 더 강력하게 말할 수 있을 것이다. 이 점을 뒷받침하는 증거로서 제시할 수 있는 윤리학적 이론이 제레미 벤담(Jeremy

Bentham)의 공리주의다. 왜냐하면, 벤담은 어떤 존재가 쾌락과 고통을 느끼는 능력, 즉 유정성(有情性, sentience)을 갖고 있다면, '이익평등 고려의 원칙'에 의거하여 그 존재의 이익관심(interests)을 착취하거나 무시해서는 안 된다고 주장하기 때문이다. 이에 따르면, 동물이 고통과 쾌락의 감수 능력이 있는 존재라면, 동물학대 행위는 동물복지를 침해하는 비도덕적인 행위가 된다. 따라서 공리주의 도덕 이론에 입각할 때, 전제 ①은 신뢰할 만하다.

전제 ②가 참인지 여부는 피터 싱어(Peter Singer)의『동물해방』에 묘사된 '송아지 고기 사육 방식'에서 확인해 볼 수 있다. 여기에서 싱어는 공장식 축산업이 일반적으로 운동 방지 효과 증대 및 성장 속도 촉진을 극대화하기 위해 동물을 비좁은 축사에 몰아넣고, 고단백 · 고열량 식단에 눈을 돌리도록 내부 온도를 올려 덥게 유지하면서도 물은 공급하지 않는 참혹한 사육 방식으로 운영되고 있다고 묘사하고 있다. 즉, 싱어는 그러한 행위가 해당 동물들에게 고통을 주고 있고, 나아가 쾌적한 사육 환경과도 거리가 멀다는 점에서 더 이상의 설명이 필요 없는 동물 학대 행위에 해당한다고 주장한다.[18] 따라서 만일 이 사례가 동물 사육을 대표한다면, 전제 ②는 신뢰할 만하다고 할 수 있다.

[4단계] 이와 같이 예 1은 타당한 연역 논증이며, 전제들 또한 참이거나 신뢰할 만하다. 그러나 건전성과 관련해서는 두 전제를 뒷받침하는 증거를 좀 더 추가할 수도 있을 것이다. 예컨대, 싱어의 주장에 덧붙여, 모든 반려견이나 실험용 동물에 대한 사육 방식까지 포함하는 모든 사육과 관련하여 일반적인 특성을 분석한 후, 그 특성에 의거해서 동물사육 행위 자체가 본래 동물학대 행위라는 것을 보여주는 작업이 필요할 수 있다. 만일 이것에 성공한다면, 위의 논증은 더 설득력이 있는 강력한 논증이 될 수 있을 것이다.

물론 이 논증의 결론에 동의하지 않을 수도 있다. 그런 경우라면, 이 논증의 결론을 부정하는 주장을 결론으로 제시하면서, 동시에 건전한 새로운 근거를 들어 반대논증을 구성할 수 있다. 우리는 반대논증을 구성하는 데 도움이 될 만한 근거를 공장식 사육에 찬성하는 이들의 입론에서 찾을 수 있다. 왜냐하면, 찬성론자들에 따르면 동물은 결코 도덕적 고려 대상이 아니기 때문이다. 찬성론자들의 입장에서 반대논증을 정리해 보면 다음과 같다.

> ① 도덕적인 고려의 대상이 아닌 모든 것에 대한 학대는 비도덕적인 행위가 아니다.
> ② 동물은 도덕적인 고려의 대상이 아니다.
> ③ 그러므로 동물에 대한 학대는 비도덕적인 행위가 아니다.

이 논증은 예 1과 같은 형식이므로 타당한 연역논증이다. 따라서 다음으로 검토해야 할 것은 두 전제의 신뢰성 여부이다. 먼저 ①은 신뢰할 만하다. 왜냐하면, 이 전제에서 말하는 도덕적인 고려의 대상이 아닌 것을 우리는 도덕과는 무관한 것으로 이해할 수 있고, 그 경우 도덕과 무관한 것에 대한 행위는 어떤 것이든 잘못일 수 없기 때문이다. 만일 이렇게 이해하지 않는다면, 진술 ①은 그 자체로 모순이다. 왜냐하면, 앞서 본대로 '학대'라는 말은 그 의미상 나쁜 행위를 뜻하므로, 그것을 비도덕적이지 않다고 말하는 것은 곧 나쁜 행위를 나쁜 행위가 아니라고 말하는 것과 같기 때문이다.

또한 동물은 본질적으로 도덕과 무관한 존재임을 뜻하는 전제 ②도 신뢰할 만하다. 왜냐하면, 이성적 존재만이 도덕적 고려의 대상이라는 주장을 칸트의 『윤리형이상학 정초』에서 찾을 수 있기 때문이다. 칸트에 따르면, 인간만이 사고하고 선택할 수 있는 지적 존재라는 점에서 본질적으로 도덕적 행위의 주체이자 도덕적 대상인 반면, 동물은 이성 능력을 갖추고 있지 못하기 때문에 도덕적 지위를 갖지 않는다. 물론, 칸트가 동물에 대한 인간의 '간접적인 의무'를 언급하고 있기는 하지만, 이 역시 동물학대가 인간학대로 전화될 수 있다는 지극히 인간중심주의적인 고려에서 기인하는 것이기 때문에, 동물은 도덕규범이 성립하고 적용되는 도덕세계의 적극적인 구성원이 아니라고 확실하게 말할 수 있다.

이제 짧은 글을 하나 더 다루어 봄으로써 논증분석 능력을 키워 보자.

> 예 2 그 동안 우리는 "핵발전은 경제적이다"라거나 "핵은 가장 값이 싼 에너지이다"라는 정부의 발표를 수도 없이 들어왔지만, 후쿠시마 원전 사고의 원인과

> 대처 과정 등에서 여실히 드러났듯이, 이제 정부의 주장을 사실이라고 받아들이기는 어렵다. 왜냐하면, 가장 싸다고 알려진 핵발전에 의한 전기의 생산단가에는 사실상 사고발생 위험비용, 원전해체 및 환경복구 비용, 그리고 사용후 핵연료 처리 비용 등이 제대로 산정되어 있지 않은 것으로 드러났기 때문이다. (김익중, 『한국탈핵』, 한티재, 2013)

[1단계] 이 글 역시 간단하다. 전제 지시어 '왜냐하면'이 있기 때문에, 전제와 결론을 찾아 구분하기는 어렵지 않다. 언급된 사고발생 위험비용 등이 위험편익분석에서 고려해야 할 핵심 비용이라는 점을 염두에 두고 정리해보면 다음과 같은 논증을 확인할 수 있다.

> ① 핵발전 생산 단가에는 위험편익분석 상의 중요한 비용이 빠져 있다.
> ② 따라서 핵발전은 비경제적이다.

②는 논증 전체의 주장이고, 전제 ①에 의해 지지되고 있다.

[2단계] 우선, 이 논증은 전제 ①이 신뢰할만한 것일지라도, 결론 ②를 수용할 수 없는 가능성을 원천적으로 배제할 수 없기 때문에 연역논증이 아니다. 즉, 위험편익분석 상의 비용이 생산단가 산정의 비교에 영향을 줄 정도로 크지 않거나, 크다고 하더라도 석탄이나 석유 또는 신재생에너지와 같은 다른 발전 방식에서의 위험편익분석 상의 비용이 더 클 가능성을 얼마든지 상상할 수 있기 때문이다. 하지만 일반적으로 방사능 누출로 인한 피해 규모나 저농도 및 고준위 핵폐기물 처리와 관리는 통제나 예측이 쉽지 않고, 전면적이고 오랜 시간을 요구한다는 점에서 정작 핵발전 방식이 경제적인 면에서 비교우위를 가질 가능성은 현실적으로 낮다. 따라서 ①은 ②를 귀납적으로 잘 뒷받침한다고 볼 수 있다.

[3단계] 그러면 "핵발전 단가에는 위험편익분석 상의 중요한 비용이 빠져 있다"는 전제 ①은 신뢰할 만한가? 먼저, '중요한 비용'이 누락되어 있는지 여부는 쉽게 확인할 수 있는 사항이라는 점에서 신뢰할 만하다. 이것은 실제로 2011년 현대경제

연구원에 의해 확인되었고, 그 결과가 「원전의 드러나지 않은 비용」이라는 보고서에 실렸으므로, 전제 ①은 받아들일 만하다고 할 수 있다. 물론 ①의 신뢰성을 다른 방식으로 보일 수도 있다. 예컨대, 먼저 다음과 같은 논증을 제시하면 된다.

> 핵발전의 생산 단가에 위험편익분석 상의 비용이 정확히 반영되어 있지 않다면, 핵발전과 경쟁하는 여러 발전 방식의 생산 단가를 핵발전의 생산 단가와 비교한 결과가 경우마다 다를 것이다. 그런데 실제로 핵발전의 생산 단가와 핵발전과 경쟁하는 여러 발전 방식의 생산 단가를 비교한 결과가 경우마다 다르다. 따라서 핵발전의 생산 단가에는 위험편익분석 상의 비용이 정확히 반영되어 있지 않다.

이 논증의 결론은 ①에 해당하는 진술인 '핵발전의 생산 단가에 위험편익분석 상의 비용이 정확히 반영되어 있지 않다'이다. 따라서 우리가 다음으로 할 일은 이 결론이 참인지를 보이는 일이다.

일반적으로 생각할 때, 위험편익분석 상의 비용이 정확히 반영되지 않은 상황에서는, 그 비용을 포함하여 산출될 핵발전 생산단가 역시 정확하게 산출되지 않는다는 것은 의심의 여지가 없다. 특히, 생산단가를 결정하는 다른 요인들이 정확히 반영될수록 그 가능성은 더욱 커질 것이다. 그렇다면 생산단가 결정에 영향을 미치는 다른 요인들이 정확히 반영된 상황에서도, 만일 핵발전 생산단가의 산출이 정확하지 않다는 것이 사실로 드러나게 된다면, 우리는 그 원인을 위험편익분석 상의 비용이 정확히 반영되어 있지 않다는 데에서 찾을 수 있을 것이다. 무엇보다 문제는 그러한 사실이 실제로 드러났느냐의 여부인데, 다음과 같은 보고서가 바로 구체적인 증거이다.

> 2010년 미국 에너지성(DOE)에서 발표한 2016년의 추정 에너지별 발전단가에 따르면, 메가와트시(1천kWh)당 태양광 396.1달러, 풍력 149.3달러, 수력 119.9달러, 원자력 119.0달러, 무연탄 100.4달러 등의 순이다.[19] 다른 한편, 2011년 한국정부가 발표한 발전단가에 따르면, kWh당 태양광 660원, 조력 166원, 육상풍력 88원, 수력

73.69원, 석탄 59.24원, 석유 207.84원, LNG 117.87, 원자력 39.12원 등의 순으로 원자력이 가장 저렴한 것으로 나와 있다.[20]

이 보고서에 따를 때, 전제 ①은 신뢰할만하다는 것을 알 수 있다.

[4단계] 이 논증은 위험편익분석을 근거로 핵발전의 경제성이 일종의 신화라고 주장하는 논증으로, 여기 제시된 전제 ①은 신뢰할 수 있다. 그래서 앞서 언급된 현실적 대안으로서의 핵발전 논의에도 불구하고, 이 논증을 좀 더 강화하여 설득력 있는 귀납논증으로 만들고자 한다면, 결론이 참이 될 개연성을 높일 수 있도록 전제를 보충하는 논증 재구성 방법을 취할 수 있다. 예를 들어, '여러 에너지 발전 방식에서 생산단가의 크기는 경제성 여부를 결정하는 유일하거나 적어도 결정적인 요인이다'를 추가할 전제로 생각할 수 있다. 왜냐하면, 이를 추가하지 않을 경우 위험편익분석 상의 비용 누락을 비경제성과 직접 관련짓기가 어렵기 때문이다. 이렇게 해서 좀 더 강한 귀납논증을 구성해 보면 다음과 같다.

전　　제 : 핵발전 생산단가에는 위험편익분석 상의 중요한 비용이 빠져 있다.
추가 전제 : 여러 에너지 발전 방식에서 생산 단가의 크기는 경제성 여부를 결정하는 유일하거나 적어도 결정적인 요인이다.
결　　론 : 따라서 ② 핵발전은 비경제적이다.

그러나 만일 이 논증에 반대한다면, 이에 대해 반론을 제시해야 한다. 가령, 다음과 같은 반대논증을 구성하여 주장할 수 있다.

온실가스를 발생하지 않아 친환경적인 핵발전은 탄소세 부담을 지지 않는다. 반면에, 온실가스를 발생시키는 화석연료 발전에 의존하는 것은 탄소세 부담을 크게 증가시킨다. 그러므로 핵발전은 경제적이다.

이를 논증 형식으로 정리하면 다음과 같다.

① 온실가스를 발생하지 않아 친환경적인 핵발전은 탄소세 부담을 지지 않는다.
② 온실가스를 발생시키는 화석연료 발전에 의존하는 것은 탄소세 부담을 크게 증가시킨다.
③ 그러므로 핵발전은 경제적이다.

첫 번째 전제 ①은 누구나 쉽게 알 수 있는 일반적인 사실이다. 두 번째 전제 ② 역시 탄소세가 특히 경제협력개발기구(OECD) 국가들을 중심으로 마련된 정책으로서, 핵발전을 화석연료에 의한 발전으로 전환할 경우 그 부담이 절대적으로 상승한다는 사실에 비추어 볼 때 신뢰할 만하다. 물론 이 논증이 강한 귀납이 되기 위해서는 탄소세 부담의 증가가 경제성 여부를 판단하는 결정적인 요인이라는 전제가 추가될 필요가 있다. 나아가 탄소세 도입과 관련하여 핵발전이 조세 역진성 문제를 없앤다거나 이를 최소화할 수 있다는 전제를 추가할 수도 있다. 즉, 만일 핵발전의 대안으로 화석연료를 사용할 경우, 석탄, 석유 및 석유제품, 천연가스의 탄소함유량에 따라 부과되는 탄소세의 도입이 화석연료에 대한 의존도가 높은 저소득층일수록 세부담이 커지는 역진성 효과를 발생시킨다는 점을 감안하여, 그러한 가능성을 최소화하는 방식이 그렇지 않은 경우에 비해 더 경제적이라고 주장할 수 있다.[21]

2. 중간 지문 분석

앞서 분석한 공장식 사육의 비도덕성이나 핵발전의 경제성 신화와 관련된 논증글은 비교적 짧은 글들이어서 결론과 전제 찾기가 수월한 편에 속한다. 그렇다고 해서 논증분석의 나머지 단계들이 녹록했다는 말은 결코 아니다. 그런데 문제는 우리가 대학에서 전공이나 교양 과목을 배우면서 접하게 되는 많은 논증 글들이 대부분 길고 복잡하다는 데에 있다. 즉, 중문이나 장문의 글일 경우에는 핵심 논증과 무관한 내용들을 다수 포함하고 있거나, 결론 및 전제가 단조롭게 제시되기보다는 글 전체의 의미를 파악해야만 논증을 찾아낼 수 있는 다소 복잡한 경우들이 다반사라는 것이다. 이런 경우에는 짧은 글에서처럼 논증을 직관적으로 파악해 내는 일이 거의 불가능하다. 그래서 중간 지문과 긴 지문에서 논증분석에 임하고자 할 때, 가장 우선적으로 해야 할 일은 글 전체의 결론을 찾는 것이고, 그 다음으로는 그 밖의 다른 결론들이 있다면 그것들 가운데서 전체의 결론을 직접 뒷받침한다고 생각하는 것들을 잘 추려내는 것이다. 이 과정을 잘 처리한다면, 남은 논증 분석 작업은 짧은 글의 경우처럼 무난할 것이다.

예 3

"'과학의 힘'이란 사실상 '주술의 효력'과 비슷한 수준에서 평가될 수 있는 표현"이라고 주장하는 이들이 있다. 주술도 과학도 모두 특정 사회와 문화의 산물이라는 이유에서다. 그들은 아리스토텔레스의 운동이론보다 뉴턴의 운동이론을, 또는 창조론보다 다윈의 이론을 선호해야 할 이유를 자연 자체에서는 찾을 수 없다고 본다. 중세 유럽인이나 오스트레일리아 원주민의 자연관과 마찬가지로 과학이 제공하는 이론들도 특정 사회의 정치적, 경제적 목적과 결부된 문화적 산물일 뿐만 아니라 과학이론에 대한 평가 역시 특정한 사회적 배경의 제약을 벗어날 수 없다는 것이다. 그러나 과학과 사회의 관계에 관한 이런 주장은 두 가지 점에서 타당하지 않다. 먼저, 문학이나 예술과 마찬가지로 과학 역시 특정한 사회적 환경 속에서 존재하는 개인이나 집단에 의해 산출되지만, 과학은 그런 개인의 특성이나 사회 환경에 의해 속박되지 않는다.『햄릿』, 『B단조 미사』는 셰익스피어와 바흐가 없었더라면 영원히 존재하지 않았겠지만 과학은 이와 다르다. 뉴턴이 어려서 죽는 바람에 1687년에 『프린키피아』가 저술되지 않았다고 해도 필시 다른 누군가가 몇 년 혹은 늦어도 몇 십 년 뒤에 그 책에 담긴 역학의 핵심 내용, 즉 보편 중력의 법칙과 운동 3법칙에 해당하는 것을 발표했을 것이다. 여러 명의 과학자가 같은 시기에 서로 독립적으로 동일한 과학적 발견에 도달하는 동시발견의 사례들이 이를 간접적으로 입증한다. 또 과학적 발견을 성취해 낸 과학자가 지닌 고유한 품성은, 설령 그것이 그 발견에 중요한 역할을 한 경우라 해도, 그 성과물이 일단 그의 손을 떠나고 난

뒤에는 과학자들의 연구 활동에 아무런 영향도 미치지 않는다. 둘째로, 근대 이후 과학이 확산된 모습을 보라. 16세기 이후 최근에 이르기까지 실질적으로 모든 과학적 발견은 유럽 문명의 울타리 안에서 이루어졌지만, 그 열매인 과학 이론은 전 세계에 확산되어 활용되고 있다. 모든 문화권이 이렇게 과학을 수용한 것과 대조적으로, 유럽의 정치체제나 종교나 예술이 그처럼 보편적으로 수용된 것은 아니다. 과학은 특정한 개인들이 특정한 문화 속에서 만든 것이지만 이처럼 개인과 문화를 초월하는 보편적인 것이다. 과학 이외에 이런 특성을 지니는 것은 없는 듯하다. (LEET 2013)

[1단계] 이 논증 글에서 전체의 결론, 즉 주결론을 찾아내는 일은 어렵지 않다. 왜냐하면, 과학과 주술 간의 유사성에 대한 주장과 그 이유가 제시된 후에 다음과 같은 표현이 등장하기 때문이다.

그러나 과학과 사회의 관계에 관한 이런 주장은 두 가지 점에서 타당하지 않다.

이것을 글 전체의 결론으로 삼을 수 있는 또 다른 단서는 곧바로 '먼저'라는 표현이 등장한 후, 조금 후에 '둘째로'라는 나열용 용어가 뒤따라 나온다는 데에 있다. 일반적으로 이런 표현은 어떤 주장에 대한 직접적인 근거들을 열거하거나, 적어도 일련의 여러 진술들 가운데 근거들이 있다는 것을 알려주는 장치이기 때문이다. 일단 '이런 주장'이 이 글의 첫 번째 문장에 있다는 점을 고려하면, 주결론은

'과학의 힘'이란 사실상 '주술의 효력'과 비슷한 수준에서 평가될 수 있는 표현이 아니다.

가 된다. 결론을 찾았다면, 다음으로 그것을 뒷받침하는 전제, 즉 주전제를 찾아야 한다. 이를 확인하는 데 도움이 되는 한 가지 방법은 주결론의 내용이 다른 분야들과 과학 간의 차별성에 대한 강조와 관련되어 있다는 점이다. 왜냐하면, 주결론을 뒷받침하는 진술들이 있다면, 그것들은 적어도 과학과의 중요한 차이점을 드러

내는 것들이어야 하기 때문이다. 그러한 것들 중 직접적으로 뒷받침하는 전제, 즉 주전제로 생각해볼 수 있는 것이 이 글의 마지막 두 문장이다. 그 의미를 손상시키지 않으면서 한 문장으로 진술해보면 주 논증을 다음과 같이 정리할 수 있다.

주전제 : 과학은 특정한 개인들이 특정한 문화 속에서 만든 것이지만, 그것만이 개인과 문화를 초월하는 보편적인 것이다.

주결론 : '과학의 힘'이란 사실상 '주술의 효력'과 비슷한 수준에서 평가될 수 있는 표현이 아니다.

이제 남은 일은 주전제를 결론으로 삼는 부속논증을 찾는 것이다. 즉, 부속결론인 주전제를 직접 뒷받침하는 부속전제들을 찾는 것이다. 그것들은 그 역할을 고려해 볼 때, 과학과 다른 분야 모두가 특정한 사회적 환경 속에서 산출된다는 공통점에 관한 진술일 뿐만 아니라, 과학의 차별적 특성인 '초월성'과 '보편성'에 관한 사례나 주장과도 관련되어 있을 가능성이 클 것이다. 이를 토대로 주전제, 즉 부속결론의 부속전제들을 찾아 글에 나온 순서대로 정리하면 전체 논증은 다음과 같을 것이다.

부속전제 1 : 과학 역시 특정한 사회적 환경 속에 존재하는 개인이나 집단에 의해 산출되지만, 과학은 그런 개인의 특성이나 사회 환경에 의해 속박되지 않는다.

부속전제 2 : 16세기 이후 최근에 이르기까지 모든 과학적 발견은 유럽 문명의 울타리 안에서 이루어졌지만, 그 열매인 과학 이론은 다른 분야와는 대조적으로 전 세계에 확산되어 활용되고 있다.

부속결론(=주전제) : 과학은 특정한 개인들이 특정한 문화 속에서 만든 것이지만, 그것만이 개인과 문화를 초월하는 보편적인 것이다.

주 결 론 : '과학의 힘'이란 사실상 '주술의 효력'과 비슷한 수준에서 평가될 수 있는 표현이 아니다.

[2단계] 논의 순서에 따라 주전제와 주결론의 지지관계부터 점검해보자. 이 논증은 주전제가 하나라는 점에서 비교적 간단하다. 그런데 주전제가 참이라고 해도 과학과 그 외의 다른 분야가 초월성이나 보편성을 제외한 또 다른 '비슷한 '수준에서 평가할 수 있는 가능성을 전적으로 배제할 수 없기 때문에, 이것은 연역논증이 아니다. 하지만 여기에 명시된 과학의 두 가지 특성이 그것을 다른 분야와 구별 짓는 대표적인 특징으로 간주된다는 점에서 주결론이 참일 개연성은 매우 높고, 따라서 좋은 귀납이라고 볼 수 있다.

주전제과 주결론의 지지관계와 마찬가지로, 부속전제 1, 2와 부속결론(혹은 주전제)로 이루어진 논증 역시 연역이 아니다. 왜냐하면, 두 전제가 과학과 비교할 수 있는 다른 분야들 모두에 대한 정보를 망라하고 있지 않기 때문이다. 즉, 이 글에서 비교 대상에 포함되어 있지 않은 분야들 가운데서도 개인의 특성이나 사회 환경의 속박을 벗어나 세계의 모든 지역에 전파된 인류의 지적 산물을 상상하는 일이 어렵지 않을 것이기 때문이다. 그러나 본문 마지막 문장의 '… 없는 듯하다.'라는 표현을 통해 강조되듯이, 그리고 언급된 비교 사례들이 문학이나 예술 분야를 대표하는 표본일수록, 부속결론(혹은 주전제)가 참일 가능성도 매우 높아진다는 점에서, 부속전제들은 부속결론(혹은 주전제)를 강하게 지지하고 있다. 따라서 이 논증은 좋은 귀납이라고 할 수 있다.

[3단계] 이 논증에서 신뢰성을 점검할 대상은 부속전제 1과 2이다. 그런데 본문 내용에 비춰 볼 때, 부속전제 2는 1과 달리 하나의 주장이다. 그 이유는 현대 인류 문명이 과학의 기반 위에서 비로소 가능했다는 점을 부인할 수는 없지만, 인류의 보편 종교는 없었고 향후에도 그러할 것이라는 데에 우리 모두가 동의한다고 보기 때문이다. 따라서 부속전제 2가 별도의 근거나 이유를 제시하지 않는다고 해도, 이를 상식적인 선에서 신뢰할 수 있을 것이다. 예컨대, 다윈의 진화론은 전 세계 생물학자들에게 가장 기본적인 진리로 널리 인정받고 있는 반면, 스페인의 합스부르크 절대왕조나 이탈리아 마키아벨리의 공화주의는 그렇지 못하다는 사실을 제시할 수 있기 때문이다. 다시 말해서, 설명과 예측을 위한 관찰 및 실험 법칙적이면서도 동시에 이론적인 지식인 과학과 달리, 유럽의 정치체제나 사회사상은 그 사회가 어

떤 지적, 도덕적, 문화적 토양을 발전시키는가에 따라 각 사회 혹은 국가의 실정에 맞게 변용과 부침을 겪음으로써 독특한 개별성을 획득하기 때문이다. 그렇다고 해도 일시적이지만 보편적으로 수용된 유럽의 정치, 사회사상이 있을 수는 있다. 그러나 그런 경우라도 과학의 주요 특성인 보편성과 동일선상에서 엄밀하게 비교하기에는 아무래도 무리가 있다는 점을 인정해야 할 것이다.

다른 한편으로, 부속전제 1의 신뢰성을 점검해보기 위해서는 그것이 다음과 같은 두 가지 부속 전제들로부터 추론되었다는 점을 고찰하는 것이 필요하다.

부속전제 3 : 『햄릿』, 『B단조 미사』는 셰익스피어와 바흐가 없었더라면 영원히 존재하지 않았겠지만, 뉴턴이 『프린키피아』를 저술하지 않았더라도 다른 누군가가 그 책에 담긴 역학의 핵심 법칙을 발표했을 것이다.

부속전제 4 : 과학적 발견을 성취해 낸 과학자의 고유한 품성은, 그 발견에 중요한 역할을 했다 할지라도 그 성과물이 일단 그의 손을 떠나게 되면 그 품성은 과학자들의 연구 활동에 아무런 영향도 미치지 않는다.

먼저 부속전제 3에서 『프린키피아』에 관한 진술은 하나의 추정이다. 그러므로 이 추정을 확인해 줄 별도의 증거를 제시하지 않는다면 이 전제를 참이라고 간주할 수 없고, 결국 부속전제 3이 참일 개연성도 낮아진다. 그러한 이유에서 본문에서는 '여러 명의 과학자가 같은 시기에 서로 독립적으로 동일한 과학적 발견에 도달하는 동시 발견의 사례들이 이를 간접적으로 증명한다'고 진술하고 있다. 이러한 동시 발견의 일례로는 '화학혁명'이라 불리는 프리스틀리와 라봐지에가 발견한 '산소'를 들 수 있다. 따라서 동시 발견 사례들이 많이 발견될수록 부속전제 3은 참일 개연성이 높아진다고 할 수 있다. 그러나 동시 발견 사례가 특정 문화권에 국한되어 있음이 입증되는 경우라면, 부속전제 3은 참일 개연성이 그만큼 낮아질 것이다.

부속전제 4는, 과학은 그 특성상 참이거나 거짓으로 판명되는 지식 체계인 만큼, 과학자 개인의 특성과 같은 비인식적인 요소와는 당연히 무관하며, 따라서 그것을 수용하여 활용하는 것 역시 그러한 요인과 상관없이 이루어진다는 주장이다. 이는 예컨대, 케쿨레가 뱀들이 서로 꼬리를 물고 있는 꿈을 꿀만큼 그리고 그 꿈을 소홀히 넘기지 않을 만큼 자신의 일에 열정적이었고 섬세한 성격의 소유자였다는, 그의 성품과 벤젠에 관한 그의 후속 연구 간에는 전혀 관계가 없다는 데서 확인할 수 있다. 따라서 이러한 예를 받아들인다면, 부속전제 4는 참이라고 할 수 있다. 그렇지만 과학과 사회의 관계를 둘러싼 과학기술학(STS) 논쟁이 여전히 진행 중이고,[22] 과학이 개인의 특성이나 사회 환경에 속박되어 있다거나 과학 이론이 수용되고 사용되는 맥락보다 과학 이론의 탄생 과정이 더 중요한 상황을 얼마든지 상상할 수 있기 때문에, 이 경우에 부속전제 4는 참이라고 보기 어려울 것이다.

[4단계] 이 논증은 앞서 살펴본 바와 같이, 주전제가 주결론을 그리고 여러 부속전제들이 각 부속결론을 비교적 잘 뒷받침하는 귀납논증이다. 제시된 주장에 동의할 경우, 이 논증을 좀 더 설득력 있는 것으로 만들기 위해 과학의 초월성과 보편성 특성을 극대화할 수 있는 과학 이론과 업적에 대한 전제와, 개인의 특성이나 특정 사회에 속박된 분야들을 전제로 보충하는 논증 재구성 방법을 활용할 수 있을 것이다.

다른 한편으로, 제시된 주장에 동의하지 않을 경우 반대논증을 구성할 수 있을 것이다. 여기서는 이 논증에 대한 반대논증이 본문에 이미 드러나 있기 때문에, 이를 전제가 결론을 필연적으로 지지하는 연역논증 구조로 재구성하면 다음과 같이 정리될 수 있다.

부속전제* : 주술도 과학도 모두 특정 사회와 문화의 산물이다.

부속결론* : 과학 이론과 그것에 대한 평가는 특정한 사회적 배경의 제약을 벗어날 수 없다.

주 결 론* : '과학의 힘'은 '주술의 효력'과 비슷한 수준에서 평가될 수 있는 표현이다.

앞서의 단계들에서 살펴본 '과학은 특정한 개인들이 특정한 문화 속에서 만든 것이지만, 그것만이 개인과 문화를 초월하는 보편적인 것이다'라는 전제는, 이 반대

논증의 부속전제*는 받아들이면서도 그것에서 추론한 것인 부속결론*, 혹은 주전제*를 부정하는 진술이다. 왜냐하면, 과학적 업적의 탄생 과정에 과학자의 개인적 특성이나 문화적 환경이 영향을 미친다는 점을 인정함과 동시에, 과학이 개인의 특성이나 사회 환경에 의해 속박되지 않는다고 말하고 있기 때문이다. 즉, 논증자는 제시문에서 이미 이 반대 논증을 염두에 두고 이를 비판하는 논증을 제시한 것이다. 따라서 만약 우리가 위의 부속전제*로부터 부속결론*으로 나아가는 위의 반대 논증을 충분히 강화할 수 있다면, 제시문의 논증에 대한 충분한 비판으로 간주될 수 있을 것이다. 이는 제시문의 논증자가 논박하려고 했던 반대 논증의 문제점을 수정 보완하여, 논증자의 시도를 무력화하는 것이라고 말할 수 있다.

3. 긴 지문 분석

예 4

보수독점의 정당체제를 특징으로 하는 한국 민주주의가 가져온 가장 큰 사회적 결과는, 계급 간 불평등구조가 급격하게 심화되었다는 사실이다. 민주주의를 원리로 하는 정치는 시장의 불평등 효과를 제어하는 평등화의 기제로 작용한다. 사회민주주의 정당이 중심이 된 서구 복지국가의 경험은 이를 잘 보여준다. 그러나 한국 민주주의는 기득구조와 특권체제의 기반 위에 서 있으며, 한국의 시장은 보수 독점적 정치구조와 닮아 있다. 우리 사회 상류층의 일상화된 부동산투기와 부패는 한국사회의 이러한 구조를 반영한다. 과거 권위주의 국가는 정치적 정당성의 취약성을 보완하기 위해 소수의 특권화 된 엘리트를 제외한 그 아래의 계급들에서는 불평등 구조를 어느 정도 제어해 왔다. 반면, 민주화 이후 한국 사회는 기득구조와 시장체제의 불평등 구조를 제어할 국가의 민주적 역할을 발전시키지 못한 채 기존의 규제 장치를 하나씩 하나씩 제거해 버리고 있다. (…중략…)

교육문제만큼 우리 사회의 계급구조화의 문제를 잘 보여 주는 예도 없다. 과거에는 이른바 일류대학 졸업만으로도 낮은 계층에서 벗어나 사회적 이동이 가능했던 시절이 있었다. 서열화 된 대학의 졸업과 계급적 지위가 매우 높은 상관관계를 가짐으로 인해 하층계급에게 교육은 사회이동의 유력한 채널이 될 수 있었다. 그러나 노동시장에서의 계급적 지위가 어느 대학을 졸업했느냐에 따라 결정되면 될수록 대학입시를 둘러싼 갈등이 전 사회적 계급투쟁으로 발전하는 것은 당연한 일이다. 불행하게도 권위주의 시기보다 민주화 이후에 이러한 문제가 더욱 강렬하게 전개되었다. 수학 연령의 자녀를 둔 어느 가정이든 교육에 대한 사적 투자의 점증하는 압박으로부터 자유로울 수 없게 되었다. 주거지역에서 가장 큰 시장은 사교육을 담당하는 학원이다. 이처럼 모든 가계가 사적 투자를 늘려서라도 자녀를 좋은 대학에 입학시키는 것을 제일의 목표로 추구하게 되면서, 다른 무엇보다도 소득이 교육의 기회와 성취에 영향을 미치는 가장 지배적인 변수가 되었다. 교육이 미래소득을 결정하고, 다시 현재의 소득이 미래의 교육을 결정함에 따라 서열화 된 계급과 서열화 된 대학입시는 병행하게 된다.

민주화 이후 정부의 대학입시정책은 한결같이 자율화라는 이름으로 입학 정원의 확대를 이런저런 방식으로 허용하는 것이었다. 그 결과 대학은 공룡같이 커졌다. 이제 한국 사회에서 대학졸업 그 자체는 큰 의미가 없어졌다. 마찬가지로 이른바 일류대학 졸업만으로는 계급적 지위의 상향이동이 어려워졌다. 이즈음 우리가 보게 되었던 것이 대학의 고시열풍이다. 과거 고시가 주로 법학 내지 행정학 관련 학과의 일이었던 것에서 대학사회 일반의 문제가 되었다는 것이다. 일류대 자연계 학생도 고시준비를 하고, 박사학위를 마친 사람도 고시준비를 하는 이상한 현상은, 상향이동을 위해서는 교육적 성취 이외에 다른 조건이 필요해졌다는 것을 의미한다. 동시에 가난 때문에 대학에 가지 못한 고학생이 주경야독으로 고시에 합격했다는 미담도 사라졌다.

그러나 고시열풍도 그리 오래가지 못했다. 비록 정부가 사법고시든, 공인회계사 시험이든 국가고시합격자의 규모를 크게 늘림으로써 특권을 완화하는 정책을 실시했지만, 또 다른 신분상승의 채널을 찾아 대학사회가 휩쓸리는 현상에는 변화를 주지 못했다. IMF를 기점으로 한 신자유주의 물결과 더불어 불어 닥친 열풍은 현지 영어교육과 미국 일류 대학으로의 유학이었다. 이 역시 민주주의 시대의 교육이 계급 간 불평등을 제어하는 기제가 되지 못하고, 거꾸로 소득과 계급구조 위에 교육이 덧씌워져 있는 형국, 혹은 시장불평등이 교육의 영역마저 지배하는 것을 방치하는 상황이 되었음을 보여 주는 것이다.

민주화 이후 한국 사회가 나빠지고 있다는 또 다른 증거 중의 하나는 수도권으로의 중앙 집중화가 더욱 심화되었다는 사실이다. 한국에서 중앙 집중화는 어제 오늘의 일이 아니라고 할지 모른다. 이미 오래 전에 그레고리 헨더슨G. Henderson이 "서울은 단순히 한국의 최대 도시가 아니라 서울이 곧 한국이다"라고 지적했듯이, 중앙 집중화는 민주화 이전의 문제라고 말할 수도 있다. 하지만 나는 민주화 이후 집중화가 줄어든 것이 아니라 역으로 심화되었다는 사실만큼 한국 민주주의의 문제를 실증하는 것도 드물다고 생각한다.

기실 민주주의란 한 사회의 중심을 다원화하는 경향을 발전시키는 힘이어야 한다. 권위주의, 절대주의, 전체주의 등 비민주적 사회의 특징은 정치 · 경제 · 군사 · 문화적 권력과 영향력이 단일 중심으로 응집되어 있다는 것이다. 민주화는 이들 응집된 힘의 요소들을 해체하고 다원화하는 것이라고 해도 과언이 아니다. 이들 복수의 힘들 간의 관계를 어떻게 해당 사회의 여러 조건과 현실에 맞게 재조합하여 공동체의 발전에 기여할 수 있게 할 것인가는 그 다음의 문제이다. 그렇다면 국토의 0.6%에 불과한 서울이 전체 인구의 20% 이상을 차지하면서 정치 · 경제 · 문화의 모든 자원을 블랙홀처럼 빨아들이게 된 형국을 어떻게 이해할 것인가? 초집중화와 다원적 가치의 부재 혹은 한국사회의 특성으로서 획일주의는 동전의 양면과 같은 것이다. 분명 오늘날의 초집중화된 한국 사회는 정상적인 사회라 할 수 없다. 이런 조건에서 이념 및 가치의 다원화와 자유로운 사고는 가능할 수가 없다.

나는 한국의 지역감정을 그야말로 비합리적 감정 그 자체로 이해하는 접근에 언제나 반대해 왔다. 그리고 이를 영남이냐 호남이냐 하는 지역 간 갈등과 대립의 구조로 설명하는 것에 대해서도 찬성하지 않는다. 우리가 보통 말하는 지역감정 내지 지역정서란 한국적인 중앙 집중화와 이로 인한 불균형적 발전이 가져온 하나의 부수적 현상이다. 비록 지역감정이 표면적으로 어떤 비합리적 감정이나 허위의식으로 나타난다 하더라도 감정을 부추기는 정치적 선동은 그런 기반이 있기 때문에 위력을 발할 뿐이다.

(최장집, 『민주화 이후의 민주주의』, 후마니타스, 2002)

[1단계] 이 글의 논증구조는 다음과 같이 정리될 수 있다.

주전제 1 : 민주화 이후 한국의 민주주의로 인해 사회 내 계급간 불평등 구조가 심화되었다.

주전제 2 : 민주화 이후 수도권으로의 중앙집중화가 더욱 심화되었다.

주 결 론 : 민주화 이후 보수독점의 정당체제를 특징으로 하는 한국 사회는 나빠지고 있다.

각 주전제들을 지지하는 부속전제들을 찾아보고, 그런 다음 논증분석의 나머지 단계에 따라 각자가 직접 분석해 보자.

[2단계] 실습 또는 과제

[3단계] 실습 또는 과제

[4단계] 실습 또는 과제

연.습.문.제

1. 다음 논증에 대한 분석으로 가장 적절한 것은?

ⓐ인구는 제한되지 않으면 기하급수적으로 증가한다. ⓑ식량은 기껏해야 산술급수적으로 증가한다. ⓒ인구의 증가율과 식량의 증산율의 차이를 피할 수 없다. ⓓ사람이 사는 데 식량이 필요하다는 것은 자연의 법칙이다. ⓔ따라서 우리는 어떻게 해서든지 인구의 증가율과 식량의 증산율을 같게 해야 한다. ⓕ결과적으로 인구는 식량 부족 때문에 지속적으로 강력하게 제한될 수밖에 없다. ⓖ인구가 제한될 수밖에 없다면, 이것은 대부분의 사람들에게 심각한 위협이 될 수밖에 없다. ⓗ많은 사람들에게 심각한 위협이 있는 사회는 모든 구성원이 편안하고 행복하게 사는 완전한 사회가 아니다. ⓘ그러므로 모든 구성원이 편안하고 행복하게 사는 완전한 사회란 있을 수 없다.

① ⓐ와 ⓑ는 ⓓ를 지지한다.
② ⓒ와 ⓓ는 ⓖ를 지지한다.
③ ⓒ와 ⓓ는 ⓗ를 지지한다.
④ ⓐ, ⓑ, ⓓ는 ⓖ를 지지한다.
⑤ ⓕ, ⓖ, ⓗ은 ⓘ을 지지한다.

2. 다음 각 논증의 생략된 부분에 대한 설명으로 가장 적절한 것은?

㉠ 너도 먹고 살아야 하잖아. 돈을 벌어야지
㉡ 철수는 미국에서 오래 살았어. 영어를 잘 할거야.
㉢ 어제 가을비를 흠뻑 맞았어. 감기에 걸릴 것이 분명해.
㉣ 민호가 지각하지 않은 것이 틀림없다. 왜냐하면 민호와 영희 중 적어도 한 명은 지각을 했기 때문이다.
㉤ 너는 내 진실한 친구가 아냐. 네가 내 진실한 친구였다면 그 위급한 상황에서 너는 나를 도와주었을 거야.

① ㉠에 "먹지 않으면 살수 없다"는 전제가 추가될 경우, 타당한 논증이 된다.

② ㉡에 "영어를 잘하려면 미국에서 살아야 한다"는 전제가 추가될 경우, 타당한 논증이 된다.
③ ㉢에 "가을비를 흠뻑 맞지 않았다면 감기에 걸리지 않았다"는 전제가 추가될 경우, 타당한 논증이 된다.
④ ㉣에 "영희가 지각했다"는 전제가 추가될 경우, 타당한 논증이 된다.
⑤ ㉤에 "그 위급한 상황에서 너는 나를 도와주지 않았다"는 전제가 추가될 경우, 타당한 논증이 된다.

3. 다음 논증에 대한 분석과 평가 중 옳은 것을 〈보기〉에서 모두 고르면?

동물 학대는 비도덕적 행위라고 할 수 있다. 공장식 사육은 동물학대임이 분명하다. 그러므로 공장식 사육은 비도덕적 행위다.

〈보 기〉

㉠ 첫 문장과 둘째 문장을 모든 경우에 해당하는 보편 진술로 간주하면, 이 논증은 타당한 논증이다.
㉡ 만약 둘째 문장의 공장식 사육이 '어떤 공장식 사육'이고, 결론의 공장식 사육이 '모든 공장식 사육'이면, 이 논증은 타당하지 않다.
㉢ ㉠의 조건에 따라 이 논증이 타당하다면, 동물 중에 모기나 파리 등을 아무 고려 없이 죽이는 경우는 동물 학대가 아니라고 해도 이 논증은 건전하다.

① ㉠
② ㉢
③ ㉠, ㉡
④ ㉡, ㉢
⑤ ㉠, ㉡, ㉢

4. 다음 글에 대한 설명으로 적절한 것을 〈보기〉에서 모두 고르면?

최근 노인 인구의 급증과 관련하여 호스피스 병상을 늘릴지 말지에 대해 논란이 되고 있다. ㉠호스피스 병상을 유지하려면 공간도 넓어야 하고 의료진뿐만 아니라 상담사나 사회복지사도 고용해야 하기 때문에, 병원들은 호스피스 병동을 늘리는 것을 기피하고 있다. ㉡대구의료원은 최근 개설한 호스피스 병동을 운영난 때문에 내달 폐쇄하기로 했다가 논란이 일자 앞으로 더 운영해보기로 했다. ㉢국립암센터의 경우 2006년 100개의 호스피스 병상을 확보할 계획을 세웠다가 연간 20억 원씩 적자가 난다는 예상이 나오자 포기했다. ㉣이런 상황에서 정부가 시설 확충에 필요한 자금을 적극적으로 지원한다면, 호스피스 시설을 늘려 노인 복지를 실현할 수 있다. ㉤정부가 담배에서 거두는 한 해 1조 5000억 원의 담배부담금(국민건강증진기금) 가운데 일부만 호스피스 인프라 확충에 지원한다면, 말기 암 환자들이 존엄한 죽음을 맞는데 큰 도움이 될 것이다.

〈보 기〉

가. ㉡, ㉢은 ㉠의 근거이다.
나. ㉣은 이 글의 최종 주장이다.
다. ㉤은 ㉣의 사례이다.

① 가 ② 다 ③ 가, 나 ④ 나, 다 ⑤ 가, 나, 다

5. 다음 논증에 대한 평가로 적절한 것은?

우리나라는 전력소비 증가율이 2~3% 수준으로 둔화된 선진국과는 달리, 지속적인 경제성장과 국민소득 향상에 따라 전력소비가 연평균 9% 이상의 증가율을 보이고 있으며, 특히 최근에는 여름철 냉방 수요가 급격히 증가함으로써 최대 전력 수요 및 연간 전력소비 증가율이 경제성장률을 훨씬 상회하는 높은 증가세가 계속되고 있다. 따라서 원자력 발전소를 지속적으로 건설할 필요가 있다.

① 주장과 근거 모두가 거짓이다.

② 올바른 판단이다. 원자력 발전소를 지속적으로 건설하여 전력난을 해결해야 한다.
③ 근거가 모두 옳을지라도 근거로부터 결론이 필연적으로 도출되지는 않는다.
④ 근거와 주장 모두가 옳기 때문에 건전한 논증이다.
⑤ 주어진 근거만으로도 충분히 결론을 주장할 수 있다.

6. 다음 논증에 대한 평가로 적절한 것을 〈보기〉에서 모두 고르면?

①북핵 문제를 해결하는 계기를 마련하려면 ②남북이 서로 신뢰를 회복하고 관련국들은 적극 협조해야 한다. 그런데 ③남북이 서로 신뢰를 회복하지 못했다. 그러므로 ④북핵 문제를 해결하는 계기를 마련하지 못했다.

〈보 기〉

가. 이 논증은 부당하다.
나. ③에서 ②를 부정하는 명제가 추론된다.
다. ④가 도출되려면 관련국들이 적극 협조하지 않았다는 전제가 추가되어야 한다.

① 가　② 나　③ 가, 다　④ 나, 다　⑤ 가, 나, 다

7. 다음 보기의 논증에 대한 평가로 올바른 것은?

실제 췌장암 걸린 사람들을 A-진단법으로 검사를 했는데 90%가 양성판정을 받았다.
철수는 이 A-진단법으로 양성판정을 받았다.
철수는 췌장암에 걸렸을 것이다.
(실제 췌장암 환자는 전체의 0.1%이고, A-진단법은 췌장암에 걸리지 않은 사람에게도 정확도가 90%이다.)

① 검사 정확도가 90%이므로 양성을 받은 철수는 90% 확률로 췌장암에 걸렸을 것이다.

② 이 논증의 전제는 양성 판정을 받은 사람은 90%가 췌장암에 걸릴 것이라는 것을 의미한다.
③ 실제 췌장암에 걸린 사람의 비율이 달라짐에 따라 이 검사법의 정확도가 달라진다.
④ 양성판정을 받은 사람의 비율이 전체의 10%를 넘으므로 양성 판정을 받은 철수가 실제로 걸릴 확률은 약 1%에도 미치지 않는다.
⑤ 이 논증은 확률적 통계를 일반화한 전제에서 개체에 대한 성질을 개연적으로 규정하는 통계적 삼단논법이다.

제 4 장

발표하기

개요

발표란 다수의 청중 앞에서 자신의 의견이나 생각을 전달하는 말하기 행위이다. 그런데 아무리 훌륭한 생각을 갖고 있어도 이를 상대에게 설득력 있게 전달하지 못한다면, 의미전달이 제대로 되지 않아 자신의 목적을 달성하지 못할 것이다.

의사소통을 잘하기 위해서는 자신의 의견을 효과 있게 전달하는 발표 기술을 익힐 필요가 있다. 따라서 이 장에서는 자신의 의견을 논리적으로 설득력 있게, 그러면서도 세련되게 발표하는 기술을 익히고 훈련하여 의사전달 능력을 향상시키는데 중점을 둘 것이다.

제 1 절

발표

학습목표	1. 발표가 무엇인지 이해한다. 2. 발표의 종류 및 구성요소를 안다.
기본개념	설득적 의사소통, 설득 전략, 발표의 유형, 발표의 구성요소

1. 설득적 의사소통으로서의 발표

의사소통은 인간에게 있어서 삶을 살아가는 필수적 수단이다. 그런데 인류의 역사에서 현대처럼 소통의 의미가 중요하게 여겨진 적도 없다. 세계화 · 정보화 · 다원화 시대라고 불리는 현대 사회는 무력이나 강압에 의해서가 아니라 이해와 공감 그리고 협력에 의해서 움직인다. 그래서 현대인에게는 의미 있는 자리나 생산적인 활동에서 다른 사람이 쉽게 알아듣고 공감할 수 있게 자신의 의견을 표현하는 능력은 반드시 갖추어야 할 필수품처럼 되었다. 아무리 훌륭한 아이디어를 갖고 있어도 이를 효과적으로 전달하는 의사소통 능력이 부족하다면 무용지물이 되고 말 것이다. 의사소통 능력이 떨어진다는 것은 곧 바람직한 사회생활과 성공적인 삶에서 멀어진다는 것을 의미한다. 의사소통 중에서도 상대방을 설득해야 할 경우에는 더 말할 필요가 없을 것이다. 따라서 설득적인 의사전달 능력을 갖추기 위해서는 말 잘

하기, 즉 발표를 잘 하는 기술을 배우고 익혀야 할 필요가 있다.

발표란 다수의 청중을 대상으로 자신의 의사를 전달하는 말하기 형식으로, 민주화된 사회일수록 그 능력이 중시된다. 민주주의 사회에서는 다양한 개성과 의견을 가진 사람들 앞에서 자신의 의견을 개진하여 자신이 의도하는 방향으로 그들이 동의하게끔 설득하는 의사소통 행위가 필요하기 때문이다. 그런 의미에서 고대 그리스의 '아고라'에서의 연설은 폴리스 민주정치의 핵심이면서 발표의 시작이라고 볼 수 있다. 발표의 목적은 청중에게 전달하고 싶은 자신의 생각을 명료하게 전달하는 것이다. 그러나 단순히 생각을 전달하는 것만으로는 상대를 설득시키기에 충분하지 않다. 청중을 이해시킬 뿐만 아니라 더 나아가서는 청중이 자신의 생각에 동조하도록 끌어당기는 힘이 있어야 한다. 이러한 목적을 달성하기 위해서는 청중이 수용할 수 있는 근거를 제시하여 그들을 이해시키는 한편, 그들의 감정에도 호소하는 의사전달 방식이 효과적이다. 발표자가 자신의 의견에 동조하도록 청중을 얼마나 끌어들이는가에 따라 발표의 성패 여부가 달려 있다고 할 수 있다.

그렇다면 청중을 내 의견에 동조하게끔 만드는 방법은 무엇인가? 그 핵심은 한마디로 논증의 힘이라고 할 수 있다. 논증이란, 앞서 살펴본 바와 같이 단순히 자신의 주장만을 제시하는 것이 아니라 그 주장의 옳음을 뒷받침할 수 있는 근거를 같이 제시하는 것이었다. 즉 주장을 뒷받침하는 관련 있고 충분한 근거가 발표자의 주장에 힘을 실어줌으로써 설득력을 얻게 되는 것이다. 따라서 발표는 청중에게 단순히 자신의 의견을 전달하는 일방적인 의사전달이 아니다. 청중을 설득하여 자신의 의견에 동조하게 함으로써 상호간에 의견의 일치를 이루는 양방향적인 의사소통이라고 할 수 있다. 이러한 양방향적인 의사소통을 위해서는 발표자는 발표 준비 단계에서부터 보이지 않는 청중을 염두에 두고 그들과의 소통을 위해 준비를 해야 한다. 즉 청중에 대해 면밀하게 분석하고 발표 상황의 요소 또한 충분히 고려하여 자신의 의사를 정확하고 효과 있게 전달할 수 있도록 준비를 철저히 해야 한다.

2. 설득을 위한 효과적인 전략

발표를 잘 하기 위해서는 생각의 전달을 넘어서 청중을 사로잡는 방법까지 고민해야 한다. 이것이 '전달'의 기능이 갖는 본질적이고 적극적인 의미이다. 청중을 사로잡는 방법으로는 한마디로 논리적 요소와 윤리적 요소 그리고 감정적 요소가 조화를 이루는 것이 가장 효과적이다. 논리적으로 자신의 주장을 정당화시켜야 한다는 것은 설득의 필수 조건이다. 상대방이 이해할 수 없거나 동조할 수 없는 생각을 일방적으로 전달하거나, 논리적 일관성이 없는 발표로는 청중을 사로잡을 수 없다. 반면에 논리적으로 납득할 수 있는 내용이라면 청중은 더욱 강하게 몰입하게 된다. 또한 내용을 충실하게 전달하기 위해서는 관련내용에 대한 충분한 지식과, 효과적인 전달을 위한 이해력 · 판단력 · 창의력 등이 요구된다. 결국 논리적 요소란 발표자가 발표 내용에 대한 충분한 지식을 잘 이해하여 자신의 주장을 일관성 있고 조리 있게 잘 펼치는 것이라고 할 수 있다.

그러나 그것만으로는 충분하지 않다. 가령 어떤 사람의 의사 표현이 아무리 논리적이라 할지라도 관련된 사람들의 공감을 얻어내지 못한다면 설득력이 떨어질 것이다. 또한 아무리 공감을 불러일으킨다 할지라도 타인을 배려하지 않거나 지나치게 독선적인 태도를 취하는 경우에도 성공적인 의사소통이 될 수 없다. 그래서 청중을 사로잡는 의사소통을 하려면 발표자의 윤리적 특성도 중요하다. 즉 윤리적 요소란 발표자가 선의의 마음을 갖고서 상식에 어긋나지 않는 태도로 정직하게 말하여 청중들로부터 신뢰감을 얻는 것을 말한다. 그러한 신뢰감은 그가 전하는 말의 내용에 대해서도 청중들로 하여금 신뢰하게 만드는 부수적인 효과까지 누릴 수 있어 일석이조라고 할 수 있다.

논리적 요소와 윤리적 요소가 발표자가 갖추어야 할 특성이라면, 감정적 요소는 설득에 영향을 끼치는 청중의 특성이라 할 수 있다. 즉 청중의 문화수준, 지식수준, 감정이나 정서 상태를 고려하지 않는다면 청중을 사로잡기 힘들다. 인간은 논리적 측면 못지않게 정서적 측면에서도 영향을 받는다. 청중과 정서적으로 교감하는데 성공하지 못한다면 그들을 몰입시키는 데에도 실패할 것이다. 청중이 지루함을 느끼지 않고 발표자의 의도대로 관심과 분위기를 이끌어가려면 청중에 대한 면밀한 분석이 필요하다. 이와 같이 논리적, 윤리적, 감정적 요소는 효과적인 의사소통을 위한 필요충분조건이다. 이 세 가지 요소가 조화를 이루었을 때 설득력 있는 성공적인 발표를 할 수 있다. 물론 이러한 능력은 하루아침에 얻어지지 않기 때문에 많은 노력과 경험이 필요하다고 할 수 있다.

3. 발표의 유형

발표는 그 목적에 따라 편의상 크게 설명 발표와 설득 발표로 구분된다. 이 두 가지는 흔히 업무나 수업의 학습과정에서 이루어지는 발표로, 개인이나 혹은 팀이 발표문을 준비하여 발표하게 된다. 경우에 따라서는 이 두 가지를 같이 사용하는 것이 더 효과적일 수도 있다.

1) 설명 발표

설명을 위한 발표는 한마디로 정보를 제공하는 발표다. 그 목적은 서로의 지식을 공유함으로써 다른 사람들과 서로 이해를 창출하는 것이다. 설명 발표에서는 자신이 가진 모든 정보를 제공하려 하면 자칫 지루해질 수 있으므로 필요한 정보만을 선별한 다음 중요한 대목을 강조하며 제공하는 것이 바람직하다. 단지 정보 전달이 목적이므로 듣는 사람의 수준을 고려하여 이해하기 쉬운 용어나 단어를 선택하고, 설명방식을 고심해서 자신이 말하고자 하는 내용을 충분히 전달해야 한다. 설명 발표의 유형에는 물건이나 사람, 사건, 장소에 관해 그 모습을 그림을 그리듯 묘사하는 서술 발표, 어떤 이슈나 개념 혹은 신념에 관해 왜 그러한지를 밝히는 설명 발표, 그 대상이 어떻게 작용하고 가능한지 과정을 보여주는 시범 발표 등이 있다.

2) 설득 발표

설득을 위한 발표의 목적은 청중의 태도나 믿음, 가치관, 행동에 영향을 미쳐 그들의 생각을 바꾸거나, 새로운 가치관에 눈을 뜨게 유도하여 발표자가 유도하는 방향으로 생각하고 행동하게 만드는 것이라고 할 수 있다. 이러한 발표는 상대방을 설득하여 자신의 의견에 동의하게 만드는 것이므로 대개 지도력을 발휘해야 하는 경우에 해당하는 발표라고 할 수 있다. 예를 들어 노인문제의 해결방법으로 고용창출을 주장하는 발표자라면 '일자리를 제공함으로써 생산 활동에 참여하게 하여 우울증 예방과 삶의 질을 높일 수 있다' 는 자신의 신념을 청중에게 설득시켜 상대방의 태도를 변화하게 만드는 것이라고 할 수 있다.

또한 발표자가 원하는 방향으로 상대방이 행동하도록 설득하는 경우도 해당된다. 그런데 이러한 행동 촉구 발표의 경우, 우선 자신의 주제에 관한 정보를 상대에게 제공해야 하며, 문제의 중요성과 해결방안, 그 해결방안의 가치에 관한 동의를 구한 다음에야 상대방의 행동을 촉구하는 목적을 달성할 수 있다. 예를 들어 체벌의 부당성에 관하여 발표할 경우, '체벌이 필요악이라고 믿는 사람들도 있지만 체벌은 감정개입의 여지가 다분하기 때문에 객관성이나 공정성에서 비교육적이다', '체벌이 행해질수록 학생과 교사가 폭력에 익숙해져 체벌이 더 심화 된다', '체벌은 학생에게 경우에 따라 정당화될 수 있다는 생각을 학습시켜 모방을 통한 사회화가 이루어진다' 등등의 이유를 들어 체벌을 반대하는 경우가, 상대로 하여금 체벌을 하지 않도록 행동을 촉구하는 발표라고 할 수 있다. 이 경우에는 설명 발표와 설득 발표의 특징을 둘 다 갖는다.

4. 발표의 구성요소

성공적인 발표를 위해서는 반드시 발표자, 청중, 전달하고자 하는 메시지 그리고 피드백이 있어야 한다.

1) 발표자

발표를 행하는 주체로서 발표자는 발표의 주제에 대하여 조사하고 자료를 조직하고 메시지를 전달하는 과정에서 반드시 청중의 요구와 특성 그리고 발표의 조건을 고려해야 한다. 아울러 신뢰감을 주어야만 설득이라는 목적을 달성할 수 있다는 것을 잊어서는 안 된다. 발표의 세 요소인 논리적, 윤리적, 감정적 요소가 잘 조화를 이루어야 청중을 설득할 수 있다.

2) 청중

청중은 발표를 듣고 그 내용에 대해 공감하기도 하지만 반대되는 의견을 가질 수도 있다. 따라서 발표자가 의도한 메시지는 청중에게 그대로 전달되지 않는다. 메시지는 청중의 지식과 경험, 가치, 태도 등에 의해 만들어진 기준에 의해 걸러지므로, 청중도 선입견을 갖지 않고 발표자의 발표를 존중하여 열린 마음으로 경청하는 자세를 가져야 한다. 만일 청중이 시의적절한 질문을 통해 발표자가 가지고 있는 것들을 끌어낸다면 발표의 효과를 더욱 높일 수 있다. 청중의 적극적인 참여가 없다면 발표자가 제 역할을 다해도 발표의 의미가 퇴색될 것이다.

3) 메시지

메시지는 발표자가 청중에게 전달하는 발표 내용을 말한다. 충실한 내용을 전달하기 위해서는 발표주제에 대한 많은 지식과 정보가 필요하며, 그 내용을 효과적으로 전달하기 위해서는 이해력, 판단력, 창의력 등이 요구된다. 발표자가 많이 알고 있어도 제대로 표현하지 못한다면 설득력이 떨어질 것이다. 전달기술이 부족하면 내용이 아무리 좋아도 산만하고 기억에 남지 않는 발표가 되기 쉬우므로 전달하는 기술에도 신중을 기하지 않으면 안 된다.

4) 피드백

피드백은 청중이 발표자에게 보내는 반응이다. 발표는 발표자와 청중이 서로 교감하는 양방향 의사소통이기 때문에 발표자는 청중을 의식해야 한다. 즉 청중이 몰입할 수 있도록 유도하는 것은 물론, 청중의 반응을 시시각각 체크하여 진행에 반영하는 순발력을 발휘해야 한다. 청중을 설득하기 위해서는 발표를 준비하는 단계에서부터 청중의 시각으로 보는 것도 중요하다. 발표자는 청중을 위해 무엇을 어떻게 말해야 할지를 알아야 하고, 어떻게 보여줄 것인가에 대해서도 고민해야 한다. 발표가 청중의 입장에서 생각하고 행해진다면 경쟁력 있는 훌륭한 발표가 될 것이다.

학습정리

1. 발표는 청중을 효과적으로 설득할 수 있는 의사소통 방법이다.
2. 발표에는 설명 발표와 설득 발표가 있다.
3. 발표는 발표자, 청중, 메시지, 피드백으로 이루어진다.

제 2 절

발표 준비

학습목표	1. 발표 준비를 어떻게 하는가를 안다. 2. 발표문 작성 방법을 안다. 3. 파워포인트 작성기법을 익힌다.
기본개념	주제 선정, 정보수집과 자료 분석, 설득을 위한 시나리오, 발표문 작성, 파워포인트 작성

발표준비는 어떻게 해야 할까? 발표자가 청중에게 비호감을 주는 경우 실패하는 발표자가 될 수 있으므로, 어떤 경우에 비호감을 주게 되는지부터 알아보기로 하자.

- 청중의 목적에 맞지 않는 주제로 양방향이 아닌 일방적인 발표가 되었을 때
- 발표자가 예전의 경험만 믿고 준비에 소홀했을 때
- 청중의 지적 수준을 파악하지 않은 채 자신의 전문성만 믿고 덤볐을 때
- 청중의 수준을 고려하지 않은 채 충분한 설명 없이 전문 용어를 남발할 때
- 발표자가 준비한 내용을 국어책 읽듯이 읽어나갈 때
- 자료를 신뢰할 수 있는 근거가 부족할 때
- 주어진 시간을 초과하거나, 지루하게 진행할 때

이러한 요인들은 청중을 실망시켜 실패하는 발표를 만든다. 발표에 성공하기 위해서는 한마디로 충분히 준비해야 된다는 것을 알 수 있다. 그렇다면 어떻게 하면 발표준비를 철저히 잘 할 수 있을까? 발표가 결정되면 발표를 위한 전체적인 밑그림을 그리는 작업이 선행되어야 한다. 이러한 밑그림은 일종의 기획으로 단계별 과정을 따라 이루어진다. 이제 기획의 단계별 과정은 다음과 같다.

1. 주제 선정

발표를 기획함에 있어서 가장 먼저 해야 할 일은 주제를 정하는 일이다. 과제를 명확히 하는 것으로 일종의 아이템 선정이라고 할 수 있다. 자신의 의사와 상관없이 주제가 외부에서 주어질 경우라 할지라도, 자신이 원하는 방향으로 주제를 세부적으로 조정할 필요가 있다. 주제가 구체적으로 명료하지 않으면 준비과정에서 어려움이 있을 뿐만 아니라 기대한 만큼의 효과를 얻기도 힘들기 때문이다. 주제를 선정하는 일에서 발표의 성패가 일차적으로 결정된다는 사실을 고려하여 신중하게 선택해야 한다. 주제를 선정할 때 다음 사항을 고려하면 도움이 된다.

- 청중의 규모, 지식수준, 그 구성의 동질성 등을 분석한다.
- 청중의 주제에 대한 관심이나 우호도 등을 고려한다.
- 평소에 관심 있거나 자신 있는 주제로 정하는 것이 좋다.
- 발표자의 능력을 고려하여 자신이 해결할 수 있는 주제로 정한다.
- 발표 시간을 고려하여 주어진 시간 내 다루기에 적절한 주제로 선정한다.
- 참고 자료가 충분한 주제가 성공할 확률이 높다.
- 자신의 경험, 관심, 취미, 기술, 신념 등에 관한 세부 사항들을 참고한다.

주제를 선정한 다음에는 발표의 목적을 정한다. 즉 그 주제에 관한 정보를 전달하는 것이 목적인지, 아니면 청중을 설득하는 것이 목적인지를 고려하여 개괄적 방향을 정한다. 개괄적 목적이 정해지고 나면 구체적인 목적을 정한 다음, 발표의 핵심 메시지를 만들어 본다. 이해를 돕기 위하여 '체벌 금지'에 관한 설득 발표의 주제 선정 과정을 구체적으로 살펴보기로 하자.

① 주제: 학교 체벌 금지
② 개괄적 목적: 체벌은 폭력이므로 학교 내에서 금지해야 한다는 것을 청중에게 인식시키고 설득하기 위하여
③ 구체적 목적: 체벌은 과정상 감정개입의 여지가 다분하기 때문에 객관성이나 공정성에서 비교육적이고, 체벌이 자주 행해질수록 학생과 교사가 폭력에 익숙해져 체벌이 더 심화되며, 경우에 따라 학생에게 체벌의 정당성을 학습시켜 모방을 통한 사회화가 이루어질 수 있다는 것을 인식시키기 위하여
④ 핵심 메시지: 학교에서 체벌은 전면적으로 금지되어야 한다.

2. 정보 수집과 자료 분석

이와 같이 주제와 구체적 목적, 핵심 메시지가 정해지고 나면, 다음 할 일은 주제와 관련된 자료를 수집하는 일이다. 정보 제공이 목적일 경우 새로운 정보가 담긴 자료를 찾아야 하고, 설득이 목적일 경우 주장을 정당화할 수 있는 논거를 찾는 것이 좋다. 자료 수집을 충분히 해야 좋은 발표 내용을 준비할 수 있다. 즉 자료 수집은 폭넓게 할수록 좋은데, 자료가 다양할수록 설득력 있는 논리를 개발할 수 있기 때문이다. 뿐만 아니라 자료를 깊게 이해할수록 현장 대응력도 높아진다. 많은 자료를 모아 면밀한 분석을 통해 정리와 요약을 한다면 발표 시에 청중으로부터 어떤 질문을 받아도 대응할 수 있기 때문에 발표에 대한 심리적인 안정감과 자신감도 가질 수 있다. 자료를 모을 때 각 분야의 전문가나 경험자의 도움을 받는다면 완성도를 높일 수 있다. 또한 자료는 누구나 쉽게 이해하고 일반적인 내용을 담은 것이 좋다. 검증이 가능한 현실적인 자료, 사실적인 근거를 갖춘 객관적 자료, 주제와 관련성이 많고 일반적인 공감을 얻을 수 있는 자료가 좋은 자료이다. 자료를 수집할 수 있는 일반적인 경로를 찾아보면 다음과 같다.

① 도서관 이용:도서관은 각종 백과사전, 신문, 논문, 기록 등의 보고여서 잘 활용하면 원하는 자료를 손쉽게 찾을 수 있다.

② 인터넷 활용: 주제에 관한 핵심 용어를 검색하여 필요한 자료를 선별한다. 많은 정보가 혼재되어 있으므로 자신의 관점에 맞는 정보를 선별하여 사용한다. 신뢰할 수 있는 정보인지도 반드시 확인해야 한다.

③ 설문조사: 여러 사람의 의견이나 생각을 근거로 사용할 경우 설문조사를 할 수도 있다. 설문지를 작성할 때 설문 대상, 설문 방법, 설문 내용에 대하여 철저하게 고려해야 한다. 특히 질문 내용과 문항을 어떻게 설정하느냐에 따라 결과가 달라질 수 있으므로 설문지 만드는 과정에 주의해야 한다. 설문조사가 끝나면 자료를 분석하여 종합 평가한다.

④ 인터뷰: 주제와 관련하여 특별한 정보나 지식을 가진 적합한 인물을 선정하여 인터뷰 한다. 어떤 질문을 할 것인지를 미리 준비하여 만나는 것이 바람직하고, 인터뷰한 내용을 정확하게 기록하여 그 내용을 검토하고 정리해야 한다.

⑤ 관련기관 문의: 필요하다면 관련기관에 문의하여 전문적인 정보를 의뢰할 수도 있다. 이 경우 자신의 신분과 원하는 정보, 정보의 사용목적을 명확하게 밝혀야 자료를 제공 받을 수 있다.

이렇게 자료가 수집되면 자료에 대한 분석을 통해 발표자 자신의 것으로 만들어야 한다. 이를 위해선 자료에 대한 이해력, 분석력, 판단력을 갖추어야 한다. 수집한 자료가 모두 발표에 쓰일 자료는 아니기 때문에 꼼꼼하게 자료를 걸러낼 필요가 있다. 발표 의도에 맞춰 자료를 걸러내면 효과적이다. 분석이 끝나면 자료를 정리해야 하는데, 기준을 정해서 표를 이용하여 정리하면 한 눈에 보이기 때문에 효과적이다. 이렇게 정리하는 과정에서 분석 자료의 핵심을 요약하여 정리하면 청중에게 핵심만 일목요연하게 전달할 수 있어 발표내용을 쉽게 이해할 수 있다.

3. 설득을 위한 시나리오

효과적으로 상대방을 설득하기 위해서는 정교한 시나리오를 짜는 것도 중요하다. 설득의 성공 여부는 청중의 마음의 변화 여부에 달려 있기 때문에, 청중의 마음을 변화시키기 위해서는 지적이면서 감정적인 동기가 주어져야 한다. 즉 논리적, 윤리적, 감정적 요소가 조화를 이룬 발표를 해야 한다. 합리적인 메시지, 발표자가 주는 신뢰감, 청중의 감정적 호응이 설득의 세 요소임을 잊지 말자. 논리적으로 청중을 확신시키고 감정의 도움으로 그것을 공고히 하는 전략이야말로 최상의 설득 방법이다. 다시 말해 충분한 정보와 자료를 토대로 이성적 확신을 주고, 발표자의 인격적 특성을 통해 청중의 신뢰를 이끌어내며, 그들의 감정에 호소함으로써 호응을 얻어내는 전략이라고 할 수 있다. 성공적인 발표를 위해서 발표 주제를 이 세 가지 요소가 잘 어우러진 모습으로 구조화하는데 주의를 기울여야 한다. 가령 앞서의 '학교체벌 금지' 주제로 시나리오를 짜는데 있어서 잘못된 체벌로 인해 되돌릴 수 없는 결과를 가져온 사례를 제시한다거나, 교사에게 학생의 잘못에 대해 제재를 가할 권위를 부여하는 것은 당연하지만 교사도 인간이기 때문에 간혹 잘못된 판단을 할 수도 있다는 것, 체벌보다는 선생님의 사랑어린 대화가 더 효과적일 수 있다는 점 등을 강조하는 것도 전략일 수 있다.

4. 발표문 작성

발표를 청취하는 청중은 각자 나름대로의 가치관과 지식체계를 가지고 있기 때문에, 발표자가 자신들의 생각에 부합하지 않는 주장이나 정보를 제공할 경우 발표를 무시하거나 관심을 돌리게 된다. 따라서 성공적인 발표를 위해서는 반드시 청중을 분석하여 적절한 발표문을 작성해야 한다. 수업에서의 발표의 경우, 학우에 대한 파악이 대체로 잘 되어 있다고 볼 수 있기 때문에 청중에 대한 분석의 부담은 줄어들 것이다.

발표의 주제와 핵심 메시지가 정해지고 시나리오가 구성되면 구체적인 발표문을 작성하기 시작한다. 발표문은 서론, 본론, 결론의 3단 구성이 가장 일반적이면서 설득력도 있기 때문에 서론, 본론, 결론에 어떤 내용을 담을 것인지를 간단히 알아보면 다음과 같다.

1) 흥미와 관심을 유발시키는 서론

서론의 주된 목적은 핵심 주제를 청중에게 정확하게 전달하는 것이다. 청중의 궁금증을 유발하여 다음 내용에 집중하도록 하는 전략으로, 핵심적인 내용만 간략하고 정확하게 표현한다. 즉 주제와 목차, 주제를 선택한 이유, 배경, 이론 등을 간단하게 언급하면 된다.

2) 주제를 논리적으로 설득하는 본론

본론의 목적은 서론에서 제시한 핵심 주제와 목표에 청중이 공감할 수 있도록 구체적인 내용을 논증으로 제시하여 설득하는 것이다. 청중이 이해하기 쉽도록 최종주장과 소주장들을 제시하고, 그 소주장들을 포함하는 각각의 논증을 만든다. 다시 말하면, 핵심 주제인 최종주장과 최종주장을 뒷받침하는 소주장들로 이루어진 주논증을 제시하고, 다시 소주장을 정당화하기 위한 근거나 근거자료를 제시함으로써 소논증들을 구성한다. 그 다음, 근거들의 신뢰성 여부를 근거자료를 통해 점검한 후, 근거와 소주장의 지지관계를 검토하여 연역논증인지 귀납논증인지를 분석한다. 소주장들과 최종주장의 지지관계 역시 검토한다. 이때 실제적 사례를 그림이나 영상을 통해 제시하면 청중의 이해를 돕는데 효과적이다.

3) 내용을 요약하는 결론

결론의 역할은 서론, 본론의 내용을 간단명료하게 요약하여 다시 한 번 설명해줌으로써 청중이 전체 내용을 정리할 수 있게 도와주는 것이다. 한마디로 최종 주장을 통해 해결방법을 제시하는 것이 포인트다. 소주장의 키워드를 중심으로 최종주장에 대한 근거를 정리하여 주논증을 다시 한 번 언급하면 된다.

발표 시간이 한정되어 있으므로 발표문 작성 시에도 시간 배분을 적절히 하는 것이 중요하다. 서론이 너무 길면 상대적으로 본론과 결론을 서둘러서 끝내야 되므로 서론은 짧게 쓰는 것이 좋다. 본론은 서론과 결론에 비해 길 수 밖에 없지만 너무 장황하면 지루해져서 청중의 집중력이 떨어진다. 결론이 너무 길면 핵심을 놓칠 수 있으므로 결론은 짧고 강렬한 것이 좋다. 일반적으로 서론 약 15%, 본론 약 60%,

결론 약 15%의 양으로 배정하고, 남은 시간은 보충 설명이나 질문 등에 사용하는 것이 바람직하다고 하겠다.

5. 파워포인트 작성

발표, 즉 프레젠테이션은 발표문으로 하지 않는다. 프레젠테이션을 위해서는 발표문을 근거로 파워포인트를 작성해야 한다. 그러니 파워포인트 작성기법도 공부하지 않으면 안 된다. 발표목적이 정보제공인 경우의 프레젠테이션에서는 파워포인트의 화면을 자세하게 구성하고 발표는 간단하게 하는 것이 좋고, 설득을 위한 프레젠테이션일 경우에는 화면 구성은 간단하게 하고 설명을 자세하게 하는 것이 효과적이다. 다음은 파워포인트와 슬라이드를 작성할 때 주의해야 할 사항이다.

1) 효과적인 파워포인트 작성기법

① 제목은 발표내용을 한눈에 보여줄 수 있으면서도 눈길을 끌만큼 강렬하게 정보를 전달할 수 있는 명확한 메시지로 표현하는 것이 좋다.

② 목차는 앞으로 진행될 프레젠테이션의 내용을 청중에게 한눈에 보여주는 것으로, 목차만 보아도 전체 논리의 흐름과 결론이 무엇인지를 짐작할 수 있어야 한다.

③ 청중에게 핵심 메시지를 어떻게 전달하는 것이 효과적인지 아이디어를 구상한다.

④ 메시지를 효과적으로 전달하기 위하여 주장을 먼저 말하고 근거를 제시한 다음 구체적으로 근거사례를 들어 입증한다. 한마디로 훌륭한 논증을 제시하는 것이다. 근거자료가 너무 적거나 너무 많아도 안 된다. 적으면 설득력이 떨어지고 많으면 과장되게 보일 수 있으므로 적당량을 사용한다.

⑤ 너무 많은 정보는 지루함을 주어서 오히려 해가 되므로 너무 길게 말하지 않는다. 양보다는 질이 중요하다.

⑥ 듣기만 하는 것보다는 보면서 들으면 더 많이 기억된다고 한다. 시각 자료의

사용은 한 눈에 의미전달이 되고, 기억이 잘 되며, 집중력을 강화하고, 객관적인 느낌을 주어 공감을 쉽게 얻어내는 장점이 있으므로 시각자료를 적절히 사용한다.

⑦ 간결하고 주장을 강하게 뒷받침할 할 수 있는 자료들을 사용한다.

⑧ 주요 메시지를 돋보이게 정리한다. 단순화시킬수록 메시지는 더 강해진다. 단순화와 명료화가 핵심이다.

⑨ 멋지고 화려하게 만드는 것보다 보색 대비를 활용한 색상 배치와 글자 크기 및 글의 위치를 효율적으로 잘 배분하여 한 눈에 쏙 들어오도록 슬라이드를 구성한다.

2) 슬라이드 작성기법[23]

① 슬라이드 안에 전달하려는 메시지가 제대로 표현되어 있어야 한다.

② 가독성을 고려하여 글자의 크기와 글꼴을 선택한다. 장소에 따라 차이는 있겠지만 눈길을 끄는 것보다 내용전달이 우선이므로 두세 가지 글자체만 사용하며 24~28포인트 정도의 폰트를 사용하는 것이 바람직하다.

③ 정보를 지나치게 많이 담지 않는다. 정보가 너무 많으면 발표자가 논리적으로 전개하기도 힘들지만 청중도 이해하기 쉽지 않다. 화면에 들어갈 수 있는 분량만 담고 나머지는 말로 설명하는 것이 좋다.

④ 색상을 적절하게 배합한다. 너무 단순하면 지루하고 너무 현란하면 집중력이 떨어진다. 같은 색 계열은 차분하게 동화되고 반대색 계열은 강하게 대비되므로 심리적인 효과를 최대로 이용한 색상 배합을 생각하자.

⑤ 시각적 효과를 줄 수 있는 매체, 즉 그래프, 일러스트, 사진 등을 사용하면 효과적이다. 이미지는 한 눈에 내용이 파악되는 장점이 있으므로 적극적으로 활용한다. 백 마디 말보다 그림 하나가 효과를 발휘하기도 한다.

⑥ 키워드를 중심으로 구성한다. 키워드는 짧은 시간 안에 핵심을 전달할 수 있는 단어로, 겉으로 들어난 현상뿐 아니라 본질까지도 설명이 가능해야 한다. 모든 메시지들을 동일하게 취급하면 안 된다.

⑦ 슬라이드 하나에 메시지 하나씩 배치한다. 한 슬라이드에 몇 가지 메시지를 동시에 담으면 명료한 전달과 빠른 이해에 도움이 되지 않는다.

⑧ 화려함보다 단순함이, 복잡함보다 간결함이 우선이다. 슬라이드 내용을 시선이 분산되지 않고 메시지에 집중할 수 있도록 단순 간결하게 정리한다.

⑨ 전달내용이 직관적이고 명쾌하게 이해될 수 있도록 문자, 도형, 그림, 사진 등을 잘 배치해야 한다. 산만하지 않고 전체적인 균형과 조화가 이루어지도록 구성한다.

3) 파워포인트 구성 사례

다음은 '학교체벌 금지'를 주제로, 설득을 목표로 하여 제작된 파워포인트 사례다. 논증구성과 그 정당화 과정이 어떻게 이루어지는지 잘 살펴보자.

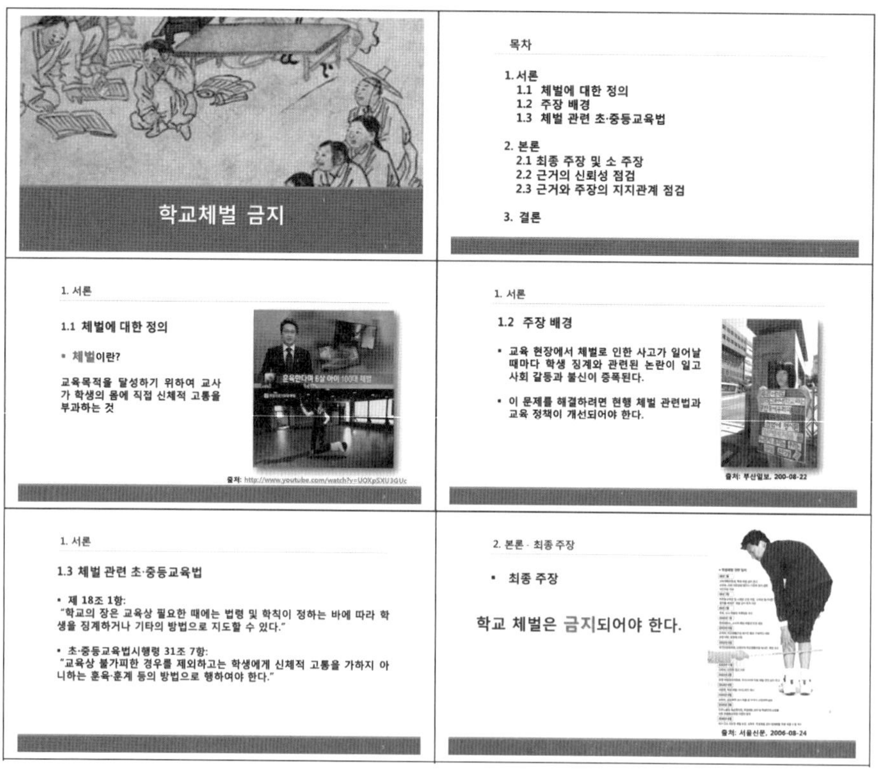

2. 본론 – 소 주장

소 주장1 - 체벌은 교육적 의미를 상실한다.
근거1: 신체 상해를 입힐 위험이 있다.
근거2: 교사의 감정 개입으로 공정성, 객관성을 상실할 수 있다.

소 주장2- 체벌은 학생의 인권을 보호하는 참교육이 아니다.
근거1: 체벌은 학생의 신체의 자유 및 인격권을 침해한다.
근거2: 참교육은 학생의 인권을 세우는 데서 시작된다.

---

2. 본론 - 소 주장

소 주장3- 체벌보다 훈육이 더 효과적이다.
근거1: 체벌은 역효과를 낸다.
근거2: 칭찬은 학생의 능률을 향상시킨다.
근거3: 대화가 더 효과적이다.

소 주장4 – 체벌을 대체하는 것들이 있다.
근거1: 방과후 '성찰교실'로 문제학생을 총체적으로 관리한다.
근거2: 학교 구성원 간 민주적 의사 결정을 통해 학교별 실정에 맞는 학생 생활교육 프로그램을 운영한다.

---

2. 본론 - 근거의 신뢰성 점검

- 소 주장1- 체벌은 교육적 의미를 상실한다.

- 근거1: 신체 상해를 입힐 위험이 있다.
- 근거자료1: 서울 강서구 내 고등학교서 수학 교사가 "숙제 안 해왔다" 고 앉았다 일어서기 800번 시켜 허벅지 근육이 파열되고 내장이 손상되는 사고 발생. 병원 "장기도 심각하게 손상, 심할 땐 평생 신장 투석해야" -한국일보 기사 2014. 06. 25-
- 근거자료2: 청주의 한 중학교 특수 교사가 특수학급 지적 장애 학생을 때려 고막 파열과 쇄골 관절이 탈구돼 과잉체벌 논란이 일고 있다. - 충북일보 2014. 07. 17-

- 근거자료 1과 2에 의거하여 체벌이 신체 상해를 입힐 위험이 있다는 주장이 잘 증명되고 있으므로, 근거1은 신뢰할 수 있다.

---

2. 본론 - 근거의 신뢰성 점검

- 소 주장1- 체벌은 교육적 의미를 상실한다.

- 근거2: 교사의 감정 개입으로 공정성, 객관성을 상실할 수 있다.

- 근거자료1: "체벌의 동기를 표면적으로는 교육적 염려와 사랑이라고 말하지만 실제로는 감정적이고 충동적이어서 과잉체벌을 하는 경우가 많다. 또 체벌이 대부분 교사들의 주관적인 판단에 의해 이뤄지는 것은 문제다. 이은옥(인간교육실현학부모 공동대표) - 동아일보 1995.01.05-

- 근거자료2: 대전중구 A고교 3학년 담임교사는 오전 8시 이전에 등교하라는 지시를 어긴 담임학급 학생 B양에게 체벌을 가했다. B양이 반발하자 체벌을 가한 교사는 또 다시 해당 학생의 뺨을 때려 고막의 일부를 손상시켰다. - 중도일보 2014. 11. 10-

---

2. 본론 - 근거의 신뢰성 점검

- 근거자료3: 2004년 대법원 판례에 따른 '용인되지 않는 체벌'
✓ 체벌의 교육적 의미를 알리지 않은 채 교사의 성격·감정에서 비롯되거나
✓ 공개적으로 체벌이나 모욕을 가하는 지도행위
✓ 학생의 신체나 정신건강에 위험한 물건이나 교사의 신체를 이용해 부상의 위험성이 있는 부위를 때리거나
✓ 학생의 성별, 연령, 개인적 사정에 따라 견디기 어려운 모욕감을 주는 행위

- 근거자료1, 2, 3이 교사의 감정개입으로 체벌의 공정성과 객관성이 상실될 수 있다는 것을 충분히 증명하고 있으므로 근거2는 신뢰할 수 있다.

---

2. 본론 - 근거의 신뢰성 점검

- 소 주장2- 체벌은 학생의 인권을 보호하는 참교육이 아니다.

- 근거1: 체벌은 학생의 신체의 자유 및 인격권을 침해한다.

- 근거자료1: 국가인권위원회, 간접체벌도 인권을 침해할 소지가 있다 하여 '초·중등교육법 시행령'에 반대 의견 표명 -YTN, 2011. 03. 03-

- 근거자료2: 교사가 자율학습 시간에 바둑을 두었다는 이유로 학생들을 흉기의 등부분으로 왼팔 어깨와 허벅지 등을 2대씩 때리는 과정에서 한 학생이 오른쪽 허벅지 안쪽을 찔려 4㎝가량이 찢어졌다. 인권교육센터 관계자는 "교사가 흉기로 학생들을 체벌하고 상해를 입힌 것은 학생 신체의 자유 및 인격권을 침해한 중대하고 심각한 인권침해 행위"라고 밝혔다. -한국일보, 2014.12.08-

---

3. 본론 - 근거의 신뢰성 점검

- 근거자료3:
- 서울학생인권조례
"체벌·따돌림 등 모든 물리적, 언어적 폭력으로부터 자유로울 권리 보장"

- 학생 345명이 꼽은 인권침해 사례

<출처: 경향신문, 2013-01-24 >

---

2. 본론 - 근거의 신뢰성 점검

- 근거자료4: 전국교직원노동조합 -서울·경기지역 초·중·고 교사 510명을 대상으로 설문조사
- 체벌금지와 학생인권조례 정책이 교육적으로 바람직하다.- 89.4%
- 체벌금지 이후 학생 지도가 더 어려워졌는가?- 57.2%가 그렇지 않다.
- 체벌이 효과적인 수단이다.- 14.7%
- 교육적 지도방안을 활용하고 체벌은 하지 않는 것이 바람직하다. - 87.2%

<출처: 세계일보, 2011-04-20>

체벌금지, 학생인권조례 정책에 대한 평가

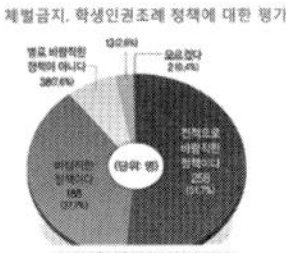

자료: 전국교직원노동조합

- 근거자료1,2,3,4가 체벌이 학생의 인권을 침해한다는 것을 증명하므로 근거1은 신뢰할 수 있다.

---

2. 본론 - 근거의 신뢰성 점검

- 소 주장2- 체벌은 학생의 인권을 보호하는 참교육이 아니다.

- 근거2: 참교육은 학생의 인권을 세우는 데서 시작된다.

- 근거자료1: 인권조례가 "시간이 지날수록 체벌·명령으로 점철된 학교문화가 교사와 학생 간, 학생과 학생 간의 소통문화로 바뀌고 있다는 평가도 받는다." - 경향신문, 2013. 01. 24-

- 근거자료2: "체벌이 없어지면서 아이들이 떠들면 선생님이 무조건 '너 나와' 하고 혼내던 것에서 대화하는 분위기로 많이 바뀌었다.", "학교에 들어갈 때 두렵지 않고 당당하다는 게 인권조례 전후 나의 가장 큰 차이이다."(서울 강북구 고교, 임수용(17세)) - 경향신문, 2013. 01. 24-

---

2. 본론 - 근거의 신뢰성 점검

- 근거자료3: "어려서부터 서로 존중하고 배려하는 인권교육을 제대로 할 때 교육도, 사회도 살아날 수 있다고 생각합니다."
(서울 항동 유한공고 정동혁 교사) - 경향신문, 2013. 01. 24-

- 근거자료 1,2,3이 참교육은 인권의 성립에서 시작됨을 잘 보여주므로 근거 2도 신뢰할 수 있다.

<출처: 참 세상, 2012-01-11 >

2. 본론 - 근거의 신뢰성 점검

- 소 주장3- 체벌보다 훈육이 더 효과적이다.
- 근거1: 체벌은 역효과를 낸다.

- 근거자료1: 부모의 말을 안 듣는 아이에게 체벌을 가하거나 소리를 지르면 아이의 행동이 더 나빠진다. 런던정치경제대학 연구진, 아이들 19,000여명의 사례 분석 -2014. 04. 08일 영국 데일리 메일

- 근거자료2: 미국 하버드대, 일본 쿠마모토대에서 체벌이 뇌에 직접적으로 미치는 영향 연구(SBS, 2008.11.07)
  - 4살부터 15살까지 체벌을 한 달에 한 번, 3년 이상 받은 남녀 연구
  - 또래에 비해 뇌의 용적이 80% 정도에 불과
  - 특히 의욕, 집중력, 주의력을 관장하는 뇌의 전두엽 부분이 19% 더 작음

- 근거자료1,2가 체벌이 역효과를 낸다는 것을 증명하므로 근거1은 신뢰할 수 있다.

2. 본론 - 근거의 신뢰성 점검

- 소 주장3- 체벌보다 훈육이 더 효과적이다.
- 근거2: 칭찬은 학생의 능률을 향상시킨다.

- 근거자료1: 로젠탈(하버드대 심리학과) 효과- 칭찬의 긍정적 효과
  - 샌프란시스코의 한 초등학교에서 20%의 학생들을 무작위로 뽑아 그 명단을 교사에게 주면서 지능지수가 높은 학생들이라고 말함. 8개월 후 명단에 오른 학생들이 다른 학생들보다 평균 점수가 높았다. 교사의 격려가 큰 힘이 되었기 때문 -한경 경제용어 사전-

- 근거자료2: 피그말리온 효과 - 기대와 칭찬의 힘
  - 교육현장에서 교사나 책임자가 기대하는 대로 학생과 직원들의 능률이 오르는 심리적 현상
  - 개인의 성장에는 그에 대한 믿음과 기대가 선행되어야 한다.

- 근거자료1,2가 근거2를 잘 뒷받침하므로 신뢰할 수 있다.

2. 본론 - 근거의 신뢰성 점검

- 소 주장3- 체벌보다 훈육이 더 효과적이다.

- 근거3: 대화가 더 효과적이다.

- 근거자료1: 체벌은 사회가 요구하는 대화문화에 어긋난다.

- 근거자료2: 교사와 학생간의 교육적 대화는 교육적 효과를 위해 매우 중요한 요소다.

"체벌 대신 대화를 하다 보니 처음엔 지도에 시간도 걸리고 불편하기도 했으나, 선생님과 학생간의 관계가 좋아지고 갈등이 사라져 생활지도에 효과가 커졌다." - 홍덕고 이만주 학생복지부장-

- 근거자료 1,2가 체벌 보다는 대화가 더 효과적이라는 것을 보여주므로 근거3은 신뢰할 수 있다.

2. 본론 - 근거의 신뢰성 점검

- 소 주장4- 체벌을 대체하는 것들이 있다.

- 근거1: 방과후 '성찰교실'로 문제학생을 총체적으로 관리한다.

- '성찰교실'이란?
  - 벌점을 20점 이상 받은 학생들이 특정 장소에 모여 방과후에 보충학습을 하는 곳. 흡연교육과 진로교육도 한다. 수업태도가 산만한 학생들에겐 성격 검사까지 진행한다.
- 성찰교실의 효과
  - 사제간의 진지한 대화가 가능하다.
  - 상담 전문가를 배치하면 더 효과적이다.

<출처: 한겨레, 2010-12-14>

2. 본론 - 근거의 신뢰성 점검

- 근거자료1: '성찰교실'

● 고등학교 성찰교실 상담 유형별 비율 (단위:%)

항목	비율
진로·학업 고민 상담	14.3
무단결석 및 지각	14.3
수업태도 불량	12.2
용의·복장	11.3
심리·정신건강 문제	8.5
흡연	8.3

<출처: 서울경제, 2011-03-18>

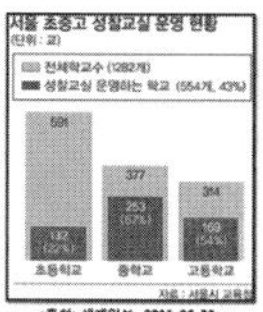

<출처: 세계일보, 2011-06-23>

- 근거자료1('성찰교실')이 체벌을 대체하는 것의 증거가 될 수 있으므로 근거1은 신뢰할 수 있다.

2. 본론 - 근거의 신뢰성 점검

- 소 주장4- 체벌을 대체하는 것들이 있다.

- 근거2: 학교 구성원 간 민주적 의사 결정을 통해 학교별 실정에 맞는 학생 생활교육 프로그램을 운영한다.

- 근거자료1: 전동중학교의 학생 자치법정 사례
  - 2014년 인성교육 우수학교로 선정

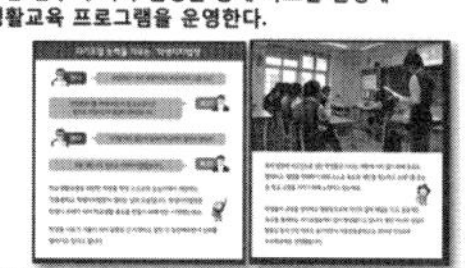

2. 본론 - 근거의 신뢰성 점검

학생자치법정 그 뒷이야기

- 근거자료2: "작년에 학생 자치법정에 참가하였던 대부분의 친구들이 다시 참여하기를 희망한 것에서도 볼 수 있듯이, 자치 법정은 실제 법정과 같은 엄숙함이 아니라 흥미를 갖고 참여하는 과정이다. 과벌점자와 재판에 참여 하는 학생들은 서로 적대적인 관계이거나 비판하는 것이 아니라 과벌점자는 반성의 기회를 갖게 되고, 참여자들은 재판 과정을 통해 배우는 것이 많아 모두에게 도움이 된다."

송파중학교 생활지도부장 한희언(huhan@hanmail.net)

- 근거자료1,2가 체벌을 대체하는 것의 증거가 될 수 있으므로 근거2도 신뢰할 수 있다.

2. 본론 – 근거와 주장의 지지관계 점검

- 소 주장1 정당화

근거1: 신체 상해를 입힐 위험이 있다.
근거2: 교사의 감정 개입으로 공정성, 객관성을 상실할 수 있다.
소 주장1: 체벌은 교육적 의미를 상실한다.

- 근거와 주장의 지지관계: 개연적 → 귀납논증
- 근거1, 근거2 모두 소 주장1을 지지하지만, 체벌을 교육의 한 방법으로 생각하여 간접적 체벌을 허용해야 한다고 주장하는 사람들도 있기 때문에 근거들로부터 주장이 필연적으로 도출된다고는 볼 수 없다. 그러나 신체 상해를 입히거나 공정하지 못한 체벌은 교육적 의미를 벗어난다고 볼 수 있는 충분한 이유가 되므로 좋은 귀납논증이다.

2. 본론 – 근거와 주장의 지지관계 점검

- 소 주장2 정당화

근거1: 체벌은 학생의 신체의 자유 및 인격권을 침해한다.
근거2: 참교육은 학생의 인권을 세우는 데서 시작된다.
(생략된 근거): 참교육이라면 학생의 인권을 보호해야 한다.
소 주장2: 체벌은 학생의 인권을 보호하는 참교육이 아니다.

- 근거와 주장의 지지관계: 필연적 → 연역논증
- 근거1, 근거2 그리고 생략된 근거를 모두 승인한다면, 이 근거들로부터 소 주장2가 필연적으로 도출될 수 있으므로 연역논증이라고 할 수 있다. 후건 부정논증이므로 타당한 연역논증이다.

2. 본론 – 근거와 주장의 지지관계 점검

- 소 주장3 정당화

근거1: 체벌은 역효과를 낸다.
근거2: 칭찬은 학생의 능률을 향상시킨다.
근거3: 대화가 더 효과적이다.
소 주장3: 체벌보다 훈육이 더 효과적이다.

- 근거와 주장의 지지관계: 개연적 → 귀납논증
- 근거를 모두 승인한다 할지라도 이로부터 소 주장3이 필연적으로 도출되지는 못하므로 귀납논증이다. 그러나 근거가 주장을 충분히 뒷받침하므로 좋은 귀납논증이라고 할 수 있다.

2. 본론 – 근거와 주장의 지지관계 점검

- **소 주장4 정당화**

근거1: 방과후 '성찰교실'**로 문제학생을 총체적으로 관리한다.**
근거2: 학교 구성원 간 민주적 의사결정을 통해 학교별 실정에 맞는 학생 생활교육 프로그램**을 운영한다.**
소 주장4: 체벌을 대체하는 것들**이 있다.**

- 근거와 주장의 지지관계: 개연적 → 귀납논증
- **근거가 모두 옳다 하더라도 이로부터 소 주장 4가 개연적으로 도출되므로 귀납논증이다. 근거가 주장을 잘 뒷받침하므로 좋은 귀납논증이라고 할 수 있다.**

2. 본론 – 근거와 주장의 지지관계 점검

- **최종 주장 정당화**

소 주장1: 체벌은 교육적 의미를 상실**한다.**
소 주장2: 체벌은 학생의 인권을 보호하는 참교육이 아니다.
소 주장3: 체벌보다 훈육이 더 효과적**이다.**
소 주장4: 체벌을 대체하는 것들**이 있다.**
최종 주장: 학교체벌은 금지**되어야 한다.**

- 근거와 주장의 지지관계: 개연적 → 귀납논증
- **근거들을 모두 승인한다 하여도 이 근거들로부터 최종 주장이 반드시 도출된다고는 볼 수 없으므로 귀납논증이다. 그러나 근거가 주장을 잘 뒷받침하고 있으므로 좋은 귀납논증이라고 할 수 있다.**

3. 결론

- 체벌**은 신체적 고통을 가하고 심리적 좌절감이나 갈등을 유발하는 폭력 행위로서** 결코 교육적 수단이 될 수 없다.
- **체벌은 순간적 효과는 얻을지 몰라도 결국 열등감과 반항심만 키우고 폭력적 성향을 본받게 하므로 그** 효과 또한 의심스럽다.
- **체벌 보다는 학생** 인권 존중**에 관심을 갖고** 자발적인 변화를 이끌어 내는 것이 바람직**하다.**
- **학생의 문제행동에** 효과적으로 대응할 수 있는 지도방안**을 마련하는 것도 방법이다.**

3. 결론

- 체벌금지 대응 서울교육청 매뉴얼

"전면 체벌금지를 시행하고 있는 서울시교육청은 학생의 문제 행동에 교사들이 효과적으로 대응할 수 있는 방안을 담은 체벌금지 매뉴얼을 공개했다. 14일 서울시교육청이 발표한 '문제행동 유형별 학생생활지도 매뉴얼'에는 교실에서 발생하는 문제행동을 총 18가지로 분류하고 있다."

<출처: 동아 일보, 2010-11-15>

제 3 절

발표 실습

학습목표	프레젠테이션 기법을 익히고 실제로 발표를 해 본다.
기본개념	프레젠테이션, 리허설

발표를 준비하는 과정에서는 목적 분석, 청중 분석과 함께 자료 준비를 얼마나 충실히 하는가가 중요한 요소였다. 그러나 발표가 실제로 시작되면 발표 내용과 발표자의 기술이 가장 중요한 요소가 된다. 발표 내용은 이미 준비되었으므로 남은 것은 발표자의 능력이다. 발표기술은 처음에는 쉽지 않겠지만 연습과 경험이 쌓이다 보면 점차로 익숙해진다. 생각을 전달하는 기술은 단기간에 갖춰지는 것이 아니기 때문에 내용을 숙지하는 것 외에도 부단한 연습이 필요하다.

실제 발표 시 발표자가 긴장하여 기억한 내용이 생각나지 않을 수도 있으므로 큐카드를 미리 준비하는 것도 요령이다. 큐카드란 발표자가 그것만 보아도 얼른 내용을 떠올릴 수 있는 중요한 단어나 문구를 중심으로 간단하게 작성된 카드를 말한다. 손에 쥐기에 적당한 크기의 카드를 여러 장 활용하여 작성하되, 읽기 쉽고 눈에 잘 띄도록 최소한의 핵심 낱말이나 어구만 적는다. 또한 실행에 도움이 되는 코

멘트를 적거나 발표가 어느 정도 진행되었는지를 알리는 숫자를 적어두면 시간 배분을 적절히 할 수 있어 차분하게 진행할 수 있다.

1. 프레젠테이션

프레젠테이션은 단순히 발표문을 외우거나 읽는 것이 아니다. 주어진 짧은 시간 안에 자신의 주장을 청중에게 전달하여 청중의 이해와 동의를 이끌어내는 설득작업이다. 이를 위해 발표자는 가만히 서 있기 보다는 능동적인 행동을 함으로써 청중의 관심을 지속적으로 유도하는 것이 바람직하다. 강조와 주장의 시점에서 손과 다리의 움직임을 다양하게 구사하는 것도 하나의 방법이다. 청중이 발표자가 신뢰할 만한지, 계속 이야기에 귀를 기울일 만한 가치가 있는지를 감지하는 것은 첫 2분이라고 한다. 발표자의 첫 마디, 첫 화면에 따라 전체의 흐름이 달라질 수도 있으므로 처음 2분 안에 청중의 마음을 사로잡도록 노력해야 한다. 가장 중요한 것은 발표는 일방적인 커뮤니케이션이 아니라 양방향의 커뮤니케이션이라는 점이다. 청중과의 교감을 이루기 위해 청중과의 눈 맞춤, 호감을 주는 표정, 변화 있는 목소리, 시간 준수, 자연스러운 말투, 적절한 제스처 등은 필수다.

1) 첫 인상

프레젠테이션에서는 첫 인상이 매우 중요하므로 신경을 써서 준비해야 한다. 짧고 적합한 인용을 한다거나 청중이 흥미를 느낄 만한 것을 언급하면서 시작하면 좋다. 부담감과 어색함을 깨고 자연스럽게 청중의 시선을 집중시킬 수 있기 때문이다. 상투적인 방식은 되도록 피하는 것이 좋다. 유명인의 말을 인용하거나 유머로 웃겨주는 것은 좋은 방법이다. 그러나 종교, 정치적 이념, 인종 문제, 개인의 신조, 타인에 대한 험담 등은 청중의 반감을 살 수 있으므로 언급하지 않는 것이 바람직하다.

2) 적절한 목소리

목소리도 중요하다. 정서적인 공감대를 끌어내는 데 가장 효과적이기 때문이다. 분명하고 적절한 음량은 또렷한 인상을 줄 수 있다. 목소리의 고저와 속도, 멈춤, 명료한 발성은 청중의 관심을 집중시키는데 유효하다. 중요한 대목에서는 일부러 음성을 낮추고 말을 멈춘 후 시선을 한두 번 맞추면 효과적이다. 강약과 고저가 있으며 분명하게 들리는 목소리가 좋은 목소리다. 또한 천천히 또박또박 설명할 때와 빠르게 설명할 때를 구분하여 리듬감과 속도감을 조절하는 것도 중요하다. 음성 기복의 변화가 없는 단조로운 형태의 프레젠테이션은 청중을 지루하게 만들어 하품이 나오게 한다. 간혹 학생들 중에 준비해 온 자료에 너무 충실해서 오로지 읽는 수준의 프레젠테이션을 하는 경우가 있다. 아무리 자료가 훌륭해도 재미있게 표현하지 않으면 청중은 쉽게 지루해 하고 따분해져서 그들의 머릿속은 금방 다른 생각으로 가득 차 버린다. 읽지 말고 이야기 하듯 자연스럽게 진행해야 한다.

3) 피드백

지나치게 논리적인 프레젠테이션도 청중을 지루하게 만든다. 논리적임과 아울러 청중의 감성적인 측면을 자극해야 한다. 청중의 반응을 체크하여 진행에 반영하는 순발력을 발휘해야 피드백이 제대로 된다. 청중의 반응을 체크하는 직접적인 방법은 질문하는 것이다. 질문에 적극적으로 대답한다면 바람직한 방향으로 가고 있다는 신호이다. 또 하나는 청중의 몸짓이나 눈빛을 보고 눈치 채는 방법이다. 이해를 못하는 눈빛이면 다시 한 번 설명하고, 지루해 하는 동작이면 유머를 동원해서 시선을 다시 집중시켜야 한다.

4) 연출

프레젠테이션은 무대에서의 연출과도 같다. 표정이나 태도, 제스처 등이 중요하지 않을 수 없다. 일단 좋은 표정은 발표자의 훌륭한 무기다. 좋은 표정이란 얼굴이 밝고 생동감이 넘치는 표정으로 보고만 있어도 상대방의 기분이 좋아지는 그런 표정을 말한다. 긴장하여 너무 서두르지 말고 미소를 띠며 여유 있는 자연스러운 모습을 보여주어야 청중도 편안한 마음으로 듣게 된다. 필요 이상의 급하고 산만한 제스처도 역효과를 낼 수 있으므로 필요할 때만 자연스럽게 하는 것이 바람직하다. 눈은 감정을 표현하는 중요한 수단이므로, 발표자의 눈은 자연스럽게 청중의 눈과 마주쳐야 한다. 청중에게 시선을 맞춘 다음, 시간 간격을 두고 적당히 방향을 바꿔 주는 것이 좋다. 발표자의 눈이 벽이나 허공을 향한다면 신뢰감을 줄 수 없다. 발표자의 가장 훌륭한 태도는 무엇인가? 한마디로 예절을 지키면서 자신감을 보여주는 태도이다.

2. 리허설

이러한 사항들을 숙지하고서 실전에 앞서 리허설을 하는 것이 필요하다. 한번이라도 연습을 해보고 실전에 임하는 경우와 그렇지 않은 경우와는 발표의 성패가 달라진다. 리허설은 실제처럼 해보는 것이 가장 중요하다. 친구를 앞에 두고서 혹은 거울 앞에서 실제처럼 똑같이 해보는 것도 좋고, 녹음기나 비디오 기기를 사용해서 점검해 보는 것도 효과적이다. 사정이 여의치 않으면 실제의 발표 과정을 상상해 보는 것도 차선책이라고 할 수 있다. 이러한 연습과정은 어색한 부분이나 잘못된 부분을 미리 수정할 수 있어서 실제 발표에 임할 때 자신감을 높여준다. 리허설은 몇 번에 걸쳐서 해보는 것이 좋은데, 적어도 한 번은 반드시 시계를 보면서 시간을 조절하는 연습을 병행하는 것이 좋다. 시간이 남거나 부족한지를 체크해서 설명을 좀 더 늘일 부분과 줄일 부분을 미리 결정해 두면 당황할 일이 줄어들기 때문이다.

1) 심리적 불안감 해소

리허설의 장점은 불안감을 해소시켜 준다는 것이다. 발표의 가장 큰 적은 불안감이다. 발표 경험이 별로 없는 학생들의 경우, 다른 사람 앞에 서기만 해도 가슴이 울렁거려 할 말을 제대로 하지 못하는 경우가 대부분이다. 그러나 발표에 직면하여 긴장과 불안을 느끼는 것은 자연스러운 심리반응이다. 대부분의 사람들이 발표에 앞서 불안감을 느낀다. 따라서 그러한 불안증이 모든 사람들이 겪는 보편적인 증상이라고 생각하고 긍정적으로 받아들이면 이를 훨씬 쉽게 극복할 수 있다. 가장 좋은 방법은 발표가 주는 스트레스 상황을 회피하려는 자세보다는 자신의 생각과 능력을 보여줄 수 있는 절호의 기회라고 생각하는 적극적인 자세이다. 또한 적절한 긴장감은 오히려 발표자 내부에서 에너지를 생성하여 민첩하게 사고하고 능동적으로 대처할 수 있는 긍정적인 효과를 줄 수 있으므로, 긴장감이 느껴져도 이를 두려워할 필요는 없다.

2) 내용 숙지

리허설의 또 다른 장점은 예행연습을 많이 해볼수록 발표 자료를 완전히 이해하고 머릿속에 담아둘 수 있어서 불안감이 적어지고 실수할 확률이 적어진다는 것이다. 발표 내용에 대한 이해도가 높아질수록 자신감이 생겨 실전에서 실수하게 되더라도 당황하지 않고 슬기롭게 넘어갈 수 있다. 그러나 만일 암기에 의존해서 발표연습을 한다면 발표 울렁증과 긴장, 잘 해야 된다는 압박감 때문에 시작한지 얼마 되지 않아 기억이 멈춰버릴 수도 있다. 물론 대부분의 사람들은 실수하지 않거나 자신감을 얻기 위해서 발표문을 암기한다. 그러나 기억이 나지 않으면 실수하게 되고, 한번 막히면 모두 막히게 되어 결국 발표를 망치게 된다. 이런 실수를 하지 않기 위해서는 발표문을 몇 개의 부분으로 나누고 각 부분을 이어주는 키워드를 활용해서 연습하거나 큐카드를 활용하는 것이 좋은 해결책이라고 할 수 있다. 발표내용이 생각나지 않을 경우 자연스럽게 시선을 파워포인트 화면으로 돌리거나 큐카드를 확인해서 흐름이 끊기지 않도록 할 수 있다.

발표의 귀재인 스티브 잡스도 2시간 남짓의 신제품 프레젠테이션을 위해 6개월 동안 자료를 준비하고 연습에만 3주를 투자하면서, 주머니에서 제품을 꺼내는 동작에서부터 유머에 이르기까지 철저히 연출했다고 한다. 청중을 설득시키기 위해서 얼마나 많은 연습이 필요한가를 잘 보여주는 예라 하지 않을 수 없다.

학습정리

1. 성공적인 프레젠테이션을 위해서는 연습이 필요하다.
2. 프레젠테이션에서는 첫인상과 적절한 목소리, 피드백을 통한 연출이 중요하다.
3. 연습은 심리적 불안감을 해소하고 내용을 잘 숙지하게 해주어 발표에 대한 두려움을 해소하는데 도움을 준다.

제 5 장

토론하기

개요

이 장에서는 토론을 준비하고 실습할 때, 필요한 기본 요소와 기본 절차를 소개한다. 토론을 준비할 때는 논제 유형에 따라 주장을 설정하고 발표문 준비 네 단계 절차를 밟는다. 토론 실습은 찬성 측과 반대 측이 맞서 토론한 다음, 전체 토론으로 마무리한다.

제 1 절

논제와 주장 설정

학습목표	1. 논제 유형을 구분할 수 있다. 2. 논제 유형에 따라 찬성 측 주장과 반대 측 주장을 설정할 수 있다.
기본개념	사실 논제, 가치 논제, 정책 논제, 논제 설정, 주장 설정, 주장 배경

우리 수업의 토론은 교육 토론으로서 학술 주제나 시사 주제를 둘러싸고 벌어지며, 인문, 사회, 과학기술, 문화예술 분야에서 선별한 주제를 다룬다. 각 조는 선택하거나 할당된 주제에 대해 찬성 측과 반대 측으로 나뉘어 토론을 준비하고 수업에 참여하는데, 이때 논제 설정과 주장 설정은 토론의 출발점이 된다. 우선 논제의 유형을 살펴본 다음, 논제를 어떻게 정하고 주장은 어떻게 정하는지 알아본다.

1. 논제 유형

토론은 논란을 불러일으키는 사안(事案)을 중심으로 하는데, 논란을 불러일으키는 사안이 바로 쟁점이자 토론의 주제가 된다. 학술 주제를 둘러싸고 벌어지는 토론에 참여하는 학자나 토론자들은 학문적 관점이나 사회 배경의 차이에 따라 다른 입장에 서서 자신의 주장을 펼치며 상대를 설득하려 노력한다. 사회적으로 문제가 되는 쟁점은 대부분 '이해관계'에 따라 서로 다른 '입장과 시각'을 드러내는 대립 구도로 나타난다. 만약 정부가 신문과 방송의 겸영을 허용하고 대기업의 방송 진출을 확대하는 정책을 추진하려 한다면, 이해관계에 따라 해당 정책을 바라보는 시각이 다르며 입장도 차이가 날 것이다. 신문업계 종사자와 대기업 측은 환영할 테고, 방송업계 종사자는 상황에 따라 해당 정책의 추진에 찬성할 수도 반대할 수도 있다. 시민 단체는 보수 단체인가 진보 단체인가에 따라 찬성과 반대로 입장이 나뉜다.

앞서 말했듯이 토론은 쟁점을 중심으로 하며, 이 쟁점을 담은 명제가 바로 논제이다. 논제가 어떤 특징을 갖는지 명확하게 파악해야 핵심 쟁점과 세부 쟁점을 정확하게 찾아낼 수 있고, 토론의 방향도 올바르게 정할 수 있다. 논제는 내용에 따라 사실 논제, 가치 논제, 정책 논제로 분류된다.

사실 논제는 어떤 일이 일어났다고 서술하거나 묘사하는 사실 명제로서 논란을 불러일으키는 진술이다. 여러 학문 분야에서 논란의 대상이 되는 사실 논제를 비롯해 법정 공방, 국회의 법안 처리 과정에서 벌어진 사태를 둘러싼 공방, 경제 정책의 성과를 둘러싼 공방을 불러일으키는 사실 논제들이 있다. 예컨대 "독도는 한국 영토이다.", "지구 온난화 속도는 이산화탄소 배출량의 증가로 빨라졌다.", "휴대전화 사용 증가가 뇌 암 발생률을 높인다.", "연쇄 살인범은 사이코패스이다.", "2009년 6월 국회 미디어 법 가결 과정에서 대리투표가 있었다.", "검찰의 고위급 간부들은 대부분 삼성의 로비 대상이다.", "천안함 침몰의 원인은 외부 충격에 의한 폭발이다.", "국무총리실 산하 공직윤리지원관실은 민간인을 사찰했다.", "총부채상환비율(Debt-to-income ratio, DTI) 상향 조정이 주택 거래를 증가시켰다.", "2014년 세월호 참사는 해양수산부와 해양경찰청 등 정부 관료들의 무능과 부패 탓으로 일어났다."등과 같은 명제가 사실 논제이다. 사실 논제의 쟁점은 진실인가 허위인가(또는 참인가 거짓인가)와 관련이 있고, 입증하거나 반증하는 증거를 찾으면 진위가 가려진다. 그래서 사실 논제를 둘러싼 토론에서는 확실한 증거를 수집해 제시하는 것이 중요하다. 사실 논제의 쟁점은 대체로 각 분야에서 증거 수집 능력을 갖춘 전문가들이 참여하여 해결할 수밖에 없으며, 교육 토론에서 사실 논제를 토론의 주제로 삼을 경우 해당 분야 전문가의 저술이나 증언을 적극적으로 활용해야 한다.

가치 논제는 어떤 대상, 사람, 주장, 사건 등에 대해 도덕적, 미적 기준에 따라 평가를 내린 명제로서 논란을 불러일으키는 진술이다. '좋다'(good), '나쁘다'(bad), '옳다'(right), '그르다'(wrong), '아름답다'(beautiful), '추하다'(ugly) 등의 가치 술어를 포함한 가치 명제는 보편적 가치와 사회에서 용인한 가치, 단체나 개인이 수용하는 가치가 충돌할 때 논란을 불러일으킨다. 예컨대 "사형 제도는 비도덕적인 제도이다.", "2009년 정부의 용산 참사 대처는 옳지 못하다.", "2014년 세월호 참사의 진상 규명 요구는 정당하다.", "동성애 결혼도 허용해야 한다.", "인간 배아 복제는 허용해야 한다.", "모든 기부행위는 선하다.", "여자는 남자보다 착하다.", "성형한 사람은 흉하다.", "날씬한 외모가 아름답다." 등과 같은 명제는 가치 논제이다. 이러한 가치 논제의 쟁점은 참인가 거짓인가의 문제가 아니라 무엇이 좋은지, 무엇이 옳은지, 무엇이 아름다운지에 대한 개인과 사회의 판단과 관련이 있다. 가치 논제의 쟁점은 보편적 가치와 사회에서 용인한 가치에 부합하는 정도에 따라 평가된다. 그래서 가치 논제를 둘러싼 토론에서는 보편적 가치와 사회가 용인한 가치를 얼마나 만족시키는지가 중요하다. 일반적으로 사회이든 개인이든 이미 수용한 가치를 바꾸기는 어렵기 때문에, 가치 논제를 둘러싼 토론은 서로 상대의 입장을 이해하고 존중하는 정도로 끝나기 마련이다. 하지만 토론을 통해 대립하는 양측이 어떤 가치를 중요하게 생각하는지 이해하게 되므로, 소모적인 감정 다툼을 자제하고 양측의 가치를 절충한 새로운 가치를 만들어내는 계기가 되기도 한다.

정책 논제는 사회단체나 정부가 원하는 목표를 실현하기 위해 어떤 행동을 해야 한다고 주장하는 명제로서 논란을 불러일으키는 진술이다. 민간 기업체나 조직에서 벌이는 토론, 국회나 정부, 시민 단체 등에서 벌어지는 정책 수립을 위한 공방은 대부분 정책 논제와 관련이 있다. "우리 회사의 내년도 매출액을 20% 증가시켜야 한다.", "올해 임금은 5% 이내로 인상해야 한다.", "공영 방송을 민영화해야 한다.", "4대강 정비 사업을 중단해야 한다.", "대북 경제 지원을 축소해야 한다.", "남북통일을 해야 한다.", "무상 급식을 실시해야 한다.", "일제 고사를 폐지해야 한다.", "친족 성범죄자의 친권을 박탈해야 한다." 등과 같은 명제가 정책 논제이다. 정책 논제를 둘러싼 토론은 보통 사실과 가치에 관한 논쟁을 포함하는데, 사실 여부를 밝히고 무엇이 옳고 그른지를 밝혀야 어떤 정책이 더 현실적인지 결정할 수 있기 때문이다. 이러한 정책 논제의 쟁점은 실현 가능성이나 효용성과 관련이 있다. 해당 정책의 실현 가능성이 높은가, 해당 정책을 실행에 옮길 경우 이익이 많은가, 정책을 실현하기 위한 비용이 얼마인가 등에 따라 수용되거나 거부된다. 그래서 정책 논제를 둘러싼 토론에서는 실현 가능성, 효용성, 이익과 손실을 분명하게 보여주는 것이 중요하다. 정책 논제는 보통 사회 현안인 경우가 많고, 정책 논제를 둘러싸고 벌어지는 토론에서는 각 계층과 각 단체의 의견들이 수렴되어 절충안을 마련하기도 한다.

2. 논제 설정

토론에서 주제(主題, subject, topic)는 논의할 중심 문제이며, 학술 주제와 시사 주제로 나뉜다. 그러나 토론거리가 되는 주제들은 학술적인 측면과 시사적인 측면을 둘 다 포함하는 경우가 흔하다. 예컨대 "국가의 역할 수행에 큰 정부가 바람직한가, 작은 정부가 바람직한가?"나 "인간 배아 복제는 금지해야 하는가?"와 같은 주제는 정치학 연구자나 생명 과학 연구자들이 다루어야 하는 것처럼 보인다. 그러나 이러한 주제는 시사 문제이기도 하다. 왜냐하면, 현재 사회 구성원들이 관심을 갖고 서로 대립하거나 갈등을 빚는 문제이기 때문이다. 첫 주제에 대해 우리는 나라의 경제 상황이나 복지 수준의 변화에 따라, 또는 기업인의 입장이냐 소비자의 입장이냐에 따라, 큰 정부를 지지할 수도 작은 정부를 지지할 수도 있다. 둘째 주제에 대해 우리는 인간 생명을 어떻게 보느냐에 따라, 또는 과학자의 입장이냐 종교인의 입장이냐에 따라 인간배아 복제를 허용해야 한다고 주장할 수도 있고 금지해야 한다고 주장할 수도 있다. 반면에 "4대강 정비 사업은 중단해야 하는가?", "공영 방송은 민영화해야 하는가?", "지방 정부의 권한은 축소해야 하는가?", "체벌은 전면 금지해야 하는가?"등과 같은 주제는 시사 문제이다. 그러나 이러한 시사 주제도 깊게 논의하다 보면 생태학, 방송학, 행정학, 교육학과 연관된 학술 문제와 자연스럽게 연결된다.

앞에서 의문문 형식으로 주어진 주제들을 평서문으로 바꾸어 표현한 명제가 바로 논제이다. 이미 말했듯이 논제(論題, thesis)란 논란을 불러일으키는 사안을 담은 명제이다. 의문문으로 표현된 주제와 평서문으로 표현한 논제는 둘 다 쟁점을 담고 있기 때문에 토론거리를 제공하는 역할을 한다. 본격적인 토론은 주제나 논제에 대해 분명한 입장을 드러내 주장을 펼칠 때 시작된다. 따라서 토론을 잘 하려면 먼저 논제를 명확하게 설정해야 한다. 정부의 역할을 둘러싸고 큰 정부를 지지하는 측과 작은 정부를 지지하는 측이 대립하고 갈등하는 상황을 가정해 보자. 토론은 바로 사회 구성원들이 어떤 문제를 둘러싸고 서로 대립하고 갈등을 빚을 때 합의점을 찾고 상대방의 입장을 이해하기 위해 필요한 활동이다. 무엇이 문제가 되기에 서로 대립하고 갈등하는가를 정확히 파악해서 표현하는 것이 논제 설정인데, 다음 3단계 절차를 밟으면 효과적이다.

첫째 단계에서는 논란을 불러일으키는 핵심 쟁점이 담긴 어구로 주제를 표현한다. 예컨대 "국가의 역할: 큰 정부와 작은 정부"라는 어구는 국가의 역할이 무엇인지에 관한 핵심 쟁점을 드러내 주는 어구로 적합하다.

둘째 단계에서는 핵심 쟁점을 의문문으로 만들어 표현한다. 예컨대 "국가의 역할 수행에 큰 정부가 바람직한가, 작은 정부가 바람직한가?"로 표현하면 주제가 조금 더 선명해진다. 이러한 의문형 주제는 어떤 입장도 표명하지 않고 중립적 태도를 견지하므로 방송 토론에서 자주 사용한다.

셋째 단계에서는 핵심 쟁점을 담은 긍정문으로 표현한다. 긍정문으로 표현된 명제를 논제라 한다. 예컨대 "큰 정부가 국가의 역할 수행에 바람직하다." 또는 "작은 정부가 국가의 역할 수행에 바람직하다."는 모두 논제로서 적합하다.

사람들이 국가의 역할에 대해 가진 생각들은 다양하며, 어떤 정부가 바람직한가는 현재 경제 상황이나 복지 수준에 따라 결정된다. 대체로 경제가 불안정할수록 정부의 시장 개입 요구가 커지며, 복지 수준을 높여야 한다는 여론이 높을수록 정부의 역할을 더 강조한다. 현재 우리 경제는 2008년 미국에서 시작된 금융 경제 위기 이후 정부의 시장 개입이 이전보다 더 많이 요구되는 상황에 놓여 있다. 현재로서는 “큰 정부가 국가의 역할 수행에 바람직하다.”는 논제가 적합해 보인다. 그러나 상황이 바뀌어 우리나라의 복지 수준이 획기적으로 높아짐에 따라 복지병 문제가 심각하게 발생하게 되면, “작은 정부가 국가의 역할 수행에 바람직하다.”는 논제가 토론 주제로 적합해질 것이다.

논제를 분명하게 정해야 생산적인 토론이 가능하므로, 논제를 설정할 때 다음 사항에도 유의해야 한다. 우선 논제는 토론에서 다룰 과제를 하나만 포함한 단문으로 명확하게 표현한다. 예컨대 “국가의 역할 수행에 큰 정부도 작은 정부도 적합한 측면이 있다.”는 논제에는 과제가 두 개 포함되어 있어 토론자에게 혼란을 주고 한 과제에 집중하지 못하게 할 우려가 있다. 반면에 “큰 정부가 국가의 역할 수행에 바람직하다.”는 논제는 과제를 하나만 포함하고 있기 때문에 토론의 주제로 적합하다. 다음으로 논제는 찬성 입장과 반대 입장을 분명하게 밝힐 수 있도록 구성하고, 포함된 과제는 입장과 관점의 차이에 따라 입증할 수 있거나 반증할 수 있는 증거를 확보할 수 있어야 한다. 예컨대 “큰 정부는 바람직하다.”는 논제에는 구체적인 과제가 포함되어 있지 않아 막연한 느낌을 준다. 그래서 찬성하거나 반대하는 입장을 표현하는 것이 별로 의미가 없다. 그러나 “큰 정부가 국가의 역할 수행에 바람직하다.”는 논제에는 큰 정부가 국가의 역할을 잘 수행하는지 탐구할 과제가 구체적으로 명시되어 있고, 논제에 포함된 과제는 실제 큰 정부를 지향하는 국가의 사례들을 검토함으로써 검증하거나 반증할 수 있기 때문에, 찬성 입장과 반대 입장을 분명하게 표현할 수 있다.

이렇게 논제를 정하는 방법과 절차를 익혀두면, 다른 기회에 토론을 이끌거나 세미나 수업을 할 때 도움이 될 것이다. 우리 수업에서는 대체로 논제가 주어지지만, 논제를 스스로 정해야 하는 경우도 있기 때문이다. 또한 주어진 논제가 어떤 방법으로 어떤 절차에 따라 정해지는지 따져봄으로써 해당 논제가 정해진 배경을 파악하고, 배경을 파악함으로써 토론의 진행 방향을 전체적으로 조망하고 예측해 볼 수 있다.

3. 주장 설정과 주장 배경

일단 "큰 정부가 국가의 역할 수행에 바람직하다."는 논제를 가지고 토론한다고 가정하자. 이때 찬성 측은 논제를 지지하는 입장에서 토론에 참여하고, 반대 측은 논제에 반대하는 입장에서 토론에 참여한다. 입장에 따라 주장을 정하게 되는데, 찬성 측은 흔히 논제를 그대로 주장하고, 반대 측은 논제에 반대하는 입장을 드러낸 새로운 주장을 구성한다. 예컨대, 찬성 측 주장은 "큰 정부가 국가의 역할 수행에 바람직하다."가 적합하고, 반대 측 주장은 "큰 정부는 국가의 역할 수행에 바람직하지 않다."처럼 논제를 단순히 부정하는 것보다 "작은 정부가 국가의 역할 수행에 바람직하다"로 구성하여 반대 측 입장을 더 명확하게 드러내준다.

그런데 각 논제에 따라 입장을 정하고 주장할 때는 배경이 있기 마련이다. 주장의 배경은 토론 참가자들이 동의할 수 있는 한도 안에서 설명하는 것이 적절하다. 예컨대, 국가의 역할 수행에서 큰 정부가 바람직한지 작은 정부가 바람직한지 토론할 때, 찬성 측과 반대 측은 각각 자신들의 입장을 표현한 주장이 나오게 된 배경을 납득할 만하게 설명한다. 각 주장의 배경을 파악하는 일은 논의 범위를 한정하고 핵심 쟁점과 세부 쟁점을 찾는 데도 유익하다.

논제를 설정하고 찬성 측 주장과 반대 측 주장도 명확하게 밝혔다면, 토론의 출발선에 섰다고 할 수 있다. 본격적인 토론은 찬성 측과 반대 측이 주장을 뒷받침하는 근거를 조목조목 제시함으로써 상대를 설득하고 상대의 반론에 대응하는 활동이다. 본격적인 토론을 하기 위해서는 발표문을 작성해야 한다. 다음 절에서는 발표문 준비를 어떻게 하는지 설명한다.

학습정리

1. 토론은 토론할 주제, 곧 논제 설정에서 시작한다.
2. 토론의 주제가 되는 논제는 세 종류이다. 사실 논제, 가치 논제, 정책 논제이다.
3. 논제를 정한 다음, 찬성 측 주장과 반대 측 주장을 설정한다.

제 2 절

토론 발표문 준비

학습목표	1. 발표문을 준비할 때 밟아야 하는 네 단계가 무엇인지 숙지한다. 2. 토론 개요서를 작성할 수 있다.
기본개념	세부 쟁점 분석, 소주장 확정, 근거와 근거 자료 찾기, 토론 개요서 작성, 인용과 표절 유의 사항, 인터넷 자료 활용 유의 사항

1. 발표문 준비 네 단계

세부 쟁점 분석, 소주장 확정, 근거와 근거 자료 찾기, 토론 개요서 작성을 통해 발표문을 준비하는데, 네 단계는 서로 떼려야 뗄 수 없게 연결되어 있다. 쟁점 분석을 잘 해야 소주장으로 확정할 근거들을 제대로 설정할 수 있고, 근거를 입증하려면 적합한 자료 조사가 필수적이다. 그런데 자료 조사 과정에서 쟁점 분석의 부족한 점이 발견되면 재검토하기도 한다. 결국 쟁점 분석과 소주장 확정, 근거와 근거 자료 찾기는 독립된 과정이 아니라 서로 연결된 과정이다. 이 네 과정에서 나온 성과를 토론 개요서로 작성한다. 그러나 개요서를 작성하다 보면 자료 조사를 더 해야 하거나 쟁점을 재고해야 하는 경우도 생긴다. 따라서 발표문 준비 네 단계는 순차적으로 일어나는 과정이 아니라, 조원들이 발표와 토론을 준비할 때 동시에 고려해야 한다.

1) 세부 쟁점 분석

논제를 명확하게 설정하고 논제에 대해 찬성 측 주장과 반대 측 주장도 분명하게 정했다면, 이제 찬성 측과 반대 측은 각 주장을 상대에게 설득하기 위해 근거를 제시해야 한다. 근거를 찾기 위해 찬성 입장과 반대 입장이 어떤 사안을 둘러싸고 대립하는지 추론해야 하는데, 양측이 대립하는 사안을 쟁점이라 한다. 쟁점 분석은 곧 쟁점을 파악하는 활동이다. 이 때 간단한 자료 조사로 주제나 문제의 배경을 알아보면 논제에 어떻게 접근할 것인지, 논제를 둘러싼 세부 쟁점은 무엇인지 쉽게 파악할 수 있다. 배경 지식은 학문적인 것일 수도 있고 사회적인 것일 수도 있다. 왜냐하면, 논제는 대부분 학문적인 논란을 불러일으키는 주제를 반영하거나 사회적으로 논란이 되는 문제를 반영하며, 사회 변화 과정에서 일어나는 크고 작은 갈등에 뿌리를 두고 있기 때문이다.

논제 유형에 따라 세부 쟁점에 접근하는 방법이 다르므로, 논제가 설정되면 어떤 유형인지를 먼저 파악한다. 논제의 유형을 파악한 다음에는 해당 논제와 관련된 세부 쟁점들을 찾는다. 사실 논제일 경우 핵심 용어 정의, 사실의 진위 여부, 절차상 문제 등에 해당하는 세부 쟁점을 찾아 정리한다. 가치 논제일 경우 핵심 용어 정의, 가치가 충돌하는 지점, 가치 판단의 기준 등에 따라 세부 쟁점을 찾아 정리한다. 정책 논제일 경우 핵심 용어 정의, 현재 정책의 한계점, 개선의 필요성, 새로운 방안의 구체성과 실현 가능성, 사회적 비용 등에 따라 세부 쟁점을 찾아 정리한다.

우선 "독도는 한국 영토이다."는 논제에 포함된 세부 쟁점을 찾아보자. 현재 한국은 앞의 논제에 찬성하는 입장이고, 일본은 논제에 반대하는 입장에서 독도를 다케시마라 부르면서 일본 영토라고 주장한다. 찬성 측과 반대 측은 모두 독도의 영유권을 주장하지만, 영유권이란 핵심 용어를 다르게 정의한다. 한국은 시효 취득을 영유권의 근거로 삼고, 일본은 선점권을 내세워 영유권을 주장한다. 이러한 용어 정의의 차이에서 "독도 영유권은 국가 성립 이후 시효 취득에 근거하는가, 선점에 근거하는가?"라는 세부 쟁점을 찾아낼 수 있다. 또 한국과 일본은 역사적 사실, 지정학적 사실, 국제법상의 사실을 각각 다르게 주장하는데, 이런 주장들이 각각 세부 쟁점이 될 수 있다. 마지막으로, 1905년 일본의 메이지 정부가 다케시마를 시마 네 현에 편입한 것이 국제법상 용인될 수 있는가라는 절차상의 문제도 세부 쟁점이 될 수 있다.

두 번째로 "인간 배아 복제는 허용해야 한다."는 가치 논제에 포함된 세부 쟁점을 찾아보자. 주로 과학계를 대표하는 찬성 측은 논제에 찬성하고, 종교계를 대표하는 반대 측은 논제에 반대한다. 양측은 인간 배아란 용어의 정의를 둘러싸고 첨예하게 대립하고 있다. 과학계에서는 수정 후 14일 이전의 배아와, 체세포 복제를 통해 배양된 배아는 생명체가 아니라 세포 덩어리로 간주한다. 그러나 종교계에서는 자연적 수정을 통해 형성된 배아이든 체세포 복제를 통해 배양된 배아이든 시기를 막론하고 생명체라고 주장한다. 이러한 용어 정의의 차이에서 "인간 배아는 생명체인가, 세포덩어리에 불과한가?"라는 세부 쟁점을 찾아낼 수 있다. 가치가 충돌하는 지점은 과학계에서 수용하는 가치와 종교계에서 수용하는 가치가 대립하는 곳이다. 과학자들은 생명체를 물질계의 일부로 보기 때문에, 물질인가 생명체인가를 사회적 합의로 결정할 수 있다는 현실적 가치 기준을 제시한다. 이와 달리 종교인들은 생명과 물질을 엄격하게 구분하고 무엇과도 맞바꿀 수 없는 신성한 가치를 생명체에 부여한다. 여기서 "인간 생명에 대해 인위적인 조작을 가하는 것은 옳은가?", "의료 목적의 인간 배아 복제 기술도 생명을 상품화하는 것으로 비난받아야 하는가?"와 같은 쟁점을 찾을 수 있다. 가치판단의 기준과 관련된 세부 쟁점은 인간 배아 복제를 허용했을 경우 현실로 나타날 결과를 고려하면 찾을 수 있다. 아직 일어나지는 않았으나 앞으로 발생할 수도 있는 결과와 관련된 쟁점은 다음과 같다. "인간 배아 복제 기술은 난치병이나 유전병을 치료할 수 있는 유일한 방법인가?", "인간 배아 복제 기술이 인간 개체 복제로 발전할 가능성이 있는가?", " 연구 과정에서 발생하는 난자 기증자의 건강상 피해, 난자 매매 등의 사회문제가 심각한가?"

세 번째로 "체벌을 금지해야 한다."는 정책 논제에 포함된 세부 쟁점을 찾아보자. 현재 체벌을 전면 금지해야 한다는 입장과 체벌을 학생 지도 방법으로서 일부 허용해야 한다는 입장이 대립하고 있다. 양측은 체벌이란 용어를 다르게 정의한다. 체벌 금지론자는 체벌을 폭력 행위로 정의하고, 체벌 허용론자는 체벌을 교육적 수단으로 정의한다. 이러한 용어 정의의 차이에서 "체벌은 교육적 수단인가?", "체벌은 학생에 대한 인권 침해 요소를 포함하는가?" 등의 쟁점을 찾아낼 수 있다. 현재 우리나라에서 벌어지고 있는 체벌 관련 논쟁은 초 · 중등교육법에 포함된 예외 조항에 대한 해석이 입장에 따라 다르기 때문에 발생한다. 초 · 중등교육법 제 18조 1항은 "학교의 장은 교육상 필요한 때에는 법령 및 학칙이 정하는 바에 따라 학생을 징계하거나 기타의 방법으로 지도할 수 있다"고 규정하고, 초 · 중등교육법시행령 31조 7항은 "교육상 불가피한 경우를 제외하고는 학생에게 신체적 고통을 가하지 아니하는 훈육 · 훈계 등의 방법으로 행하여야 한다."고 규정한다. 이 법령과 관련해서 "초 · 중등교육법 학생 징계 관련 조항에서 예외 조항을 배제할 필요가 있는가?"라는 쟁점을 찾아낼 수 있다. 이러한 쟁점들 이외에 논의할 사항은 교육 현장에서 체벌로 인한 사고가 일어날 때마다 학생 징계와 관련된 논란이 일고 사회 갈등과 불신이 증폭된다는 점이다. 이 문제를 해결하려면 현행 체벌 관련법과 교육정책이 개선되어야 한다. 그러면 어떻게 개선할 것이고, 어떤 대안이 구체적이고 실현 가능한가? 체벌 금지론자는 벌점제나 상담실 운영 등의 대안을 제시할 수 있고, 체벌 허용론자는 체벌 허용 기준을 구체적으로 정하고 교사의 책임을 강조하는 등의 대안을 제시할 수 있다. 양측의 대안들이 각각 쟁점이 될 수 있다. 마지막으로 사회적 비용과 관련하여 "상담실 운영을 위한 예산을 확보할 수 있는가?"와 같은 쟁점도 찾을 수 있다.

2) 소주장 확정

쟁점 분석 과정에서 정리한 세부 쟁점들을 바탕으로, 각 입장의 근거가 될 수 있다고 생각되는 주장들을 가설(假說, hypothesis)로 세운다. 다양한 주장들 가운데 어느 것을 가설로 채택할 것인지 결정하려면, 다음 몇 가지 질문을 염두에 두면 도움이 될 것이다.

첫째, 논쟁의 여지가 있는 주장인가? 이미 모두 동의하는 진부한 주장이나 아무도 관심을 갖지 않는 주장은 근거로서 역할을 하기 어렵다. 이의제기 가능성이 있는 주장, 논쟁의 여지가 있는 주장은 논증을 요구하며 논증을 요구하는 주장이라야 가설로서 적합하다.

둘째, 원칙적으로 입증되거나 반증될 수 있는 주장인가? 토론할 때 찬성 측과 반대 측은 모두 제각기 입장을 설득하기 위해 논증을 제시한다. 이때 양측은 제시된 근거가 적절하다면 상대의 주장도 수용하겠다는 열린 자세를 가져야 하는데, 근거의 적절성을 판가름하는 기준이 바로 입증 가능성과 반증 가능성이다.

셋째, 현실성 있는 주장인가? 사실과 관련된 주장이라면 사실을 정확하게 반영하는지 묻고, 정책과 관련된 주장이라면 실행 가능하거나 구체적인지 묻고, 가치와 관련된 주장이라면 합법적이거나 공정한지 묻는다. 추상적이고 구체성이 결여된 주장이나 시대적 상황과 동떨어진 주장은 어느 누구의 관심도 끌 수 없다.

넷째, 객관적 동의를 얻을 만한 주장인가? 무엇을 믿느냐는 개인의 자유에 달린 주관적인 문제이다. 하지만 다른 사람을 설득하려면, 개인의 관점을 넘어 타인의 동의를 얻을 수 있는 주장을 해야 한다.

어떤 주장이든 앞에서 말한 네 가지 질문에 그렇다고 대답할 수 있다면 가설로서 자격이 있다. 그러나 가설로 선택한 주장은 어디까지나 잠정적으로 수용한 것이므로, 근거 자료가 부족하거나 더 나은 가설을 찾게 되면 기존 가설을 과감히 버릴 줄도 알아야 한다. 일단 가설을 세우고 나면, 가설을 검증해야 하는데 이미 확보한 자료만으로는 부족한 경우가 흔하다. 따라서 각 가설과 관련된 새로운 근거 자료를 더 수집하여 가설들이 참인지, 옳은지, 좋은지, 실현 가능성이 많은지, 청중의 지지를 얻을 만한지 검토한다. 검토 과정에서 가설이 근거 자료에 의해 충분히 입증될 수 있으면 근거로 채택하고, 입증할 자료가 없거나 부족하면 근거로 채택하지 않는다. 설정한 가설이 일단 검토를 거쳐 근거로서 적절하다는 잠정적 결론에 이르면 근거로 확정한다. 이렇게 근거로 확정한 주장을 소주장이라 부른다. 소주장들이 확정되면 이 소주장들이 결론에 해당하는 최종 주장을 잘 뒷받침하는지도 점검한다.

3) 근거와 근거 자료 찾기

주장을 분명하게 하는 것도 중요하지만, 더 중요한 것은 주장을 뒷받침하는 근거와 근거를 입증하는 근거 자료를 제시하는 일이다. 근거와 근거 자료를 제시하지 못하면 아무리 명확한 주장도 독단에 지나지 않고, 아무도 설득할 수 없다. 논증은 주장들로 구성되기 때문에 근거를 들어 주장을 뒷받침해 주어야만 논증의 설득력이 높아진다. 또한 각 근거를 입증할 근거 자료를 충분히 제시해야 상대편과 청중을 설득할 수 있다. 찬성 측에서 제시한 근거와 반대 측에서 제시한 근거 가운데 어느 쪽 근거가 설득력이 높은가는, 근거가 주장을 잘 뒷받침하는지와 제시한 근거가 적절한지에 의존하며, 근거가 적절한지는 근거를 입증하는 근거 자료의 신뢰성에 달려 있다.

근거 자료를 수집해 제시할 때는 주변에 흩어져 있는 자료를 그저 주워 담기만 하면 된다고 생각해서는 안 된다. 근거 자료의 출처를 깊숙이 파헤치고 들어가 확실한 증거인지 검토하고, 근거와 관련지어 근거 자료를 해석하고 근거를 입증할 수 있도록 설명해 주어야 한다. 특히 근거 자료를 수집할 때, 자신이 경험한 사실에만 의존하고 싶은 유혹을 떨쳐내고 객관적인 증거를 찾으려고 노력해야 한다. 근거 자료를 어느 정도 수집한 다음에는 다음의 네 기준에 따라 근거 자료의 질을 판단하는 것이 좋다. 첫째, 해당 근거와 관련된 사실을 정확하게 반영한 자료인가? 둘째, 해당 근거와 관련된 분야에서 수용할 정도로 정밀한 자료인가? 셋째, 해당 근거와 관련하여 대표성을 가지는 집단에서 찾은 자료인가? 넷째, 신뢰할 수 있는 출처에서 나온 자료인가? 이 가운데 넷째 기준의 신뢰할 수 있는 출처 문제는 다시 네 측면에서 살펴볼 필요가 있다. 우리는 대개 최근 자료, 해당 분야에서 평판이 좋고 인지도가 높은 사람이 제시한 자료, 사적인 이익추구 동기와 무관한 자료, 자료가 가리키는 사실 자체에 가장 근접한 자료를 그렇지 않은 자료보다 더 신뢰한다.

근거 자료를 수집할 때는 이미 알고 있는 지식을 활용하기도 하고, 해당 전문가를 만나 물어보고 의견을 들으면서 필요한 자료나 답변을 찾기도 한다. 또 도서관의 책이나 논문 자료, 인터넷을 활용할 수도 있다. 전자의 경우처럼 발표자가 직접 자료를 찾은 경우의 자료를 '1차 자료'라 하고, 다른 사람이 만든 자료를 필요에 따라 인용한 경우의 자료를 '2차 자료'라 한다. 토론 발표문의 준비과정에서 가장 유용하게 사용되는 1차 자료수집 방법은 면담(interview)과 설문조사이며, 2차 자료수집 방법은 도서관 조사와 인터넷 검색이다.

어떤 방법을 선택하든, 자료 조사의 효과를 극대화하기 위해 다음 세 가지 사항을 준수해야 한다. 첫째, 자료 조사는 충분한 시간적 여유를 두고 시작해야 한다. 둘째, 자료 조사의 목적이 정해지면 미리 기초적인 참고 문헌을 파악한 후에 자료 조사를 해야 한다. 셋째, 수집한 자료 가운데서 양질의 정보를 선별하고 체계적으로 정리한다.

토론을 잘 하려면 신뢰할 수 있는 근거 자료를 적절한 시점에 정확하게 활용할 수 있도록 충분히 준비해야 한다. 근거가 주장을 잘 뒷받침한다고 하더라도 근거를 입증할 근거 자료가 빈약하면 설득력이 떨어진다. 얼마나 신뢰할 수 있는 증거를 확보하느냐가 토론에서 승패를 결정하는 중요한 요인이다. 토론에서 근거들을 입증하는 자료로는 사실, 통계, 증언, 정의(definition), 사례 들이 있다. 물론 단순한 자료 제시만으로는 근거를 입증해 주지 못하기 때문에, 해당 자료가 어떻게 근거를 입증하는 자료로서 가치가 있는지 구체적으로 설명해 주어야 한다. 이 과정에서 세 가지 사항에 유의해야 한다. 첫째, 자료에 조작(fabrication)이 있어서는 안 된다. 둘째, 표절(plagiarism)을 해서는 안 된다. 셋째, 인용 출처를 밝혀야 한다.

4) 토론 개요서 작성

논제 설정부터 근거와 근거 자료 찾기까지 과정을 밟은 다음, 완벽하지는 않더라도 토론 개요서를 작성한다. 토론 개요서는 논제에 대한 입장과 근거들을 포함한 발표문의 뼈대에 해당한다. 특히 찬성 측과 반대 측 입장을 표현한 주장과 주장을 뒷받침하는 근거, 근거를 입증하는 근거 자료가 분명하게 제시되어야 한다. 개요서를 작성하는 과정에서 부족한 부분이 발견되면 자료를 더 찾아서 보충한다. 토론 개요서는 토론이 어떻게 진행될 것인지 전체적인 흐름을 예측하고, 전략을 세워 한눈에 파악하기 위한 준비 자료이다. 따라서 토론 개요서에는 자기 조의 주장과 근거뿐만 아니라 상대 조가 제시할 만한 주장과 근거도 들어 있으면 좋다. 토론 개요서는 토론 개요서 양식에 맞추어 다음과 같은 순서로 작성한다.

첫째, 자기 조의 주장과 근거, 근거 자료를 중요한 순서에 따라 정리한다.

둘째, 자기 조의 주장과 근거, 근거 자료에 대한 상대 조의 반론을 예측하고, 대책을 세운다.

셋째, 상대 조가 제시할 만한 주장과 근거, 근거 자료를 찾아본다.

넷째, 상대 조가 제시할 만한 주장과 근거, 근거 자료에 대해 반론할 문제점을 분석한다.

토론 개요서에 자기 조와 상대 조의 반론과 답변의 개략적인 내용이 모두 포함되어 있으면 더욱 좋다. 찬성 측과 반대 측은 각 조의 입장을 지지하는 발표문을 작성하기 전, 조원들끼리 예비 토론을 거쳐 토론 개요서를 작성한다. 토론 개요서에는 최소한 논제에 대한 입장, 주장 배경과 주요 용어 설명, 소주장과 근거, 근거 자료가 개략적으로 제시되어야 한다. 그래야만 수준 높은 발표문을 구성할 수 있고, 생산적인 토론이 가능하다.

【토론 개요서】 대학교 담당교수: 년 학기 분반 조

주제 : 국가의 역할로서 큰 정부가 바람직한가, 작은 정부가 바람직한가?		
	찬성측	반대측
주장	큰 정부가 국가의 역할 수행에 바람직하다.	작은 정부가 국가의 역할 수행에 바람직하다.
입론	주장배경:보편적 복지 제공이 국가의 주된 역할이다. 주요 용어 설명: 국가의 역할, 큰 정부, 복지 국가, 시민권, 민주주의 원리	주장배경:보편적 복지 제공이 국가의 주된 역할이다. 주요 용어 설명: 국가의 역할, 큰 정부, 복지 국가, 시민권, 민주주의 원리
	소주장1:현대 민주 국가는 이념과 실제에서 복지 국가를 지향한다 근거1:복지 국가는 현대 민주 국가의 헌법 정신을 반영 근거2:선진국들은 복지비 지출 비율 높음	소주장1:자유 시장 경제는 민주주의 이념과 합치한다. 근거1:경제적 자유가 개인 자유 실현의 바탕 근거2:자유 시장의 도입이 시민 민주 의식 확대 야기

입론	소주장2:큰 정부는 적극적 시장 개입으로 안정적인 국가 경제 발전을 유도한다. 근거1:선별적 산업 · 무역 정책으로 국가 경제 발전 근거2:중소기업 지원 확대로 국가 경제의 기반 강화 소주장3:큰 정부는 기초 사회문제를 잘 해결한다. 근거1:소득의 재분배로 소득불평등 완화 근거2:교육 평등 실현과 노인복지 문제 해결	소주장2:정부의 시장 개입이 축소될수록 경제 발전에 이롭다. 근거1:시장 경제는 정부의 개입이 적을 때 효율적으로 작동 근거2:신자유주의 주요 정책은 국가 경제 발전에 기여 소주장3:경제가 발전해야 국민 복지도 향상된다. 근거1:생산성 저하는 정부의 복지비 지출을 감소시킴 근거2:경제 성장에 따른 소득 증가가 국민 복지 증진에 기여
	상대측 입론에 대한 반론	상대측 입론에 대한 반론
반론	반론1:자유 시장 경제에서 경쟁이 공정하지 않을 수 있다. 반론2:공기업 민영화의 실패 사례가 많으며, 소득이 증가해도 인플레이션이 심각한 상황일 경우 국민 복지 증진에 실패한다.	반론1:국가의 적극적 시장 개입은 기업이나 개인의 자유권을 침해할 소지가 크다. 반론2:정부의 시장 개입이 정부 실패를 초래할 수 있다.
	상대측 입론에 대한 반론	상대측 입론에 대한 반론
	답변1:국민 전체의 실질적 평등 실현이 일부 국민의 자유권 침해보다 더 중요하다. 답변2:큰 정부는 독과점을 막을 수 있고, 중소기업 육성 정책 실행으로 국가 경제의 기반을 강화할 수 있다.	답변1:작은 정부도 시장 경제 질서를 해칠 경우 시장에 개입한다. 답변2:민영화 실패 사례는 준비가 부족해서 발생한 일이며, 작은 정부도 심각한 인플레이션 상황에 적절하게 대처할 수 있다.

2. 발표문 작성 유의 사항

1) 인용과 표절

‘발표와 토론’ 수업은 실습 위주의 수업으로서, 주어진 주제에 따라 조별 발표문을 작성하고, 준비한 발표문을 바탕으로 발표하고 토론한다. 발표문을 구성할 때 다양한 자료들을 활용하는데, 이 과정에서 근거를 입증하기 위해 사용한 자료가 있다면 정확한 출처를 밝힌다.

출처를 밝히지 않거나 숨기는 행위는 남의 지적인 노력의 결과물을 훔치는 부정직한 행위이다. 도둑질이 법적 처벌의 대상이 되고 도덕적으로 비난받는 것과 마찬가지로, 표절도 저작권법에 따라 법적 처벌을 받을 수 있고 도덕적으로 비난을 받게 된다. 인터넷을 이용해 논문이나 보고서를 구매하여 제출하는 행위는 표절보다 더욱 부정직한 행위로서 결코 해서는 안 된다.

짜깁기 식 발표문은 충분한 이해에 바탕을 두지 않고 작성되어 논리성은 물론 명확성이나 참신성이 떨어지게 마련이다. 이렇게 작성된 발표문으로는 생산적인 토론을 할 수도 없고, 비판적 사고력을 기를 수도 없다. 그러므로 토론을 위한 발표문은 조원들이 협력하여 직접 작성한다. 이때 조원들의 고유한 생각과 참고한 문헌이나 인터넷 자료, 전문가의 생각을 분명히 구분해서 작성한다.

인용할 때는 참고한 내용의 출처를 분명하게 밝힌다. 인용에는 직접인용과 간접인용이 있다. 전자의 경우 인용 부분에 겹따옴표를 붙이는 등 인용문이라는 사실이 분명히 드러나도록 한다. 후자는 원문을 문맥에 맞게 자신의 말로 바꿔 쓰는 인용법이다. 이 경우 인용이 끝나는 부분에 각주나 미주를 달아 출처를 밝혀준다. 인터넷 웹 사이트의 자료를 활용할 때도 언제 어느 사이트에서 찾은 자료인지를 명기해야 표절을 피할 수 있다.

2) 인터넷 자료 활용 유의 사항

인터넷은 정보 검색의 주요 수단으로 각광받고 있다. 웹 사이트를 검색하면 빠르게 많은 자료를 수집할 수 있을 뿐만 아니라 최근 사회 쟁점에 대한 자료도 쉽게 찾을 수 있지만, 반드시 염두에 두어야 할 몇 가지 유의 사항이 있다.

첫째, 인터넷에 공개되어 있는 정보의 질이 천차만별이라는 점에 유의할 필요가 있다. 누구든 홈페이지나 블로그를 운영하며 자신의 생각을 거의 아무 제약 없이 공개할 수 있다. 그러나 공개된 정보의 질을 판단하고 관리하는 장치는 없다. 따라서 신뢰할 수 있는 웹 사이트, 예컨대 브리태니커 백과사전 웹 사이트를 이용하고,

확실해 보이는 자료라 하더라도 다른 관점에서 자료를 검증하려는 자세가 필요하다.

둘째, 웹 사이트를 이용하면 필요한 자료를 쉽게 찾을 수 있으나 사건의 전후 사정과 배경을 놓치는 경우가 자주 있다. 따라서 사건의 배경을 자세히 알아보기 위해 원하는 정보에 맞는 상세 검색을 시도한다. 예컨대, 공영방송의 민영화 논란의 배경을 알려면 미디어법이나 신문 · 방송법 등을 찾아보아야 한다.

셋째, 수집한 정보를 읽고 이해함으로써 자신의 의견을 형성하는데 참고하는 것은 괜찮지만, 정보를 그대로 베끼는 행위는 표절에 해당한다.

지금은 정보화 시대이고, 현대인은 대부분 원하기만 하면 언제든 정보의 바다에서 마음껏 정보를 검색할 수 있다. 또 원하지 않더라도 수많은 정보가 개인 컴퓨터와 똑똑한 휴대 전화 속으로 홍수처럼 밀려든다. 흘러 다니는 단편 정보에 의존해 성급하게 판단할 경우, 객관성을 잃고 오류에 빠지기 십상이다. 따라서 정보를 설득하고 싶은 주장의 정당화에 활용하려면 비판적으로 검토해야 한다. 비판적 사고 과정을 거쳐 어떤 주장의 객관적 근거로서 자리를 차지할 때 비로소 정보는 지식이 될 수 있다.

가령, 큰 정부가 국가의 역할 수행에 바람직하다는 주장을 설득하려고, 통계청 홈페이지를 방문해 세계 여러 나라의 조세 부담률과 공공 사회 복지비 지출 현황을 보여주는 도표를 찾았다고 하자. 이때 찾은 도표를 읽고 분석해서 큰 정부가 국가의 역할 수행에 바람직하다는 근거로 해석해야 비로소 정보는 지식이 될 수 있다. 인터넷에서 찾은 정보를 근거 자료로 바꾸는 작업은 발표문을 작성할 때 반드시 밟아야 하는 절차이며, 여러 예시는 5장 3절의 찬성 측 발표문과 반대 측 발표문에서 찾아볼 수 있다.

학습정리

1. 세부 쟁점 분석, 소주장 확정, 근거와 근거 자료 찾기, 토론 개요서 작성 단계를 밟아 발표문을 준비한다.
2. 발표문을 준비할 때, 인용 규칙을 지키고 표절하지 않도록 유의한다.
3. 인터넷 자료는 신뢰할 수 있는지 검토한 다음 활용한다.

제 3 절

토론 발표문 작성과 예시

학습목표	1. 찬성 측 발표문과 반대 측 발표문을 작성할 수 있다. 2. 발표문의 서론과 본론, 결론에 들어가야 할 필수 내용이 무엇인지 숙지한다.
기본개념	주장 배경, 주요 용어 설명, 논의 범위 확정, 논증 구성 주장 정당화, 결론, 참고 문헌

1. 발표문 작성

토론 개요서를 바탕으로 찬성 측과 반대 측은 각각 발표문을 작성한다. 발표문은 서론, 본론, 결론의 순서로 작성하는데, 서론에서는 청중의 관심과 흥미를 유발하면서 주장을 자연스럽게 도입하는 식으로 시작하며, 주장 배경과 주요 용어를 설명하고 논의 범위를 한정한다. 본론에서는 먼저 논증을 통해 최종적으로 지지하려는 핵심에 해당되는 주장을 쓰고 나서, 근거로 확정한 소주장과, 소주장을 뒷받침하는 근거와, 근거를 입증하는 근거 자료를 차례차례 제시한다. 이때 근거가 소주장을 뒷받침하고, 근거 자료가 근거를 입증한다는 점을 설명해야 한다. 결론에서는 본론에서 논의한 내용을 짧고 명확하게 정리해 주고, 부연하거나 추가할 내용이 있으면 간단하고 명확하게 서술한다.

2. 찬성 측 발표문 예시

찬성 측 주장: 큰 정부가 국가의 역할 수행에 바람직하다.

1) 서론

(1) 주장 배경

19세기 후반부터 20세기 초반까지 자유주의적 자본주의가 세계 경제를 주도했으나, 제1차 세계대전 이후 대공황과 사회주의 혁명의 영향으로 자유주의 시장 경제의 문제점을 해결하기 위한 후생 경제학과 케인즈 경제학 같은 국가 개입주의가 등장했다. 자유주의 경제학이 신망을 잃게 되면서 케인즈 경제학에 입각한 거시 경제 정책과 복지 국가의 이념이 선진 민주 국가의 주류로 자리를 잡은 것이다. 그러나 큰 정부의 복지비 지출 증가와 경제 성장 둔화로 인해 1970년대 후반부터 20년간 영국과 미국을 중심으로 규제 없는 시장과 탈규제, 개방과 민영화를 주장하는 신자유주의가 등장했다. 신자유주의 개혁 정책은 소득 불평등 심화와 경제 불안정, 자본 시장의 왜곡과 정치 · 사회적 불안을 초래했고, 애초의 목표인 경제 성장 촉진도 기대에 미치지 못했다. 그래서 다시 국가의 역할이 더 커져야 한다는 주장이 설득력을 갖게 되었다. 경제가 발전하면 일자리가 늘고 일자리가 늘면 국민 전체의 경제생활 수준이 높아진다고 말하는 사람들이 있다. 그러나 경제가 성장할수록 빈부 격차가 심해지고, 교육이나 의료와 관련된 양극화가 심화되어 서민층을 포함한 대다수 국민의 삶의 질은 오히려 낮아지는 나라도 있다. 국가의 주된 역할은 보편적 복지를 평등하게 제공하는 것인데, 큰 정부는 복지 정책을 입안하고 실천하는 역할을 작은 정부보다 더 잘 할 수 있다. 이러한 점에서 볼 때, 큰 정부가 국가의 역할 수행에 바람직하다.

(2) 주요 용어 설명

① 국가의 역할: 현대 국가의 역할은 근대 국가가 보장한 질서와 안전을 넘어서 확대되었다. 국가는 경제 분야에서 시장에 적극적으로 개입하여 경제의 안정적 발전을 도모하고, 국민 전체의 실질적인 자유와 평등을 보장해 주기 위한

복지 정책을 실행에 옮긴다. 말하자면, 국가는 국가 전체의 경제를 주도하고, 계층 갈등을 조정하고, 국민 전체에게 복지를 제공한다.[24]

② 큰 정부: 재정 규모가 크고 경제 문제에 적극적으로 개입하고, 사회 전반에 걸쳐 국민 복지 향상을 위해 적극적으로 노력하는 정부 형태이다.

③ 복지 국가: 민주 국가는 자본주의 경제체제를 기반으로 형성되었으므로 자본가 계급과 노동자 계급 간에 피할 수 없는 갈등 구조를 안고 있다. 이러한 갈등을 해소하고 국민 전체에게 공적 복지를 제공함으로써 생활 안정과 평등을 실현하기 위해 출현한 국가 형태이다. 선진국들은 여건에 따라 자유주의 복지 체제를 선택하거나 사회 민주주의 복지 체제를 선택했는데, 중산층을 포함한 국민 전체의 복지를 추구하는 복지 체제는 사회 민주주의 복지 체제이다.[25] 사회 민주주의 복지 체제에서 추구하는 복지를 보편적 복지라 부른다.

④ 시민권: 재산권에서 시작해 계약의 자유, 신체의 자유, 종교의 자유, 사상과 표현의 자유, 집회와 결사의 자유에 이르는 자유권, 선거권과 참정권을 포함한 정치권, 최저 생계 보장을 핵심으로 하는 사회권으로 확대되었다.[26] 사회권은 '실질적 평등'과 분배 정의를 이행하도록 국가에게 요구할 권리로서, 민주주의를 채택한 나라들은 대부분 국제연합 사회권 조약을 비준했다.

⑤ 민주주의 원리: 국민 주권, 입헌주의(또는 법치주의), 권력 분립이 민주 정치를 지배하는 원리이다. 권력의 원천인 국민 개개인이 자유권과 평등권을 보장받고, 법적인 차원뿐만 아니라 실질적으로 자유를 행사하고 평등한 대우를 받아야 한다는 원리로서, 국가는 자유와 평등이 조화를 이룰 때 정의로운 국가로 평가받는다.

(3) 논의 범위

국가의 역할 가운데 복지 측면과 경제 발전 측면에 주목하여 논의한다. 이때 세계의 모든 국가를 논의 대상으로 삼지 않으며, 대체로 자유 시장 경제를 수용하는 선진국들과 선진국에 근접한 나라들에 국한하여 다룬다.

2) 본론 – 논증 구성

(1) 근거 입증

주장: 큰 정부가 국가의 역할 수행에 바람직하다.

소주장1. 현대 민주 국가는 이념과 실제에서 복지 국가를 지향한다.

근거1. 복지 국가는 현대 민주 국가의 헌법 정신을 반영한다.

근대 국가는 정복 국가(약탈 국가)에서 시작해서 발전 국가(야경 국가)를 거쳐 민주 국가로 발전했다. 민주 국가의 정치를 지배하는 원리는 국민 주권과 법치주의와 권력 분립인데, 주권의 원천인 국민 개개인의 자유권과 평등권을 보장해야 진정한 민주 국가라 할 수 있다. 국제연합 인권 선언문 제1조와 제7조에 따르면 모든 사람이 자유권과 평등권을 가지며, 제22조에 따르면 사람은 누구나 사회 보장을 받을 권리가 있고 각 국가의 기구와 자원이 허락하는 범위 내에서 존엄성과 인격의 자유로운 발달에 불가결한 경제, 사회, 문화적 권리를 가진다.[27] 또 우리나라 헌법에 따르면 대한민국은 민주 공화국이고, 모든 국민이 자유권과 평등권을 가질 뿐만 아니라 국가는 사회 보장 · 사회 복지의 증진에 노력할 의무를 가지며, 경제 주체간의 조화를 통한 경제의 민주화를 위하여 경제에 관해 규제하고 조정을 할 수 있다고 명시한다.[28] 이러한 내용은 세계 여러 나라와 마찬가지로 우리나라도 복지 국가 이념을 지향하고 있음을 보여준다.

근거2. 선진국들은 대부분 복지비 지출 비율이 높다.

북부 유럽의 선진국들은 국민 전체의 생계, 건강, 주택, 교육, 노후 생활을 사회적으로 보장함으로써 국민 전체의 행복을 증진하려 노력한다. 이 나라들은 사회 보장 기여금에 해당하는 조세 부담률이 매우 높은데, 전체 국민의 삶의 질을 높이려면 복지비 지출이 많을 수밖에 없기 때문이다. 국가별 공공 사회 복지비 지출 비율과 조세 부담률을 비교해 정리한 통계청 자료에 따르면, 조세 부담률이 높은 유럽 선진국들일수록 사회 복지비 지출 비율도 높게 나타났다.[29] 유럽의 선진국들은 아시아의 한국과 북아메리카의 멕시코에 비해 조세 부담률과 공공 사회복지비 지출 비율이 훨씬 높다. 아시아의 경우에 일본과 한국은 조세 부담률은 비슷하지만, 일본은 한국에 비해 공공 사회복지비 지출 비율이 3배에 달한다. 공공 사회복지비 지출이 낮은 우리나라는 국민들의 삶의 만족도가 낮은 편이다. 이렇게 볼 때 복지비 지출 비율의 증가는 실질적인 삶의 질을 높이는데 필수적인 조건이다.

소주장2. 큰 정부는 적극적 시장 개입으로 안정적인 국가 경제 발전을 유도한다.

근거1. 선별적 산업·무역 정책을 통해 경제 발전을 이끌 수 있다.

정부가 시기별로 장려할 만한 가치가 있다고 판단되는 특정 산업을 발전시키기 위해 일종의 보호 무역 정책을 펴서 성공을 거둔 사례들이 다수 존재한다. 14, 16세기에 걸쳐 영국의 왕들은 자국의 모직 산업을 촉진하기 위해 수입되는 원모에 대해 관세를 부과하는 등 보호 무역 정책을 실행에 옮김으로써 영국의 모직 산업을 발전시켰다. 이러한 선별적 산업·무역 정책은 19세기 후반에서 20세기 후반까지도 시행되었는데, 일본·프랑스·오스트리아·핀란드·노르웨이의 경우를 사례로 들 수 있으며, 한국이나 대만 같은 신흥 공업국의 발전에도 크게 기여했다. 또한 정부의 적극적인 산업 정책은 시장 조절장치로서 경제 손실을 막고 특정 산업의 성장을 유도한다.[30] 기업의 규모가 증가함에 따라 장기평균총비용이 하락하면 규모의 경제(economies of scale)가 있다고 말한다. 규모의 경제에 따라 비용 구조가 결정되는 산업에서는 가격 경쟁이 벌어지기 쉬운데, 기업들이 경쟁 기업보다 싼 가격으로 상품을 내놓기 위해 심지어 장기간 손실까지 감수하기도 한다. 이렇게 과잉투자로 인해 경제 손실이 발생할 경우, 정부는 경제 손실을 줄이기 위해 해당 산업에 참여하는 기업의 수를 조절하거나 전체 산업 규모의 투자 계획을 수립하거나 수요 조건의 변화에 따라 진입 기업의 수를 조절하는 역할을 할 수 있다.

근거2. 중소기업 지원을 확대하여 국가 경제의 기반을 강화할 수 있다.

정부는 한정된 재원으로 국가 경제를 발전시키기 위해 상황에 맞는 정책을 입안하여 실행에 옮기려 노력한다. 이때 대기업에 치우친 경제 정책은 산업 기반을 약화시켜 국가 경제 발전에 부정적인 영향을 미친다. 예컨대, 국가 경제 발전의 뿌리인 중소기업의 체질 약화는 국가의 장기적인 경제 성장에 걸림돌이 된다. 중소기업이 국가 경제에서 차지하는 비중은 매우 크다. 흔히 대기업이 성장해야 나라 경제가 발전한다고 말한다. 그러나 우리나라의 경우 중소기업 비율이 전체 기업체의

99.9%를 차지하며, 전체 취업자의 88.1%가 중소기업에서 일한다. 이러한 상황에서 중소기업의 매출액 영업이익률이 늘지 않는 한 대다수 국민의 경제생활은 나아질 리 없다. 일본의 경우 1950년 때부터 부품 · 소재 산업을 유망산업으로 보고 차세대 기반산업으로 육성하려 꾸준히 지원했고,[31] 그 결과로 최근 일본 경제가 침체 상태에 빠졌는데도 부품 · 소재 산업은 불황을 겪지 않고 있다.[32] 이처럼 중소기업의 경쟁력은 국가 경제 발전에 좋은 영향을 준다.

산업이란 재화와 용역을 생산하고 공급하는 기업이나 조직 전체, 즉 1차 산업과 2차 산업, 3차 산업을 모두 가리킨다. 좁은 의미의 산업은 2차 산업인데, 일반적으로 공업을 가리키며 경제학에서는 제조업이라 부른다. 공업 또는 제조업은 1차 산업의 생산물을 원료로 노동력이나 기계를 사용해 소비재와 생산재(완제품 또는 최종재, 중간재, 소비재와 비소비재를 생산하는데 필요한 자본재)를 제조하는 경제활동 분야이다. 공업은 다시 경공업과 중화학 공업으로 나뉘며, 경공업은 섬유 공업을 비롯해 출판, 인쇄, 식료품, 잡화 등을 포함한 소비재 산업을 가리키고 중화학 공업은 기계, 제철, 조선, 자동차 제조업과 에너지 산업, 화학 공업을 포함한다. 중화학 공업은 다른 분야의 산업 발전에 토대라는 점에서 국가 경제의 기반이다. 그런데 우리나라의 경우 공업은 대기업을 중심으로 성장했고, 선진 공업국의 기계와 기술에 의존하는 조립가공업의 형태로 발전했다. 말하자면, 기계와 설비 등의 자본재와 자본 집약적 중간재인 부품을 일본 등에서 수입해서, 국내의 값싼 노동력을 이용해 조립 가공하여 생산한 제품을 해외 시장에 파는 수출 주도형 공업이 대기업을 중심으로 성장했다는 것이다. 그 결과로 국가 경제가 비약적으로 발전하기는 했으나, 이러한 수출 의존적 산업 구조는 대외 여건의 변화에 따라 경제 불안을 겪는 취약성을 드러냈다. 이에 정부는 부품과 소재, 자본재의 국산화를 위해 중소기업을 육성하는 정책을 꾸준히 펼쳤다. 특히 자동차 부품 산업의 경우, 정부의 정책적 지원과 기업 내부의 기술 혁신 노력에 힘입어 세계적인 부품 기업으로 성장했다.[33]

소주장3. 큰 정부는 기초 사회 문제를 잘 해결한다.

근거1. 소득 재분배로 소득 불평등을 완화할 수 있다.

시민권에 포함된 사회권을 보장하는 것이 큰 정부의 주된 과제이다. 그런데 빈부 격차는 주로 소득 불평등에서 비롯되고, 빈부 격차가 심하면 사회권을 보장하기 어려우며, 다양한 사회적 갈등을 일으킬 뿐만 아니라 경제 성장의 발목을 잡는 요인이 된다. 빈곤층이 1퍼센트 늘어날 때마다 국내총생산(GDP)은 약 0.22퍼센트 감소한다는 연구결과도 있다. 소득 재분배 정책의 성공으로 소득 불평등 정도가 크게 완화되었음을 보여주는 자료[34]에 따르면, 스웨덴의 경우 지니계수 변화율이 무려 101%에 달하고, 핀란드의 경우도 81%에 이른다. 이에 반해 한국은 OECD 회원국 가운데 소득 재분배 효과가 꼴찌로 나타났는데, 소득 재분배 효과는 시장소득 지니계수와 가처분소득 지니계수의 차이를 나타낸다. 한국의 시장소득 지니계수는 0.34였고, 가처분소득 지니계수는 0.31로 재분배 과정을 거치면서 개선된 효과가 0.03에 그쳤다. 이처럼 한국의 지니계수 변화율은 스웨덴이 101%에 달하는 것에 비해 20%에도 미치지 못한다. 선진국들은 대부분 한국에 비해 소득 불평등을 더 잘 완화시킴으로써 복지 확대의 기틀을 마련했다.

근거2. 교육 평등을 실현하고, 노인 복지 문제에 적절하게 대처한다.

복지의 여러 요소 가운데 교육 평등의 실현과 노인복지 문제해결은 사회 복지의 기초에 해당된다. 어떻게 살고 어떤 직업을 갖느냐는 바로 교육으로 결정된다고 해도 과언은 아니다. 북유럽의 핀란드 같은 복지 선진국은 모든 교육 과정을 무상으로 제공하지만, 우리나라의 경우에는 경쟁 만능의 교육 정책을 펼치고 있어 전 과정 무상교육과는 거리가 멀다.[35] 최근 OECD 통계에 따르면, 복지 선진국일수록 국내 총생산 대비 공교육비의 민간 부담률이 현격하게 낮게 나타났다.[36] 이처럼 교육 평등이 실현된 복지 선진국과 달리, 우리나라에서는 교육 양극화와 학벌에 따른 임금 차이 등으로 삶의 질이 떨어진다. 교육 평등이 실현된다면, 누구나 자신이 원하는 만큼 교육을 받고 직업을 선택해서 돈을 벌고 자신의 미래를 계획할 수가 있다. 또한 노인들의 행복한 삶을 보장하는 것은 무엇보다 중요하다. 노인들은 청장년 시절 사회를 위해 열심히 일했으므로, 사회가 상대적으로 약한 노인들의 안전하고 행복한 삶을 보장해 주어야 한다. 복지 선진국인 스웨덴의 경우, 1975년에 이미 65세 이상 노인 인구가 14%를 넘어 고령사회로 진입했으며, 1999년에는 17.8%에 달해 세계 최고 고령화 사회에 속한다. 스웨덴은 1960년대 초부터 노인복지 정책을 본격적으로 체계화하기 시작했고, 현재 노인복지 수준이 가장 높은 나라이다.[37]

(2) 주장 정당화

① 소주장1 정당화

소주장1. 현대 민주국가는 이념과 실제에서 복지국가를 지향한다.

근거1. 복지국가는 현대 민주국가의 헌법 정신을 반영한다.

근거2. 선진국들은 대부분 복지비 지출 비율이 높다.

민주 국가이지만 국가 경제 여건상 복지비 지출이 적은 중진국, 후진국들의 경우가 있기 때문에, 근거 1, 2는 소주장을 연역적으로 지지하지 않는다. 하지만 많은 국가들, 특히 선진국들은 법률적으로 복지국가를 지향할 뿐만 아니라 복지비 지출 비율도 대체로 높기 때문에, 실제로도 복지국가를 지향한다. 이러한 점에서 볼 때, 근거 1, 2는 소주장을 귀납적으로 지지한다. 특히 그러한 국가가 점차 증가하고 있다는 점에 비추어 위 논증은 좋은 귀납이라고 할 수 있다.

② 소주장2 정당화

소주장2. 큰 정부는 적극적 시장 개입으로 안정적인 국가 경제 발전을 유도한다.

근거1. 선별적 산업・무역정책을 통해 경제 발전을 이끌 수 있다.

근거2. 중소기업 지원을 확대하여 국가 경제의 기반을 강화할 수 있다.

한 국가 경제는 대내외에 모두 영향을 받기 때문에 대외적으로 예기치 않았던 상황, 가령 급작스런 전쟁과 가뭄, 홍수 등의 상황에 의해 그 국가가 경제적으로 발전하지 못하게 되는 경우가 있을 수 있기 때문에, 근거 1, 2는 소주장을 연역적으로 지지하지 않는다. 하지만 그러한 상황은 실제로 잘 발생하지 않으며, 정부가 근거 2처럼 국가 경제의 기반을 강화하고 근거 1처럼 경제 발전을 이끌 경우, 대부분 경우에 국가의 경제가 발전하게 된다. 이렇게 볼 때, 근거 1, 2는 소주장을 잘 지지하는 좋은 귀납이라고 할 수 있다.

③ 소주장3 정당화

소주장3. 큰 정부는 기초 사회 문제를 잘 해결한다.

근거1. 소득 재분배로 소득 불평등을 완화할 수 있다.

근거2. 교육 평등을 실현하고 노인 복지문제에 적절하게 대처한다.

소득 불평등이 완화되고 노인 복지 문제가 해결되었지만 엄청나게 높은 집값으로 기초 사회 문제의 하나인 주거 문제가 전혀 해결되지 않는 상황을 상상할 수 있다. 이 점에서 근거 1, 2는 소주장을 연역적으로 지지하지 않는다. 하지만 소득 불평등 완화, 노인복지 문제해결이 기초 사회 문제해결에 해당하기 때문에, 근거들은 소주장을 부분적으로 지지해 준다. 이렇게 볼 때 근거 1, 2는 소주장을 귀납적으로 지지한다.

(3) 최종 주장 정당화

주장: 큰 정부가 국가의 역할 수행에 바람직하다.

큰 정부의 복지정책이 현대 민주국가의 이념과 실제에 맞고 큰 정부가 안정적인 국가 경제 발전을 유도하며, 기초 사회문제를 잘 해결하더라도 과도한 세금으로 국민들 대다수가 해당 정부에 불만을 갖고, 그것이 폭력적인 행동으로 나타나 사회가 불안하게 되는 상황을 상상할 수 있다. 이렇게 큰 정부가 국민의 안전과 보호라는 국가의 기본 역할을 제대로 수행하지 못하게 되는 경우가 발생할 수도 있기 때문에, 소주장 1, 2, 3은 최종 주장을 연역적으로 지지하지 않는다. 하지만 실제로 큰 정부를 구현한 복지국가들에서 조세 저항으로 인한 폭력적인 사태는 일어나지 않고 있다. 그래서 각각의 소주장에 비추어 복지 국가, 안정적인 국가 경제 발전, 기초 사회 문제해결 같은 국가의 중요한 역할을 큰 정부가 잘 수행할 수 있기 때문에, 큰 정부가 바람직한 정부라고 할 수 있다. 이렇게 볼 때, 소주장들은 최종 주장을 잘 지지해주는 좋은 귀납이라고 할 수 있다.

3) 결론

큰 정부는 안정적인 경제 발전을 유도하고 국민 전체의 복지를 책임지기 때문에 작은 정부보다 더 바람직하다. 그런데 큰 정부가 복지 정책을 시행하려면 복지 예산을 확보해야 하고, 복지 예산은 세수 확보에 달려 있다. 국민이 정부를 불신하고 조세 저항이 크면 큰 정부의 목표를 달성하는 것은 불가능하다. 따라서 정부는 세금 징수가 국가의 보존과 국민의 복지를 위해 필요한 일이며, 부유세나 누진세, 소득세, 법인세를 적정 수준까지 올려야 복지 정책을 실현할 수 있음을 국민에게 설득해야 한다. 자본주의 사회에서는 경제 성장이 이루어지면 사회 양극화가 심화되기 마련이다. 국가는 경제 성장에 따른 기초 사회 문제를 해결하기 위해 알맞은 복지정책을 수립하고 실행에 옮길 의무가 있다. 복지문제는 정부가 나서야 가장 잘 해결할 수 있고, 복지문제가 해결되어야 국민 전체의 삶의 질이 높아진다.

4) 참고 문헌

1) 김태성, 성경륭, 『복지 국가론』(나남, 2009 2판 10쇄)
2) 박종현, 『케인즈&하이에크 시장 경제를 위한 진실게임』(김영사, 2008)
3) 박승희 외, 『스웨덴 사회복지의 실제』(양서원, 2007)
4) 서승원, 『대한민국 중소기업 다시보기』(인터북스, 2009)
5) 장하준, 이종태 · 황해선 옮김, 『국가의 역할』 (부키, 2006)
6) Carl Marx, 김수행 옮김, 『자본론』 상, 하(비봉출판사, 2009 제2개역판 6쇄)
7) J. M. Keynes, 조순 옮김, 『고용, 이자 및 화폐의 일반이론』(비봉출판사, 2009 개역판 2쇄)
8) J. B. Taylor, 이상규 외 옮김, 『테일러 경제학』(시그마 프레스, 2004 4판)
9) P. Krugman, 김이수 · 오승훈 옮김, 『경제학의 향연』(부키, 2009 13쇄)

3. 반대 측 발표문 예시

반대 측 주장: 작은 정부가 국가의 역할 수행에 바람직하다.

1) 서론

(1) 주장 배경

작은 정부론은 자본주의 체제 아래서 정부가 주도하는 경제 정책과 사회 복지정책에 대한 반발로 등장하는데, 1970년 후반부터 영국과 미국을 중심으로 성장한 신자유주의에 기반을 두고 있다. 1930년대 세계 대공황과 2차 세계대전의 여파로 케인즈의 국가 개입주의가 유럽과 미국의 정치와 경제를 지배했다. 그러나 국가 재정 악화와 복지병 등의 부작용으로 인해 큰 정부의 비효율을 지적하는 입장들이 생겨났고, 이러한 입장을 대변하는 것이 작은 정부이다. 작은 정부에서는 큰 정부의 비효율을 막을 대안으로서, 민간 기업에 대한 규제와 간섭을 줄이고 최대한 경제 성장을 추구한다. 또 작은 정부는 국가의 주된 역할을, 자유롭게 경제생활을 할 수 있도록 국민 모두에게 형식적 · 법적 자유를 보장하고, 자유로운 경제 활동을 위한 안전과 질서를 제공하는 것으로 본다. 국민은 국가가 제공한 질서 안에서 일을 함으로써 소득을 올리고 자신의 소득을 스스로 관리할 때 자유롭다. 국가의 역할 가운데 국민 전체에게 수준 높은 복지를 제공하는 것이 가장 중요하다고 말하는 사람들이 있다. 그러나 복지국가라는 이상만으로 복지국가가 실현되지는 않는다. 정부의 복지 확대도 경제 성장이 뒷받침되어야만 실현될 수 있고, 경제 성장이 없이는 복지도 향상될 수 없다. 이런 점에서 볼 때, 작은 정부가 큰 정부보다 국가의 역할 수행에 바람직하다.

(2) 주요 용어 설명

① 국가의 역할 : 개인과 기업의 자유로운 경제활동을 보장하기 위해 안전과 질서를 유지하고 재산권을 우선적으로 보호해야 한다. 국가는 국민의 자유를 최대한 보장하고, 개인과 기업이 스스로 획득한 재화의 사적 재산권을 침해해서는 안 된다. 또한 보편적 복지의 실현에는 부작용이 따르므로, 국가는 경제활동의 자유를 보장함으로써 경제 성장을 유도하고 더 많은 일자리를 창출하려 노력해야 한다. 국민에게 일자리를 제공함으로써 경제생활 수준을 높이는 것이 국가의 중요한 역할이다.[38]

② 작은 정부 : 정부의 재정 규모를 축소하고 정부의 시장 개입을 최소로 하며, 사회 복지비 지출을 확대하지 않고 경제 성장을 통한 소득 증가에 역점을 두는 정부 형태이다.

③ 경제 성장 : 인류 역사에서 경제 성장이 시작된 시기는 1800년대 산업혁명 이후로 보는 것이 일반적인 평가이다. 경제 성장이란 곧 생산성의 성장을 말하는데, 생산성(productivity)이란 근로시간당 생산력(사람들 대부분의 복지를 결정하는 노동의 생산력)을 뜻한다. 오늘날 경제 성장에 영향을 미치는 요소는 노동, 자본, 기술이다. 생산성이 증가하면 국민 평균 소득이 증가하여 국민 경제 생활이 나아지고, 생산성이 저하되면 국민 평균 소득이 낮아져 국민 경제 생활이 나빠진다.[39] 이와 유사한 개념인 국가 경쟁력은 경제 측면에서 국가의 생산성이나 국민 소득 증대 능력과 잠재 성장 능력을 말하며, 넓은 의미로는 한 국가의 공공 부문과 민간 부문을 포괄하는 총체적인 경쟁력을 말한다.

④ 경제적 자유주의 : 경제적 자유는 직업 선택, 재산 사유(私有), 사적 이윤 추구, 계약 등의 자유를 의미한다. 이러한 자유를 인정하고 충분히 발휘하게 함으로써 경제 질서가 실현된다는 것이다. 경제적 자유주의를 기반으로 경제학 체계를 수립한 사람이 애덤 스미스이다. 그는 인간이 본래 이기적인 동기로 자기의 처지를 개선하려고 하기 때문에, 각자의 경제활동을 자유롭게 방임한다면, 그들은 최대의 부(富)를 생산할 것이며, 또 각자의 경제활동은 결코 사회를 혼란하게 하지도 않고 '보이지 않는 손(invisible hand)'에 이끌려 경제사회는 조화로운 발전을 이룩할 것이라고 주장했다.[40]

⑤ 신자유주의 : 미국 시카고 대학교의 프리드먼 교수를 중심으로 주장된 경제학 이론이다. 시장에서 합리적 경제활동을 보장하려면 정부가 시장에 개입하지 말고 개인의 경제적 자유를 인정해야 한다는 입장이다. 제1차 세계대전 이후 미국과 영국 등은 케인즈의 수정 자본주의 이론을 도입함으로써 공황의 수렁에서 벗어났으나, 1970년대 후반 이후 스태그플레이션이 장기적으로 나타나자 자유시장과 규제완화, 재산권을 중시하는 신자유주의가 등장했다.[41]

또한 공공복지 제도를 확대하는 것은 정부의 재정을 팽창시키고 근로 의욕을 감소시키는 '복지병'을 초래하고, 생산성이 낮아져 국가 발전을 저해한다고 주장하기도 한다. 그래서 신자유주의 정책을 펼치는 작은 정부에서는 보편적 복지가 아니라 선별적 복지를 지향한다. 빈곤층뿐만 아니라 중산층을 포함한 국민 전체의 복지를 정부가 책임지는 보편적 복지와 달리, 선별적 복지란 국가에 의한 복지 제공의 수준이 시장에서 제일 싼 임금으로 일하는 노동자의 생활수준보다 높아서는 안 된다는 원칙 아래 최소 복지를 제공하는 것이다.

(3) 논의 범위

국가의 역할을 안전과 질서의 제공과 재산권의 보장에 두는 최소 국가 이론을 수용하고, 정부의 규모가 커지면 권력이 집중되고, 권력이 집중되면 자유 민주주의를 위협한다는 자유 시장 옹호론자의 관점에서 논의를 전개했다. 자유 시장 옹호론이 설득력을 갖는 나라는 후진국이나 개발도상국이 아니라 민주주의 경제 선진국들이므로, 특히 후진국들은 논의에서 배제했다.

2) 본론 – 논증 구성

(1) 근거 입증

주장 : 작은 정부가 국가의 역할 수행에 바람직하다.

소주장1. 자유 시장경제는 민주주의 이념과 합치한다.

근거1. 경제적 자유가 개인의 자유 실현을 위한 바탕이다.

민주주의를 지탱하는 두 원칙은 개인의 자유가 보장되어야 한다는 것과 만인이 평등하다는 것이다. 국제연합 인권선언문은 제1-3조에서 모든 사람이 자유권을 가지며, 제7조에서는 평등권을, 제17조에서는 재산권을 가진다고 선언한다.[42] 그러나 현실의 삶 속에서 이 세 권리는 서로 충돌을 일으킨다. 대한민국 헌법에서도 모든 국민의 자유권과 평등권을 보장하면서, 제119조에서는 대한민국의 경제 질서는 개인과 기업의 경제상의 자유와 창의를 중시한다고 명시한다.[43] 그러나 국민의 평등권을 보장하기 위한 정부 주도의 경제 계획이 개인의 경제적 결정권을 침해하게 되어 문제가 발생한다. 자유 시장경제를 옹호하는 사람들은 개인의 경제적 자유를 평등의 실현보다 중시한다. 왜냐하면, 누구나 노력하여 스스로 자신의 직업을 선택하고 소득을 올리며, 소득을 바탕으로 소비하기를 원할 것이기 때문이다. 자유 시장경제에서는 가격이 자유롭게 결정되고 사유재산권이 보장되며 자유롭게 거래한다. 이렇게 경제활동에서 개인의 자유를 존중한다는 것은 바로 개인이 자기 자신의 목적을 정하는 최종적 재판관이 되고, 자신의 견해가 자신의 행동을 지배한다는 뜻이다. 이렇게 볼 때, 개인은 경제활동의 자유를 보장받고 경제적 자유를 행사함에 따라 실질적으로 자유로워진다.

근거2. 자유 시장의 도입은 시민 민주 의식의 확대를 야기한다.

모든 권력 집중은 다수이든 소수이든, 기존 권력을 계승했든 새로 수립되었든 독재로 흐를 가능성이 있다. 정치 권력이든 경제 권력이든 집중이 일어나면, 부패하고 독재와 전횡으로 이어질 확률이 높아진다. 사회주의의 계획 경제는 만인에게 더 큰 자유, 즉 경제적 제약에서 벗어난 실질적 자유를 보장해 줄 수 있다고 선전했지만, 사회주의 계획 경제의 결말은 자유의 부정으로 이어졌다. 이에 반해, 시장의 경쟁 체제에서는 정치권력이 누가 무엇을 얼마나 가질지 강제하지 못한다. 경쟁은 권력의 강제적이고 자의적인 간섭 없이도 인간의 행위들이 서로 조정될 수 있는 가장 효율적인 방법이며, 경쟁을 선호하는 핵심 주장은 의식적인 사회적 통제가 필요하지 않다는 점과, 위험 요소들을 상쇄하고 남을 만큼 전망이 있는지 스스로 결정할 기회를 개인에게 부여한다는 점이다.[44] 시장경제가 도입되면 자유 경쟁을 하게 되고, 시장 참여자라면 누구나 기업이든 개인이든 거래 대상자를 찾을 수 있는 한 어떤 가격으로라도 자유롭게 생산하고 팔고 살 수 있다. 이러한 경제적 자유는 시민의 민주의식을 일깨우는 효과가 있다. 예컨대, 1989년에 일어난 중국의 천안문 사건은 시장경제를 도입한 이후 민주화 요구가 커질 수 있음을 보여준 대표적 사례이다.[45] 중국은 공산당이 지배하는 사회주의 국가로서 부분적으로 시장경제를 도입했다. 그러나 시장경제의 도입은 모든 경제 주체들의 자기 이익 추구 본능을 일깨움과 동시에, 민주와 자유를 향한 갈망이 드러나는 계기가 되었다. 모두 평등하게 못살 때는 불만이 표출되지 않을 수 있지만, 정치 개혁의 부진으로 공산당에 속한 특권층의 부패가 만연하고, 빈부격차가 심해짐에 따라 정치 개혁을 요구하는 민주화 운동이 일어나게 된다. 이렇게 볼 때, 시장의 자유경쟁은 시민의 민주 의식을 고취함으로써 사회 변화를 이끌 수 있다.

소주장2. 정부의 시장 개입이 축소될수록 경제 발전에 이릅다.

근거1. 시장경제는 정부의 개입이 적을 때 효율적으로 작동한다.

시장경제는 정부 주도의 계획경제보다 훨씬 잘 작동한다. 서유럽과 미국의 시장경제가 동유럽의 계획경제보다 잘 작동했기 때문에, 동유럽의 많은 나라들은 자유시장경제 체제로 전환했다. 이러한 전환이 일어난 까닭은, 시장경제의 생산성이 계획경제의 생산성보다 더 높고, 소비자에게 품질이 더 좋고 더 다양한 재화와 서비스를 제공하는데 성공했기 때문이다. 일찍이 정치적 자유주의를 경제에 적용한 사상가인 애덤 스미스는, 개인의 경제 활동의 자유를 최대한 보장하고 국가의 간섭을 최대한 배제하는 것이 국부 창출에 도움이 된다고 주장했다.[46] 시장의 작동 원리에 따라 서로 의존하는 수많은 경제 주체들의 의사결정이, 수요와 공급에 의해 자연스럽게 조정되어 균형가격이 형성되면서 전체 경제가 발전한다는 것이다.[47] 이를 보여주는 구체적 사례로, 중국의 시장경제 도입을 들 수 있다. 중국은 1978년부터 개혁 개방정책의 하나로 경제특구를 지정해 시장을 개방했는데, 외국의 자본이나 기술을 도입하기 위해 100% 외자 기업 인허가, 수출입 관세 면제, 기업이나 개인의 국외 송금 자유, 소득세 3년 거치 등의 특혜로 수출 주도형 경제 발전을 이룩했다.[48] 중국의 이러한 경제 발전은 사회주의 계획경제와 달리 정부의 시장 개입을 축소한 결과로 가능했다.

근거2. 신자유주의 주요 정책은 국가 경제 발전에 기여한다.

신자유주의의 주요 정책에는 규제 완화와 공기업 민영화가 포함되는데, 규제 완화는 작은 정부에서 특히 중점적으로 추진하는 정책이다. 2008년 한국은행 보고서에 따르면, 주요 선진국들은 우리나라에 비해 기업 활동 규제지수가 낮으며, 규제지수가 낮을수록 경제 자유도와 경쟁력이 높은 것으로 나타났다.[49] 경제 규제가 적을수록 경제 성장률이 높아졌다는 말이다. 또한 정부가 직접 운영하는 공기업[50]은 경영자나 직원들이 사기업의 경우와 달리 경쟁의 압박을 받지 않기 때문에 기업의 효율성을 높이려는 유인이 없고, 법률상 독점 기업이기 때문에 상품 시장의 규율과 자본 시장의 규율에 영향을 받지 않는다. 그래서 많은 공기업이 부실해질 가능성이 높다. 이에 반해 부실한 공기업들이 민영화 이후 더 성장한 사례는 많다. 우리나라의 경우는 한국중공업이 두산중공업으로, 한국통신이 KT로, 담배인삼공사가 KT&G로 민영화 되어 국민 세금을 축내지 않으면서 국부를 늘리는데 기여했고, 일본의 경우에도 주요 3공사(이동통신, 철도, 담배 업체)가 민영화 이후 효율성과 수익성이 대폭 개선되었다.[51] 포스코건설도 2000년 10월 4일 민영화가 완료되었고, 민영화 이후로 매출이 꾸준히 상승한 것으로 나타났다.[52]

소주장3. 국가경제가 발전해야 복지가 향상된다.

근거1. 생산성 저하는 정부의 복지비 지출을 감소시킨다.

18세기부터 유럽과 미국을 중심으로 시작된 정치 민주화는 보통 · 평등 선거권의 확대와 더불어 유럽 각국과 미국에 확산되었고, 19세기 후반과 20세기 초반에 걸쳐 민주 국가로 발전했다. 이러한 정치적 변화 속에서 시민들의 복지 문제를 국가가 해결하려 노력한 결과, 여러 선진국의 복지 수준이 매우 높아졌다. 그러나 독일이나 영국, 스웨덴 같은 복지 선진국들은 저성장으로 인해 복지비 지출 규모를 줄일 수밖에 없는 상황에 직면했다.[53] 경제와 복지 측면에서 성공한 국가로 알려진 스웨덴의 경우, 1980년대 말 이후 국가 경제가 나빠져 마이너스 성장을 기록했고, 유럽 대륙의 다른 복지 국가들과 달리 아주 낮았던 실업률도 8-9%로 크게 높아졌다.[54] 이에 따라 스웨덴 복지제도에도 변화가 일어나기 시작했는데, 사회보장에 쓸 자금 부족 문제를 해결하기 위해 1998년에는 민간 연금제도를 도입했다. 보편적 복지를 실현하려면 재정 규모가 커야 한다. 또 부가 계속 창출되어야 국가 재정을 확충할 수 있고 복지비 지출도 가능해진다. 스웨덴과 독일 같은 복지 선진국이 수준 높은 복지 정책을 실행에 옮길 수 있었던 배경은 경제 번영이었는데, 복지 선진국들도 20세기 후반으로 접어들면서 생산성이 저하되고, 그로 인한 경기 침체로 보편적 복지 정책이 한계에 부딪쳤다.

근거2. 경제성장에 따른 소득 증가가 국민의 복지 증진에 기여한다.

시장경제 안에서는 자원 배분이 원활하게 이루어져 국가 전체의 생활수준이 향상된다. 한 나라 국민의 운명은 궁극적으로 그 나라가 당면한 경제 문제들을 어떻게 해결하느냐에 달렸다 해도 과언은 아니다. 국내 총생산(gross domestic product: GDP)은 일정한 기간 동안 한 국가에서 생산된 모든 최종재와 서비스의 가치를 나타내는 지표인데, 인플레이션을 고려해 조정한 국내 총생산을 실질 GDP라 하고, 조정을 거치지 않은 국내 총생산을 명목 GDP라 한다.[55] 실질 GDP는 경제에서 실제 생산의 증가를 측정하는 보다 좋은 지표이며, 보통 경제성장이란 실질 GDP의 증가를 의미한다. 이러한 실질 GDP의 증가, 즉 경제성장은 국민 개개인의 복지를 높이는 효과를 낸다. 평균수명 연장, 깨끗한 환경, 전쟁 위협의 감소, 범죄와 유아 사망 가능성의 감소 등이 개인의 복지를 결정하는 요인이다. GDP가 바로 복지 요인들의 지표는 아니지만, 실질 GDP가 증가함에 따라 개인의 복지를 결정하는 요인들 가운데 평균 수명은 늘었고, 영아 사망은 감소한 것으로 나타났다.[56] 이러한 개인 복지의 변화는 경제성장에 따라 개인의 소득이 증가했기 때문에 일어난 것이다.

(2) 주장 정당화

① 소주장1 정당화

소주장1. 자유 시장경제는 민주주의 이념과 합치한다.

근거1. 경제적 자유가 개인의 자유를 신장시킨다.

근거2. 자유 시장의 도입은 시민 민주의식의 확대를 야기한다.

근거 1, 2는 소주장을 연역적으로 지지하지 않는다. 첫째로, 자유 시장경제에서는 막대한 경제력이 출현하여 정치권력과 결탁함으로써 1인 1표 방식의 민주적인 의사결정이 무력화될 수 있기 때문이다. 둘째로, 경제활동과 재산권 행사에서는 자유를 보장받지만, 자유 시장경제가 필연적으로 수반하는 소득 불평등이 해소되지 않아서 하위 계층은 교육, 경제, 정치 등의 분야에서 민주주의의 중요한 가치 중 하나인 평등권을 실질적인 측면에서 보장받지 못하는 경우가 얼마든지 가능하기 때문이다. 하지만 근거 1, 2의 내용은 소주장1의 내용을 부분적으로 지지하는 좋은 귀납이라고 볼 수 있다. 왜냐하면, 자유 시장체제를 유지해서 개인의 경제활동의 자유를 실질적으로 보장하는 것도 민주주의의 주요 가치 가운데 하나이고, 시민들이 자유 시장체제를 경험해서 정치권력에 기대 무임승차로 부를 독점하는 부정의에 맞서는 의식도 민주주의 실현의 중요한 토대이기 때문이다.

② 소주장2 정당화

소주장2. 정부의 역할이 축소될수록 경제발전에 이롭다.

근거1. 시장경제는 정부의 개입이 적을 때 효율적으로 작동한다.

근거2. 신자유주의 주요 정책은 국가 경제발전에 기여한다.

작은 정부이지만 국가 간 군사 문제나 역사 문제를 둘러싼 외교의 실패로 무역관계가 악화되는 경우를 생각해볼 수 있기 때문에, 근거 1, 2는 소주장을 연역적으로 지지하지 않는다. 외교 문제가 장기간 지속되거나 끝내 해결되지 않으면, 대외무역 의존도가 높은 나라일수록 경기 침체를 벗어나기 어렵다. 하지만 시장은 특성상 자생적이고 다양한 변수에 의해 원활히 움직이며, 신자유주의의 주요 정책은 그러한 변수를 적극적이고 충분히 고려한다는 점에서, 근거 1, 2는 소주장2를 귀납적으로 잘 뒷받침한다. 다시 말해서, 근거 1, 2에 따를 때, 소주장2에서 말하는 '이롭다'는 다음과 같은 뜻이 된다. 경제활동을 근본적으로 제약하는 요소가 최소화된 상태에서 경제 주체는 실질적이고 구체적으로 행동할 수 있다.

③ 소주장3 정당화

소주장3. 국가경제가 발전해야 국민복지가 향상된다.

근거1. 생산성 저하는 정부의 복지비 지출을 감소시킨다.

근거2. 경제성장에 따른 소득 증가가 국민의 복지 증진에 기여한다.

근거1, 2는 소주장3을 연역적으로 지지하지 않는다. 왜냐하면, 국가경제가 발전했는데도 국민복지 향상에 필요한 재정이 매우 부족한 경우, 즉 경제 발전의 실질적인 수혜자이면서 사실상 복지의 필요성을 인식하지 못하는 기득권층이, 조세 저항을 강력히 일으키는 경우를 생각해 볼 수 있기 때문이다. 하지만 국내 경제의 생산성 저하는 복지에 필요한 최소한의 세수 마련을 어렵게 할 수 있고, 국민 개인소득이 기본적인 의식주뿐만 아니라 의료, 교육 측면에서도 개인 삶의 질을 높이는 중요한 요인이므로, 위 논증은 좋은 귀납논증이라고 할 수 있다. 그러니까 소주장3에서 말하는 '국민 복지의 향상'이란 현재 복지 수준에서 최소한 더 낮아지지 않는다는 것, 그리고 국가가 적극적으로 개입하지 않더라도 국민 개개인이 더 나은 삶을 꾸려나갈 토대를 스스로 마련한다는 뜻이다.

④ 최종 주장 정당화

주장 : 작은 정부가 국가의 역할 수행에 바람직하다.

작은 정부가 특히 개인의 자유와 재산권을 적극적으로 보장한다는 점에서 민주주의 이념을 잘 구현하고, 시장의 형성과 발전에 관한 자생적 논리를 존중함으로써 전체적인 생산성 증가를 이끌어내는데 도움이 될 수 있다. 또한 실제로 경제 생산성이 증가할 경우 복지에 필요한 재원 역시 충분히 마련될 가능성이 있다. 이는 작은 정부가 정치와 경제 측면에서 바람직한 정부 형태임을 뜻한다. 그러나 양극화가 회복될 수 없을 정도로 심화되어 국민 전체에 위화감을 조성함으로써 사회가 불안해지고, 무력해진 소외 계층은 정치 참여나 교육 기회, 또는 문화생활을 실제로 향유할 기회가 아예 없어질 수 있다. 이 경우 국가는 특히 기본 책무 가운데 하나인 국민의 존엄성 보장에 실패할 뿐더러, 장기적으로는 경쟁력 있는 생산인구를 감소시킴으로써 정치와 경제 측면에서 매우 부정적인 결과를 낳을 수 있다. 이는 국가가 본연의 역할을 충실히 수행하지 못함을 뜻한다. 이렇게 볼 때 소주장 1, 2, 3은 최종 주장을 연역적으로 뒷받침하지 않는다. 하지만, 특히 현대 민주 사회에 이르러 전반적이고 심각하게 국가의 기능이 무력화된 경우는 사실상 없다. 그러므로 위의 소주장 1, 2, 3은 최종 주장을 귀납적으로 잘 지지한다.

3) 결론

자유 시장경제 체제는 개인의 자유를 존중하고 경제발전을 이룩하는 근간이며,

경제발전은 국민 복지 향상의 바탕이다. 따라서 자유 시장경제 체제에 대한 확고한 신념을 반영한 작은 정부가 국가의 역할 수행에 바람직하다. 19세기 이후 국가의 역할은 계속 확대되었고, 정치권력이 국민 생활의 전반에 걸쳐 개입하고 영향력이 더욱 커졌다. 국가의 힘이 커질수록 국민 개개인의 자유로운 결정권은 약화될 수 밖에 없다. 국가는 국민 생활에 직접 개입하지 않고, 국민 개개인이 자유와 양심에 따라 경제적, 정치적 선택을 하고 행동할 수 있도록 질서와 안전을 책임지면 된다. 정부가 사기업이나 민간단체에 권력을 나누어 줌으로써 작은 정부를 지향할 때, 경제가 더 발전하고 국민 개개인의 자율권도 신장시킬 수 있을 것이다.

4) 참고 문헌

1) 박종현, 『케인즈와 하이에크』(김영사, 2008)
2) 장정길 외, 『작은 정부론』(부키, 2007)
3) 장하준, 이종태, 황해선 옮김, 『국가의 역할』(부키, 2006)
4) A. Smith, 김수행 옮김, 『국부론』 상, 하(비봉출판사, 2009 개역 초판 3쇄)
5) F. A. Hayek, 김이석 옮김, 『노예의 길』(나남출판사, 2006)
6) J. B. Taylor, 이상규 외 옮김, 『테일러 경제학』(시그마 프레스, 2004 4판)
7) P. Krugman, 김이수 · 오승훈 옮김, 『경제학의 향연』(부키, 2009 13쇄)
8) N. G. Mankiw, 김경 · 김종석 옮김, 『맨큐의 경제학』(교보문고, 2009)

제 4 절

토론 실습

학습목표	1. 준비한 발표문을 바탕으로 조별 토론에 참여할 수 있다. 2. 전체 토론으로 논제를 심화한다.
기본개념	입론, 확인 질문과 답변, 반론과 답변, 청중 질문과 조별 답변, 청중 자유 발언과 총평

1. 조별 토론

1) 입론

입론자는 발표문을 바탕으로 발표하는데, 그대로 읽는 것이 아니라 각 항목의 주요 내용을 요약하여 청중에게 명확하게 전달한다. 우선 논제에 대한 분명한 입장을 밝히고, 주장 배경과 주요 용어를 설명하면서 논의 범위를 한정한다. 다음에 소주장과 근거, 근거 자료를 차례차례 말하는데, 근거 자료가 근거를 어떻게 입증하는지, 근거가 주장을 어떻게 뒷받침하는지 분명하게 설명한다. 특히 상대측이 제시할 만한 근거의 신뢰성을 약화시킬 수 있는 자료를 근거 자료로 활용한다. 결론에서는 본문의 주장과 근거를 간략하게 정리한다.

2) 확인 질문과 답변

확인 질문과 답변은 다른 말로 교차 조사(cross-examination)라고도 한다. 찬성 측은 반대 측 입론에 대해, 반대 측은 찬성 측 입론에 대해 질문하고 답변하기 때문에 교차 조사라 부른다. 확인 질문은 정확한 정보를 교환하는 시간이므로, 지나치게 상대를 다그치거나 무례하게 대답을 요구하는 것은 바람직하지 않다.

확인 질문은 다음 세 가지 사항을 염두에 두고 진행한다. 첫째, 세부 쟁점을 정확하게 확인한다. 둘째, 자료 출처와 내용을 확인한다. 셋째, 불분명한 용어나 명확하지 않은 진술의 의미를 확인한다.

확인 질문에서 찬성 측과 반대 측 모두에게 필요한 질문 요령은 다음과 같다. 첫째, 발표문의 범위 안에서 질문한다. 둘째, 질문의 요점을 명확하고 간결하게 전달한다. 셋째, 예의를 갖추어 질문한다. 강압적인 태도로 질문하여 상대를 위축시키거나 빈정대는 태도로 질문하면 청중의 반감을 사게 된다는 점에 유의해야 한다. 넷째, 질문을 하면서 미리 준비한 질문지에 표시하면서 질문한다. 그래야만 자신이 한 질문을 잘 기억하고, 상대가 응답으로 제시한 답변이 적절한지 여부를 판단할 수 있다.

답변 요령은 다음과 같다. 첫째, 발표문에서 말한 주장이나 세부 쟁점과 관련이 있는 질문에 대해서만 응답한다. 둘째, 가능한 한 발표문에 제시된 근거를 활용하여 답변한다. 셋째, 앞으로 더 제시할 수 있는 대안이나 선택의 여지를 남겨놓는다. 이 밖에 '만약 ~라면'식의 가정적인 질문에 대해서는 '~라는 가정 아래서 답변한다면'이라고 전제한 후 답변한다. 또 상대의 질문에 당장 적합한 답변이 떠오르지 않을 때는 "잘 모르겠습니다."라고 답변하지 말고, "현재로선 정확하게 말씀드리기 어렵습니다."라고 답변한다.

【반대 측 확인 질문과 찬성 측 답변 예시】

① (세부 쟁점) 소주장 1에서 현대 민주국가가 실제에서 복지국가를 지향한다는 것과 큰 정부는 어떤 관계가 있습니까?

⋯▸ 현대 민주국가가 복지국가를 실현하려면 세수입이 충분해야 합니다. 중산

층 이상의 국민까지 복지를 확대하려면 정부 재정규모가 커질 수밖에 없고, 재정 상태를 강화하기 위해 정부는 개인의 재산권을 침해하는 조세 정책을 실행하게 됩니다. 또한 세수를 충분히 확보하려면, 국가경제를 고르게 성장시켜 생산 인구 범위에 속하는 전체 국민이 생산 활동에 참여하도록 해야 합니다. 이를 위해 정부는 시장에도 적극적으로 개입하게 됩니다. 따라서 복지국가는 재정규모가 크고 시장에 적극적으로 개입한다는 점에서 큰 정부를 지향합니다.

② (자료 출처와 내용) 소주장3의 근거 1 관련 자료에서 유경준 보고서를 인용했는데, 정확한 출처는 어디입니까?

⋯▸ 한국개발연구원(KDI) 정책포럼 유경준 연구원의 "소득분배 국제비교를 통한 복지정책의 방향 "(2003), KDI 보도자료 유경준 연구원의 "중산층의 정의와 추정"(2008)입니다. 발표문에 정확한 출처를 추가하겠습니다.

③ (불분명한 용어) 소주장3의 '기초 사회문제'란 용어는 정확하게 무엇을 뜻합니까?

⋯▸ '기초 사회문제'란 인간이 살아가는데 꼭 필요한 것들이 충족되지 않을 때 생겨나는 문제입니다. 가령, 의식주 문제가 대표적인 기초 사회문제에 해당됩니다. 그러나 복지국가를 지향하는 민주국가는 대체로 선진 자본주의 국가이므로 의식주 문제가 심각하게 제기되지는 않습니다. 이러한 의식주 문제뿐만 아니라 교육 문제와 노인복지 문제가 기초사회 문제에 해당합니다.

④ (명확하지 않은 진술) 소주장2는 "큰 정부는 적극적 시장 개입으로 안정적인 국가경제 발전을 유도한다."입니다. 이 주장에서 '적극적'이나 '안정적인'이란 수식어의 의미가 불분명해 보입니다. 두 낱말의 의미를 구체적으로 어떻게 규정할 수 있고, 전체 진술의 분명한 의미는 무엇입니까?

⋯▸ '적극적'이란 말은 시장에 문제가 발생할 경우, 예컨대 독과점이 발생하거나 외국 투기 자본이 대량 유입되었을 경우 즉각 제재하고, 국가경제 발전에 도움이 되는 유망 산업 분야를 미리 예측하여 과감하게 육성한다는 뜻입니다. '안정적인'이란 말은 특정 기업이 특정 산업 분야에서 대기업이나 중소

기업이 상생할 수 있도록 조치하고, 한 나라 안에서 지역 간 격차가 벌어지지 않도록 균형발전을 유도한다는 뜻입니다.

【찬성 측 확인 질문과 반대 측 답변 예시】

① (세부 쟁점 확인) 소주장1의 자유 시장경제가 민주주의 이념과 합치한다는 주장과 작은 정부는 어떤 관계가 있습니까?

⋯› 자유 시장경제의 특징은 경제 주체들이 자유롭게 자기 이익을 위해 생산하고 팔고 살 수 있다는 것입니다. 이것은 민주주의 이념 가운데 하나인 개인의 자유를 존중한다는 원칙과 흡사합니다. 민주주의 사회에서는 누구나 자신의 선택에 따라서 목표를 세우고, 그 목표를 실현하기 위해 행동할 자유가 있습니다. 정부는 공공복리를 위한 예외적인 상황을 제외하면 국민 개개인의 자유를 침해해서는 안 됩니다. 이와 마찬가지로, 정부는 시장 질서를 심각하게 훼손하는 경우, 예컨대 독과점이나 투기 세력이 형성되어 가격 기구가 제대로 작동하지 않게 되는 경우를 제외하면, 시장에 개입하지 않는 것이 경제 발전에 이롭습니다. 경제 활동에서 경제 주체의 자유를 존중하는 것과 정부가 시장에 최소로 개입하는 것은 둘 다 민주주의 이념과 통합니다.

② (자료 출처와 내용) 소주장3의 근거 1의 자료를 세 가지 제시했는데, 모두 유럽 복지국가들의 경제 사정이 좋지 않다는 내용이 주를 이룹니다. 이 자료들이 어떻게 해서 생산성 저하로 인한 복지비 지출 감소를 보여준다는 것입니까?

⋯› 생산성 저하로 인한 복지비 지출 현황을 보여주는 직접적인 지표 자료를 제시했어야 하는데, 그렇지 못했다는 점을 인정합니다. 그러나 제시한 자료들이 간접적인 증거는 될 수 있습니다. 예컨대, 첫 자료는 복지제도 확충의 폐해를 지적하면서 간접적으로 복지비 지출을 줄여야 한다고 제안하고, 둘째 자료는 저성장에도 불구하고 복지비 지출을 늘리는 정부 정책을 비판하고 있으며, 셋째 자료는 독일과 스웨덴 같은 복지 선진국들이 저성장으로 과도한 복지비 지출을 감당하지 못할 것이라고 암시하고 있습니다. 어쨌든 직접적인

지표 자료를 찾아 수정 발표문에 추가하겠습니다.

③ (불분명한 용어) 소주장3의 근거 2에서 말하는 '국민의 복지 증진'이란 무엇을 뜻하며 현대 복지국가에서 말하는 보편적 복지와 어떤 차이가 있습니까?

⋯→ 정부의 규모를 줄이고 시장 개입도 최소로 하자는 입장에서 말하는 국민의 복지증진이란, 경제 성장을 통한 소득 증가를 바탕으로 국민이 스스로 자신에 필요한 것을 구매하고 소비함으로써 삶의 질을 높인다는 뜻입니다. 복지국가의 보편복지는 정부가 '요람에서 무덤까지' 전체 국민을 책임지는 복지이지만, 작은 정부론자들이 말하는 복지란 최저생계비 등을 최하층에 선별 지원하고, 기본적인 수준 이상의 복지는 개인이 스스로 노력하여 이룩하는 것입니다.

④ (명확하지 않은 진술) 소주장2의 근거 1 "정부의 개입이 적을 때 시장이 효율적으로 작동한다."는 진술에서, 정부의 개입이 구체적으로 어느 정도 적어야 한다는 뜻이고, 효율적으로 작동한다는 말은 정확히 무슨 뜻입니까?

⋯→ 정부가 나라 안에서 일어나는 경제문제에 전혀 개입하지 않을 수는 없습니다. 돌발 상황이 발생하면 정부의 개입이 필요한 경우도 있을 것입니다. 그러나 정부가 특정 산업분야를 지정하여 지원한다거나 특정 기업을 시장에서 퇴출시켜서는 안 되고, 중국의 경제특구처럼 외국 자본과 기술을 도입하기 위해 외국 기업 진출이 쉬워지도록 특혜를 주는 정도는 허용한다는 뜻입니다. 경제학에서 '효율성'이란, 생산자들의 한계 비용과 소비자들의 한계 혜택이 같다는 뜻입니다. 말하자면, 생산자와 소비자가 다 같이 이득을 보는 상태를 뜻합니다.

3) 반론과 답변

반론은 토론에서 승패를 좌우할 수 있다는 점에서 매우 중요하다. 입론과 확인 질문에 이어지는 반론은 상대팀을 향한 공격에 해당한다. 조별 찬반 토론에서는 "발표문의 주장과 근거를 바탕으로 논의하라"는 기본 원칙을 준수해야 한다. 이 기본 원칙을 지키지 않으면, 논의가 지나치게 확대되거나 논점에서 벗어나 생산적인 토론을 할 수 없다.

반론할 때 고려할 사항은 다음과 같다. 우선 논의 범위를 벗어나지 않았는지, 즉 주장과 근거의 지지관계를 따져보고 문제점을 검토하여 지적한다. 둘째, 상대 조가 제시한 근거의 중요도에 따라 반론의 우선순위를 결정한다. 셋째, 근거가 주장을 뒷받침하지 못하거나 근거자료가 근거를 입증하지 못한다는 점을 지적한다. 넷째, 제시된 근거나 근거자료가 적절하지 않다는 점을 보여준다. 셋째, 넷째 경우 반례를 찾아 반박 자료로 활용한다.

반론에 맞서 답변을 잘 하려면 상대가 반론할 것으로 예상되는 세부 쟁점에 대해 미리 적절한 답변 자료를 준비해야 한다. 무엇보다 상대측의 반론에 답변을 하는 과정에서 상대가 제기한 반론에 대해 답변을 회피해서는 안 된다. 답변에서는 상대 반론 가운데 시인할 부분은 시인하고, 그렇지 않은 부분에 대해서는 반론을 제기한다.

【찬성 측 반론 예시】

① (주장과 근거의 지지 관계) 반대 측 논증은 소주장들이 최종 주장을 약하게 지지해 주기 때문에, 좋은 귀납 논증이라 할 수 없습니다. 소주장1에서 주장하듯이 자유 시장경제가 민주주의 이념과 합치하고, 그래서 정부가 시장 개입을 축소할 경우 경제가 효율적으로 작동할 수도 있습니다. 이는 공정한 경쟁이 이루어질 경우를 가정한 것입니다. 그러나 실제 시장의 경쟁은 결코 공정하지 않습니다. 대기업들의 독과점이 발생하여 중소기업과 소비자가 피해를 입거나, 투기 자본이 대량으로 유입되어 국내 주식시장이 혼란에 빠지기도 합니다. 이런 일이 발생하면 국가경제는 혼란에 빠질 수 있습니다. 이러한 점에 비추어, 정부 역할의 축소가 곧 경제발전으로 이어진다고 보기 어렵습니다. 그 결과로, 소주장3에서 말하는 경제발전을 통한 국민의 복지 증진은 허망한 기대에 지나지 않게 됩니다. 따라서 소주장들이 최종 주장을 지지하는 정도는 매우 약하다고 할 수 있습니다.

② (근거의 적절성) 소주장2의 근거 2는 적절치 않습니다. 신자유주의의 주요 정

책 가운데 규제완화가 기업 활동의 자유를 보장하고 경제에 활력을 제공할 수 있다는 점은 어느 정도 인정합니다. 그러나 공기업 민영화가 국가 경제발전에 기여한다고 보기는 힘든데, 공기업 민영화의 실패 사례들이 너무 많기 때문입니다. 예컨대, 영국 대처정부 시절의 철도 민영화와 이탈리아의 수도 민영화는 대표적인 실패 사례로 꼽힙니다. 소주장3의 근거 2도 적절한지 의심스럽습니다. 경제 성장에 따라 소득이 증가할 개연성은 높지만, 소득이 증가해도 심각한 인플레이션 상황이 동반된다면, 실질적으로 국민의 복지가 증진되지 않을 수 있기 때문입니다.

【찬성 측 반론에 대한 반대 측 답변 예시】

① (주장과 근거의 지지 관계) 찬성 측은 작은 정부의 역할을 지나치게 축소시킨 것으로 보입니다. 작은 정부는 선별적 산업 정책이나 가격 통제 같은 적극적 시장개입에 반대하는 것이지, 돌발 상황이나 시장경제 질서를 해치는 경우까지 묵과하지는 않습니다. 독과점에 따른 가격 상승과 투기 자본의 유입은 자유 시장경제 질서를 해치는 대표적인 경우이므로, 작은 정부에서도 이를 법에 따라 규제할 것입니다. 따라서 찬성 측에서 우려하는 혼란은 생기지 않을 것입니다.

② (근거의 적절성) 소주장2의 근거 2가 일부라도 적절하다고 인정해 주시니 고맙습니다. 공기업 민영화 관련 실패 사례들은 작은 정부의 정책이 국민 생활에 좋지 않은 결과를 초래할 수 있음을 보여줍니다. 이 점은 인정합니다. 그러나 충분한 검토를 거쳐 국민의 생활 필수 재화에 해당하는 공공재를 생산하는 공기업은 민영화에서 제외하고, 정부의 세수 증가와 국민 생활에 다 같이 이득이 된다는 판단이 내려질 경우 민영화를 추진할 수 있습니다. 민영화의 성공 사례는 근거자료로 충분히 제시했습니다. 제시한 실패 사례들은 충분한 준비 없이 민영화를 단행했기 때문에 발생한 일입니다. 마지막으로, 소주장3의 근거 2가 적절치 않다는 반론에 대해 답변하겠습니다. 소득이 증가하지만 인플레이션이 심각한 상황을 상상할 수 있을 것입니다. 그러나 그것은 정부가

통화정책에 어느 정도 개입하느냐에 달린 문제입니다. 지나친 인플레이션이 국민 경제생활에 부담을 주는 것은 사실입니다. 그래서 정부는 인플레이션이 수요 증가에 따른 인플레이션인지, 생산비용 인상에 따른 인플레이션인지, 경기 침체를 동반한 인플레이션인지를 정확히 판단해 조치할 필요가 있습니다. 작은 정부도 이러한 인플레이션 상황에 잘 대처할 수 있다고 봅니다. 정부가 물가 안정을 위한 적절한 통화정책을 펼칠 경우, 경제가 성장하면서 경기변동이 일어나기는 하지만 인플레이션이 심각한 수준에 이르지 않습니다.

【반대 측 반론 예시】

① (주장과 근거의 지지 관계) 찬성 측 논증은 소주장들이 최종 주장을 귀납적으로 지지하긴 하지만, 좋은 귀납논증이라고 보기는 어렵습니다. 그 이유는 다음과 같습니다. 국가의 가장 중요한 역할은 국민의 기본권을 보장하는 것이고, 가장 기초가 되는 기본권은 자유권과 평등권입니다. 그리고 기회 균등의 원칙은 주요 평등권 가운데 하나입니다. 그런데 소주장2는 자유권과 기회 균등 원칙을 침해할 가능성이 높습니다. 가령, 소주장2의 근거에서 제시한 선별적 산업 정책이나 특정 기업 지원 같은 조치는 특정 기업에게 특혜를 주게 된다는 점에서 다른 기업의 자유권을 박탈하며 기회균등 원칙에도 어긋납니다. 더욱이 위 소주장들은 모두 국가의 적극적 개입을 전제로 한 것들로, 국가의 적극적 개입은 개인들의 자유권을 심각하게 침해할 소지가 있습니다. 그러니까 기본권 가운데 가장 중요한 기본권, 곧 자유권을 충분히 보장하지 못한다는 점에서 위 소주장들은 전체 주장을 잘 지지한다고 보기 어렵습니다.

② (근거의 적절성) 소주장2의 근거 1이 참인지 의심스럽습니다. 개발도상국의 경우 선별적 산업 정책이 국가경제 발전에 긍정적인 영향을 주기도 합니다. 그러나 국가의 지원을 받은 기업들이 대기업이나 독점기업으로 성장하게 되면, 국가경제 발전에 걸림돌이 될 수도 있습니다. 예컨대, 대기업의 비대한 성장으로 중소기업이 위축되고, 중소기업 환경이 열악해지면서 대다수 국민의 생활수준이 하락할 수 있습니다. 즉, 정부의 시장 개입은 시장에 맡겨두었

을 때보다 결과를 더 악화시킬 수도 있다는 말입니다.

【반대 측 반론에 대한 찬성 측 답변 예시】

① (주장과 근거의 지지 관계) 민주국가에서 자유권과 평등권을 조화시키는 문제는 가장 중대한 사안입니다. 반대 측 반론에서 말했듯이, 자유권과 기회균등 원칙은 서로 상충하는 것이 사실입니다. 그러나 법적으로 자유권이 보장되어 있지만 실제로는 자유를 누리지 못하는 경우와 마찬가지로, 기회균등 원칙은 추상적인 원리일 뿐 실질적 평등이 보장되지 않으면 오히려 소득 불평등을 비롯한 사회 불평등을 심화시킬 수도 있습니다. 큰 정부는 바로 이러한 불평등을 완화하고 실질적 평등을 보장하기 위해 복지비 예산을 확충하고 세금 확대 정책을 펼치며 경제의 균형발전을 추구하는 것입니다. 큰 정부를 지향하는 국가에서 복지국가 실현이라는 대의에 국민 모두 동의한다면, 일부 기업가나 개인이 시장 참여에서 당하는 자유권 침해와 기회균등 원칙 위배는 큰 문제가 되지 않을 것입니다. 왜냐하면, 국민들은 대부분 복지국가 실현이 가져다주는 삶의 질 향상에 만족할 것이기 때문입니다.

② (근거의 적절성) 경제성장이 낙후된 나라의 경우, 정부의 선별적 산업 · 무역 정책이 경제 발전의 밑거름이 되며, 이 과정에서 대기업의 독과점이 발생합니다. 그러나 큰 정부의 장점은 바로 독과점이 국가경제 전체에 해가 된다고 판단할 경우 즉각 개입하여 문제를 해결할 수 있는 정부 형태라는 것입니다. 소주장2 근거 1 바로 아래 근거 2를 보십시오. 중소기업을 지원하여 국가경제의 산업 기반을 강화할 수 있다고 주장했습니다. 그리고 무엇보다 큰 정부는 독과점이나 대기업의 전횡이 장기적으로 볼 때, 국가경제에 이득이 되지 않는다는 점을 잘 알고 있기 때문에 필요한 경우에 규제할 것입니다.

2. 전체 토론

전체 토론은 조별 토론을 마친 후에 청중과 조별 발표자들이 모두 참여하는 토론으로서 다음의 두 단계로 진행하는데, 경우에 따라 한 단계로 진행할 수도 있다.

1) 청중 질문과 조별 답변

청중이 참여하여 조별 토론에서 충분히 다루지 못한 부분에 대해 토론하는데, 청중이 질문하고 조별 토론자들이 답변하는 형식으로 진행한다. 이때 청중은 조별토론에서 충분히 다루지 못한 부분에 대해 문제를 제기함으로써 발표문의 완성도를 높이는데 기여할 수 있다.

2) 청중 자유 발언과 총평

청중은 조별 토론과 전체 토론에서 논의한 내용의 장점과 단점을 자유롭게 발언하고 개선 사항을 제안할 수 있다. 이때 청중은 찬성 입장을 지지하는지 반대 입장을 지지하는지 자신의 입장을 분명하게 표시하고, 토론 내용의 부족한 점과 조별 토론자들의 태도 등에 대해 평가한다. 이러한 청중 자유 발언과 총평은 소극적인 일부 청중에게 발언 기회를 줌으로써 토론 수업에서 소외되는 일이 발생하지 않을 수 있게 한다.

3. 토론 평가표

조별 토론과 전체 토론을 마치고, 찬성 측과 반대 측 토론자를 제외한 청중들은 각 조별로 토론 평가표에 따라 찬성 측과 반대 측 토론을 신중하고 공정하게 평가한다. 평가표 예시는 다음 쪽에 있다.

토론평가표

<table>
<tr><td>평가자</td><td colspan="7">학과:　　　　　　　　　　　학번 :　　　　　　　　　　　이름 :</td></tr>
<tr><td>논제</td><td colspan="7"></td></tr>
<tr><td rowspan="2">토론팀</td><td colspan="7">찬성 조:　　　조</td></tr>
<tr><td colspan="7">반대 조:　　　조</td></tr>
<tr><td colspan="3">평 가 문 항</td><td>매우 잘함</td><td>잘함</td><td>보통</td><td>못함</td><td>매우 못함</td></tr>
<tr><td rowspan="10">찬성조</td><td>태도</td><td>토론규칙을 잘 지켰는가?(시간, 감정적 대응 등)</td><td>⑤</td><td>④</td><td>③</td><td>②</td><td>①</td></tr>
<tr><td rowspan="2">입론</td><td>제시된 논증의 근거는 충분히 입증되었는가?</td><td>⑤</td><td>④</td><td>③</td><td>②</td><td>①</td></tr>
<tr><td>제시된 논증의 근거는 주장을 충분히 정당화하는가?</td><td>⑤</td><td>④</td><td>③</td><td>②</td><td>①</td></tr>
<tr><td rowspan="2">반론</td><td>상대조 근거 입증에 대한 비판은 적절했는가?</td><td>⑤</td><td>④</td><td>③</td><td>②</td><td>①</td></tr>
<tr><td>상대조 주장 정당화에 대한 비판은 적절했는가?</td><td>⑤</td><td>④</td><td>③</td><td>②</td><td>①</td></tr>
<tr><td rowspan="3">답변</td><td>상대조의 근거 입증에 대한 비판에 대해 적절하게 답했는가?</td><td>⑤</td><td>④</td><td>③</td><td>②</td><td>①</td></tr>
<tr><td>상대조의 주장 정당화에 대한 비판에 대해 적절하게 답했는가?</td><td>⑤</td><td>④</td><td>③</td><td>②</td><td>①</td></tr>
<tr><td>청중의 질문에 적합하게 답변했는가?</td><td>⑤</td><td>④</td><td>③</td><td>②</td><td>①</td></tr>
<tr><td colspan="2">전체 평가</td><td>⑤</td><td>④</td><td>③</td><td>②</td><td>①</td></tr>
<tr><td colspan="7"></td></tr>
<tr><td rowspan="9">반대조</td><td>태도</td><td>토론규칙을 잘 지켰는가? (시간, 감정적 대응 등)</td><td>⑤</td><td>④</td><td>③</td><td>②</td><td>①</td></tr>
<tr><td rowspan="2">입론</td><td>제시된 논증의 근거는 충분히 입증되었는가?</td><td>⑤</td><td>④</td><td>③</td><td>②</td><td>①</td></tr>
<tr><td>제시된 논증의 근거는 주장을 충분히 정당화하는가?</td><td>⑤</td><td>④</td><td>③</td><td>②</td><td>①</td></tr>
<tr><td rowspan="2">반론</td><td>상대조 근거 입증에 대한 비판은 적절했는가?</td><td>⑤</td><td>④</td><td>③</td><td>②</td><td>①</td></tr>
<tr><td>상대조 주장 정당화에 대한 비판은 적절했는가?</td><td>⑤</td><td>④</td><td>③</td><td>②</td><td>①</td></tr>
<tr><td rowspan="3">답변</td><td>상대조의 근거 입증에 대한 비판에 대해 적절하게 답했는가?</td><td>⑤</td><td>④</td><td>③</td><td>②</td><td>①</td></tr>
<tr><td>상대조의 주장 정당화에 대한 비판에 대해 적절하게 답했는가?</td><td>⑤</td><td>④</td><td>③</td><td>②</td><td>①</td></tr>
<tr><td>청중의 질문에 적합하게 답변했는가?</td><td>⑤</td><td>④</td><td>③</td><td>②</td><td>①</td></tr>
<tr><td colspan="2">전체 평가</td><td>⑤</td><td>④</td><td>③</td><td>②</td><td>①</td></tr>
<tr><td>추가 질문</td><td colspan="7">토론팀에 대한 추가 질문이 있다면 적어보세요.
찬성 조:

반대 조:</td></tr>
</table>

참고 자료

표1. 찬성 측 발표문-소주장1 근거 1 관련자료1) 국제연합 인권선언문

Universal Declaration of Human Rights

On December 10, 1948 the General Assembly of the United Nations adopted and proclaimed the Universal Declaration of Human Rights the full text of which appears in the following pages. Following this historic act the Assembly called upon all Member countries to publicize the text of the Declaration and "to cause it to be disseminated, displayed, read and expounded principally in schools and other educational institutions, without distinction based on the political status of countries or territories."

Article 1.
All human beings are born free and equal in dignity and rights. They are endowed with reason and conscience and should act towards one another in a spirit of brotherhood.

Article 7.
All are equal before the law and are entitled without any discrimination to equal protection of the law. All are entitled to equal protection against any discrimination in violation of this Declaration and against any incitement to such discrimination.

Article 18.
Everyone has the right to freedom of thought, conscience and religion; this right includes freedom to change his religion or belief, and freedom, either alone or in community with others and in public or private, to manifest his religion or belief in teaching, practice, worship and observance.

Article 19.
Everyone has the right to freedom of opinion and expression; this right includes freedom to hold opinions without interference and to seek, receive and impart information and ideas through any media and regardless of frontiers.

Article 20.
(1) Everyone has the right to freedom of peaceful assembly and association.
(2) No one may be compelled to belong to an association.

Article 22.
Everyone, as a member of society, has the right to social security and is entitled to realization, through national effort and international co-operation and in accordance with the organization and resources of each State, of the economic, social and cultural rights indispensable for his dignity and the free development of his personality.
http://www.un.org/en/documents/udhr/ 국제연합(United Nations)유엔>인권>인권선언문

표2. 찬성 측 발표문–소주장1 근거 1 관련자료2) 대한민국 헌법 조항

제1조
① 대한민국은 민주공화국이다.
② 대한민국의 주권은 국민에게 있고, 모든 권력은 국민으로부터 나온다.

제10조
모든 국민은 인간으로서의 존엄과 가치를 가지며, 행복을 추구할 권리를 가진다. 국가는 개인이 가지는 불가침의 기본적 인권을 확인하고 보장할 의무를 진다.

제11조
① 모든 국민은 법 앞에 평등하다.

제12–21조 요약
모든 국민은 신체의 자유, 거주이전의 자유, 직업 선택의 자유, 주거의 자유, 사생활의 자유, 양심의 자유, 종교의 자유, 언론 · 출판의 자유, 집회 · 결사의 자유, 학문과 예술의 자유를 가진다.

제31조
① 모든 국민은 능력에 따라 균등하게 교육을 받을 권리를 가진다.
② 모든 국민은 그 보호하는 자녀에게 적어도 초등교육과 법률이 정하는 교육을 받게 할 의무를 진다.
③ 의무교육은 무상으로 한다.

제34조
② 국가는 사회보장 · 사회복지의 증진에 노력할 의무를 진다.
③ 국가는 여자의 복지와 권익의 향상을 위하여 노력하여야 한다.
⑤ 신체장애자 및 질병 · 노령 기타의 사유로 생활능력이 없는 국민은 법률이 정하는 바에 의하여 국가의 보호를 받는다.

제119조
② 국가는 균형 있는 국민경제의 성장 및 안정과 적정한 소득의 분배를 유지하고, 시장의 지배와 경제력의 남용을 방지하며, 경제주체 간의 조화를 통한 경제의 민주화를 위하여 경제에 관한 규제와 조정을 할 수 있다.
http://likms.assembly.go.kr/alkms/cgi-bin/counter.cgi?lawscode=1001 대한민국국회〉국회정보〉법률지식정보〉헌법〉현행헌법

표3. 찬성 측 발표문-소주장1 근거 2 관련 자료) 선진국의 조세부담률과 공공사회복지비 지출 비교 〈출처: 통계청〉

국가별	2004		2005		2006	
	사회보장기여금제외	사회보장기여금포함	사회보장기여금제외	사회보장기여금포함	사회보장기여금제외	사회보장기여금포함
한국	19.5	24.6	20.2	25.5	21.1	26.8
일본	16.4	26.3	17.3	27.4	17.7	27.9
멕시코	15.8	19.0	16.8	19.9	17.5	20.6
미국	19.2	26.1	20.6	27.3	21.3	28.0
덴마크	48.1	49.0	49.6	50.7	48.1	49.1
핀란드	31.8	43.4	31.9	43.9	31.3	43.5
이탈리아	28.6	41.0	28.3	40.9	29.6	42.1
네덜란드	23.6	37.3	25.7	38.8	25.1	39.3
스웨덴	36.2	48.7	36.3	49.5	36.3	49.1
스위스	22.0	28.8	22.2	29.2	22.7	29.6
영국	28.9	35.4	29.5	36.3	30.3	37.1
오세아니아						
뉴질랜드	35.5	35.3	37.5	37.5	36.7	36.7
주요국가의 조세부담률						

국가별	2002	2003	2004	2005
한국	5.3	5.6	6.3	6.9
일본	17.8	18.1	18.2	18.6
멕시코	6.3	6.8	6.7	7.0
미국	15.9	16.22	16.1	15.9
덴마크	26.6	27.6	27.5	26.9
핀란드	25.0	25.8	26.0	26.1
이탈리아	24.0	24.4	24.7	25.0
폴란드	22.3	22.3	21.4	21.0
스웨덴	29.5	30.3	29.8	29.4
스위스	19.2	20.3	20.3	20.3
영국	20.0	20.5	21.1	21.3
오세아니아				
뉴질랜드	18.7	18.2	18.0	18.5
주요국가의 공공사회복지 지출				

표4. 찬성 측 발표문-소주장2 근거 1 관련자료) 산업정책의 시장조절 역할

규모의 경제가 작동하는 산업에서는 저투자나 과잉 투자 현상이 만연하게 되는데, 문제는 저투자나 과잉 투자가 시장 메커니즘만으로는 쉽사리 해결되지 않는다는 것이다.
(…중략…)
저투자나 과잉투자는 기본적으로 (각각의 잠재적 시장 참여자가 다른 경쟁자들의 의도를 알 수 없다는) 전략적 불확실성의 문제이다. 때문에 국가가 해당 산업에 개입하여 적정 숫자 이상의 기업의 참여를 허용하지 않을 수도 있다. 그 방법으로는 국가가 잠재적 시장 참여자들 간의 사적인 협상을 중재하거나, 경우에 따라서는 국가가 나서서 타협안을 강제함으로써 거래 비용을 줄이는 것 등이 있다. 국가가 주도하는 투자 조절에서 가장 흔한 형태는 진입에 면허를 부여하거나 생산량 확대 규제 등이다. 그러나 경우에 따라서는 국가가 사적 부문 간의 협상을 주도하는 방법으로 투자를 조절하기도 하는데, 이와 관련된 고전적 사례로는 1960년대 일본의 경우를 들 수 있다. 당시 일본정부는 강철, 염화비닐, 합성섬유, 펄프, 제지, 시멘트, 석유, 석유화학, 자동차, 공자기계, 일부 전자 산업 등의 부문에서 민간기업 간의 협상을 주도해 (이른바 '투자 카르텔'이라 할 수 있는)전체 산업규모의 투자 계획을 수립한 바 있다. '조건부 진입'도 흥미로운 투자 조절 방법 중의 하나이다. 수요 조건의 변화에 따라 국가가 진입자의 수-혹은 새로운 생산능력 규모-를 조정하는 것인데, 한국의 자동차 산업에서 시도된 바 있다. 당시 한국정부는 수요 성장이 지체되자 승용차 기업 3곳 중 1곳을 퇴출시켰는데, 수요가 다시 늘어날 경우 퇴출된 회사가 복귀할 수 있도록 하는 조건에서였다. (1980년 산업 구조 재조정 당시 승용차 시장에서 기아를 퇴출시켰다가 1987년에 다시 진입시킨 것을 일컬음-역자 주)
-장하준, 이종태 · 황해선 옮김, 『국가의 역할』(부키, 2009 8쇄), 276-277쪽.

표5. 찬성 측 발표문-소주장2 근거 2 관련자료1) 일본 부품 · 소재 산업 지원정책

일본의 부품 · 소재산업 지원정책
- 일본정부, 리스크가 높은 차세대 기반기술 투자에 집중=일본은 고도 성장기(1950~1975)에는 선택적 중소기업 육성정책으로 특정 산업부문을 집중 지원했고, 성숙기(1975~1990)와 조정기(1999~2004)를 거치면서 금융 인프라 정비 등 기능적 측면의 간접 지원 방식으로 전환했습니다. 1980년대부터 일본정부는 경제산업성을 중심으로 민간이 담당하기에 위험도가 높은 차세대산업 기반기술 R&D사업, 신에너지기술 R&D사업, 창조과학기술 추진제도, 신세기 구조재료 프로젝트 등 첨단소재 분야 등의 연구개발을 중점 지원했습니다. 일본은 '제조 중소기업 강화 프로그램'을 신설하며, 부품소재 제조를 위한 공통기반 기술분야(주단조, 프레스가공, 도금 등)를 강화하고 소재기업의 투자위험을 완화하기 위해 소재-조립산업간 정보 교류의 확대를 꾀해 큰 성공을 거두었습니다. 또 신산업창조전략에 기초해 산업경쟁력 제고를 위한 경제 산업 정책을 매년 발표하고 있고, 이 가운데 특히 고도 부품소재산업의 고부가가치화를 최우선 기치로 내걸고 있습니다. 2005년부터 신에너지산업기술종합개발기구(NEDO)와 산학간협력에 의한 신산업 창조를 목표로 하는 '기술전략 맵'을 매년 수립, 발표하고 있습니다.

http://blog.daum.net/obk2030/16512852 디지털타임스 2009.10.14 08:32

표6. 찬성 측 발표문–소주장2 근거 2 관련자료2) 일본 부품소재 산업 세계시장 석권

일본경제 살리는 부품 · 소재 산업
한국, 중국 등 동아시아 수출비중 70% 넘어

2009년 10월 01일(목)

일본경제는 버블붕괴 이후 1992~2008년까지 16년간 연평균 1.1% 경제성장에 그치며 사실상 성장이 중단됐다. 2009년 2 · 4분기 GDP 규모(명목 기준)는 479조 엔으로 1992년 1 · 4분기 수준인 483조 엔에도 못 미치는 상황. 달러 기준(명목)으로 환산하더라도 2009년 4조9천억 달러로 1994년 4조7천800억 엔 수준에 불과했다. 1990년대 중반 이후 5조 달러의 벽을 넘지 못하고, 정체돼 있는 동안 구미 선진국과의 격차는 확대되고 중국에는 추월당하기 일보 직전이었다. 그러던 일본 경제가 2009년 1월을 고비로 빠른 속도로 회복세를 보이기 시작했다. 한국, 홍콩, 대만, 싱가포르 등의 ANIES(아시아신흥공업국), 그리고 중국을 대상으로 한 수출이 증가했기 때문. 삼성경제연구소에 따르면, 일본의 총수출금액 중 소재 수출이 차지하는 비중은 2000년 12.8%에서 2008년 17.1%로 증가했으며, 2009년(1~7월)에는 19.1%로 전년 대비 2.0% 포인트가 증가했다.

일본 부품 · 소재산업 세계시장 석권

총수출에서 소재가 차지하는 비중을 수출지역별로 보면 구미 선진국이 7~8%인데 비해, 동아시아 지역은 25%를 상회하고 있다. 전체 소재 수출의 70% 이상을 동아시아에 수출하고 있으며, 그 중에 한국이 포함돼 있는 셈이다. 일본 제품의 세계 시장 점유율을 보면 완성품에서는 낮지만, 부품 · 소재로 갈수록 증가하는 현상을 뚜렷하게 보이고 있다. IT 관련 제품의 세계 시장 점유율의 경우 최종 제품 점유율은 25% 수준이지만 소재 분야는 66%로 큰 차이를 보이고 있다. 특히 액정과 반도체용 재료에 있어서는 일본 제품이 세계시장을 사실상 독과점화하고 있는 상태다. 액정, PDP, 유기 EL 등 평판 디스플레이의 경우 한국, 일본, 대만 3국이 독과점 생산하고 있지만 관련 핵심 제조장비, 부품은 대부분 일본 기업으로부터 공급받고 있다. 항공기 제조업의 경우도 완제품의 경우는 미쓰비시중공업이 소형기를 생산하는 정도지만, 항공기 기체의 약 35%는 일본 업체가 담당하고 있다. 특히 항공기 경량화의 중요한 역할을 하고 있는 탄소섬유복합재료 관련 기술에서는 세계 최고 수준으로 평가받고 있으며, 기체와 엔진의 주요 부품, 시스템의 경우도 기술력을 인정받아 구미 업체들과 공동개발을 확대하고 있는 중이다. 일본 기업들은 그동안 가공 · 조립 부문은 중국이나 동남아 등으로 이관하고, 고부가가치의 부품 · 소재 개발을 담당하는 사업구조로 변화돼왔다. 최종 제품의 심장 부분을 자체 생산해 무역흑자를 달성하려는 전략이었다. 그 결과 일본은 노트북, PC, TV모니터, 휴대폰, PDA, 내비게이션, 게임기 등에 있어 시장 점유율이 급락했지만, 부품 · 소재 분야에서 더 큰 시장을 확보함으로써 침체된 경제를 회복하는데 성공을 거두고 있다. 일본 특유의 협업이 기술개발 이끌어 일본이 부품 · 소재 분야에서 이처럼 탁월한 경쟁력을 확보할 수 있었던 것은 일본 기업들이 불황 속에서도 연구개발 투자를 확대해왔기 때문이다. 연구개발비 절대 규모는 말할 것도 없고, 상대적 비중에서도 일본은 여전히 한국을 압도하고 있다. 기술획득 방식에 있어서도 다른 나라가 모방하기 힘든 산업 내 협업을 성공적으로 이끌어가고 있다. 기술력을 확보하는데 있어 미국은 벤처기업, 혹은 대기업 · 벤처기업의 M&A를 통해, 아시아 국가들은 산 · 학 · 연, 혹은 기술의 상당 부분을 외국기업으로부터 도입하고 있는 반면, 일본기업들은 최종 제품 기업과 부품 · 소재 기업들이 일체화해 신기술 획득에 성공을 거두고 있다.

최근 들어서는 통합형 제품생산력(모노즈쿠리力) 기반 강화를 위해 기업 간 벽을 넘는 기술 승계 작업이 시도되고 있다. 가와사키제철을 대표기업으로 하는 미즈시마 콤비나트에서 진행되고 있는 아사히 카세이, 미쓰비시화학, 신일본석유정제, 저팬 에너지 4사 공동의 인재육성 사업이 대표적인 사례.

對日 수입 중 부품 · 소재 수입 비중 추이

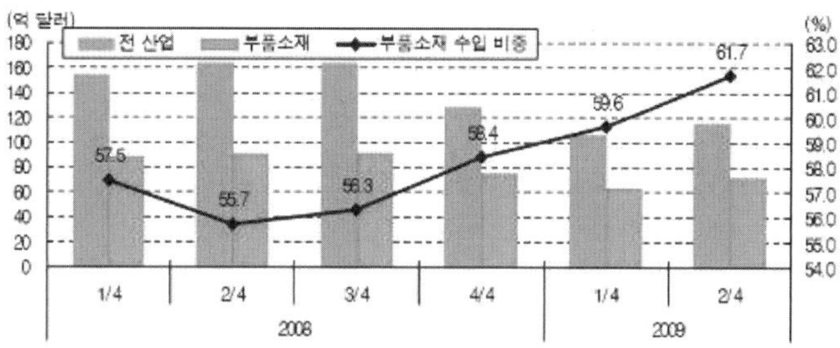

자료: 지식경제부 (각 호), "부품.소재 산업 동향."

자동차, 정밀기계 등의 업종을 중심으로 기업 간 기능 승계 협력도 활발하게 진행되고 있다. 최종 조립업체와 부품 · 소재 기업 간의 정보를 교환하면서, 이른바 '업그레이드형 기술'을 개발하는 것이 기업 경쟁력을 확충하는 최선의 수단이라는 판단에 따른 것이다. 기업이 서로 협력해 해외 광산을 개발하고, 해양자원 개발권을 확보함으로써 소재 · 부품의 원재료를 안정적으로 확보하려는 관 · 민 협력도 이어지고 있다. 현재로서는 이용가치가 적지만 향후 수요가 늘 것으로 예상되는 자원을 미리 확보해두자는 의도다. 삼성경제연구소는 소재 · 부품의 대일 의존도가 매우 높은 한국의 입장에서 획기적인 전환이 없는 한 대일 무역수지 적자 해소가 쉽지 않은 상황이라고 말했다. 글로벌 경제위기가 해소되면서 대일 무역수지 적자가 다시 확대되고 있는 상황이라는 것.

한국은 부품 · 소재를 일본에 의존함으로써 상류공정(Upstream)이 거의 생략된 '패쓰스루(Path Through) 경제'가 형성돼 결과적으로 부품 · 소재 및 기계장비 등을 일본 제품에 의존하는 만성적인 대일 무역적자 구조가 고착될 가능성을 안고 있다고 지적했다.

그러나 미래를 위해 대일 의존도를 낮춰야하며, 그러기 위해서는 차세대 부품 · 소재 분야에 있어 틈새시장 분야를 집중적으로 발굴할 필요가 있다고 말했다. 특히 환경 · 에너지 분야에 있어 원천기술과 소재기술을 집중적으로 개발할 경우 대일 무역적자를 탈피할 수 있는 토대를 마련할 수 있을 것으로 보았다.

이강봉 편집위원 | aacc409@naver.com 저작권자 2009.10.01 ⓒ ScienceTimes

표 7. 찬성 측 발표문-소주장2 근거 2 관련자료3) 우리나라 자동차 부품 산업의 경쟁력

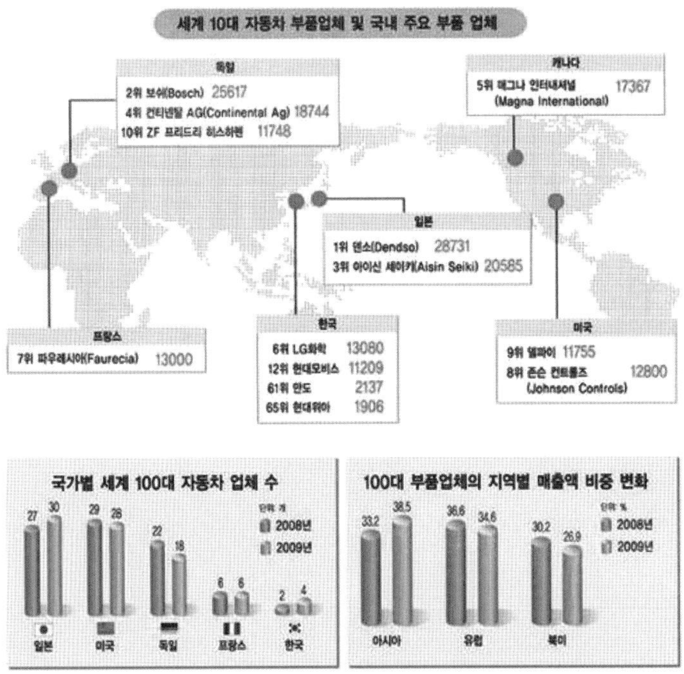

그림1. 한국경제매거진-현대모비스의 '질주' 일본 최강자 도약

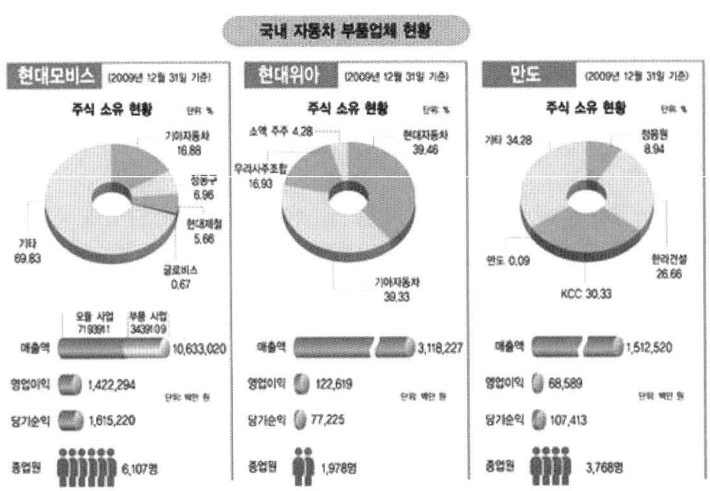

그림2. 현대모비스의 '질주'… 일본, '최강자' 도약 이홍표 기자
hawlling@han-kyung.com 입력일시 : 2010-07-23 13:50

표8. 찬성 측 발표문–소주장3 근거 1 관련자료) 소득재분배 정책과 소득불평등 완화 관계

국 가	시장소득 지니계수	가처분 소득 지니계수	변화율
스웨덴(1987)	0.439	0.218	101%
핀란드(1987)	0.379	0.209	81%
독일(1984)	0.395	0.249	59%
노르웨이(1979)	0.335	0.223	50%
영국(1986)	0.428	0.303	41%
아일랜드(1987)	0.461	0.328	41%
프랑스(1984)	0.417	0.298	40%
네덜란드(1987)	0.348	0.256	36%
호주(1985)	0.391	0.292	34%
캐나다(1987)	0.374	0.283	32%
스위스(1982)	0.407	0.309	32%
미국(1986)	0.411	0.335	23%
룩셈부르크(1985)	0.28	0.237	18%
이탈리아(1986)	0.361	0.306	18%
벨기에(1988)	0.273	0.232	18%
15개국 평균	0.38	0.272	42%

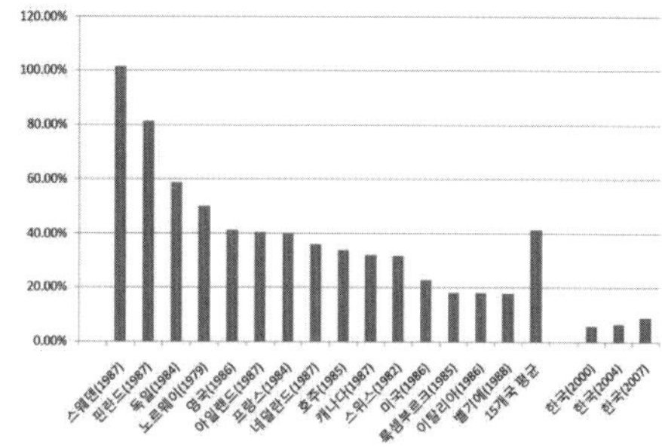

[위의 표와 그래프 – 소득불평등도 완화율(지니계수 변화율 비교)]

시장소득 : 소득재분배 이전 소득. 조세를 납부하기 이전 실물시장과 금융시장에서 벌어들인 소득

가처분소득 : 소득재분배 이후 소득. 총소득과 직접세(소득세, 재산세, 사회보장 기여금)를 합한 소득

지니계수란? 소득 불균형의 정도를 나타내는 통계학적 지수로 0과 1 사이의 값으로 나타내며 0에 가까울수록 소득이 균등하게 배분됨을 의미한다.

(출처) : 외국 자료는 OECD(1995), 유경준 보고서(2003), '소득분배 국제비교를 통한 복지정책의 방향'에서 재인용. 한국자료는 유경준. (2008.6), '중산층의 정의와 추정'

표9. 찬성 측 발표문–소주장3 근거 2 관련자료1) 핀란드의 교육복지와 한국이 배워야 할 것.

복지국가 핀란드의 교육제도가 주는 교훈

(중략)

핀란드는 조세를 재원으로 모든 국민에게 만6세부터 대학원까지 무상으로 최고 수준의 교육서비스를 제공한다. 핀란드에서 교육은 국민들이 자비 부담으로 구매해야 할 상품이 아니라 모든 국민에게 부여된 권리이다. 교육은 모든 국민을 핀란드의 민주시민으로 만드는 과정이며, 국가경제를 발전시킬 유능한 노동력을 양성하는 길이자 공동체 사회를 건실하게 유지하고 발전시키는 중요한 일이라는 관점이 바탕을 이루고 있다.

또 하나, 우리가 주목해야 할 교훈은 핀란드에서 '모든 교육은 통합교육의 원칙'을 따른다는 점이다. 핀란드는 학습 속도가 느린 학생은 물론이고, 특수교육이 요구되는 장애를 가진 학생까지도 같은 학습 집단 안에 통합시킨 상태에서 교육을 해야 한다는 확고한 철학과 원칙을 견지하고 있다. 학습이 부진한 학생을 위해서 특수 교육적 관점에서 일시적으로 특별학습의 기회를 주거나 보충지도를 해주는 일은 있지만, 학습 속도에 따라 수준별로 학생을 나누는 것은 금지하고 있다. 차별적인 학습, 교육과정에서의 소외와 배제는 용납되지 않는 것이다. 통합적인 학습 환경 속에서 모든 학생들이 각자의 학습 요구와 학습 계획에 따라 개별화된 맞춤형 학습을 할 수 있게 지원하고 배려하는 것이다.

핀란드 교육 성공의 또 다른 요소는 유능하고 열성적인 교사다. 핀란드에서 교사는 월급 수준이 매우 높지는 않지만 가장 인기 있는 직업 중의 하나다. 정부는 모든 교육정책을 입안함에 있어 교사들의 자존감과 교육적 권위를 세워주기 위해 노력한다. 교사들의 양식과 전문성은 사회적 신뢰를 받고 있고, 교육자로서의 자존감과 전문적 자율성이 존중되고 있다. 즉, 학교와 교사가 폭넓은 자율성을 가지며 창의적인 교육을 할 수 있도록 교육당국이 지원하고 재량권을 부여한다. 타율적인 장학 감사를 폐지하는 대신 자율과 자치를 위한 시스템을 구축하여 학교와 교사의 책임성과 창의성을 담보한다. 교사들이 더 좋은 교육을 할 수 있도록 격려하고, 신명나게 가르칠 수 있는 조건을 마련해주는 것이야말로 교육 성공의 절대 조건이다.

우리나라는 세계 어느 나라보다도 교육이 시장논리에 내맡겨져 있다. 모든 국민에게 차별 없이 좋은 교육을 제공해야 할 정부가 자율화 운운하면서 등록금이 600만원을 넘는 귀족학교 설립을 허용하면서 차별 교육을 제도화하고 사교육을 부추기고 있다. 지금이라도 우리는 이처럼 탐욕과 이기심, 무한경쟁을 조장하는 시장과 경쟁 만능의 교육정책을 폐기해야 한다. 그래야 우리 교육이 산다. 철저하게 교육의 논리, 소통과 협력의 논리를 바탕으로 우리나라 교육을 다시 세워야 한다. 교육의 기회는 만인에게 평등해야 한다. 교육은 상품이 아니다. 그래서 무상교육이 정답이다. 정부는 충분한 예산을 마련할 의무를 지고 있다. 더불어, 교사들의 자존감을 키워주는 교육행정과 지원이 필요하다. 그래야 교사들의 창의성과 사명감이 더 크게 발현된다. 탐욕, 물질만능과 승자독식의 사회구조 하에서는 교육이 정상화되기 어렵다. 교육이 혁신되려면, 사회의 큰 틀이 바뀌어야 한다. 시장만능주의 사회의 양극화 성장체제 하에서는 교육도 욕망실현과 성공의 수단으로 전락한다. 양극화와 차별의 해소는 교육 정상화와 긴밀하게 연계되어 있는 것이다.

http://www.welfarestate.net/g4/bbs/board.php?bo_table=02_02&wr_id=202 복지한국연대〉칼럼〉복지 국가 핀란드가 주는 교훈 [안승문] 복지국가 핀란드의 교육제도가 주는 교훈- 올린 날짜 08.11.06

표10. 찬성 측 발표문-소주장3 근거 2 관련자료2) 나라별 공교육비 민간 부담률

공교육비 민간부담 '부동의 세계1위'

지난해 OECD 평균 4배 육박…국공립대 등록금도 미 · 일 이어 '3위'

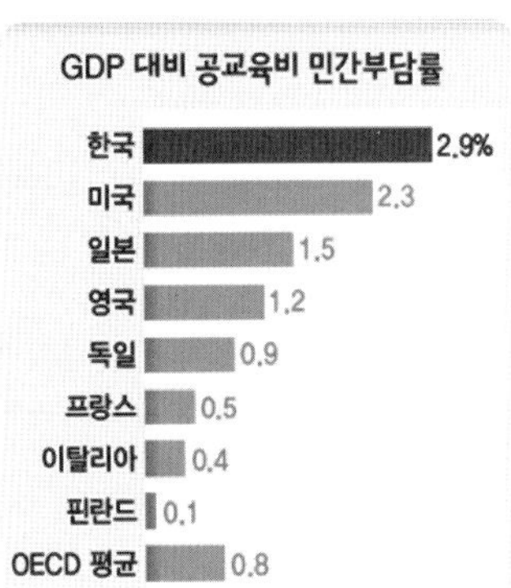

우리나라의 공교육비 가운데 민간이 부담하는 비율이 경제협력개발기구(OECD) 국가들 중 가장 높은 것으로 나타났다. 대학 등록금, 교원 1인당 학생 수 등도 세계 최고 수준인 것으로 조사됐다.

경제협력개발기구(OECD)가 9일 공개한 '2007 오이시디 교육지표'를 보면, 2005년 기준으로 우리나라의 국내총생산(GDP) 가운데 공교육비 비율은 7.2%였고, 이 가운데 학부모 등 민간 부문의 부담률은 2.9%(오이시디 평균 0.8%)로 조사 대상인 26개국 가운데 최고였다. 1년 전과 견줘 민간부담률이 0.1% 증가했다.

민간 부문 부담률은 특히 고등교육단계(대학)에서 가장 많은 부분을 차지한 것으로 나타났다. 전체 2.9% 가운데 1.8%에 이르며, 이는 회원국 평균 0.4%에 견줘 네 배가 넘는 수치다. 공교육비의 민간 부담률은 유치원, 초 · 중 · 고교, 대학교의 교육비 중 입학금, 수업료, 기성회비, 급식비, 기숙사비, 재단 전입금 등 민간이 부담하는 금액을 말한다.

대학의 연평균 수업료는 국 · 공립이 3883달러로 미국(5027달러), 일본(3920달러)에 이어 세 번째로 높았고, 사립의 경우엔 7406달러로 미국(1만8604달러), 터키(1만4430달러), 오스트레일리아(7452달러)에 이어 네 번째에 이르렀다. 교원 1인당 학생 수는 초등 26.7명, 중학교 20.8명, 고등학교 15.9명으로 오이시디 평균(초등 16.2명, 중학교 13.3명, 고등학교 12.6명)보다 여전히 많은 것으로 조사됐다.

오이시디 교육지표 조사는 교육기관의 산출 및 학습효과, 교육에 투자된 재정 · 인적자원, 학습 환경 등 4개 분야에 걸쳐 각국의 교육환경을 비교하기 위한 것으로, 이번 조사에는 총 36개국(회원국 30, 비회원국 6)이 참여했다.

김소연 기자 dandy@hani.co.kr

기사등록 : 2008-09-09 ⓒ 한겨레 (http://www.hani.co.kr)

표11. 찬성 측 발표문-소주장3 근거 2 관련자료3) 노인복지 문제와 해결 사례

① 대다수 선진 국가에서 출생률 감소와 기대수명의 연장은 인구구조의 고령화 현상을 가속화하고 있다. 대체로 2005년 이후부터는 생산인구 대비 노령인구의 비율을 의미하는 고령화지수가 급격하게 증가할 것으로 예상된다. 만약 기존의 사회복지정책들이 변하지 않고 계속 유지된다면 일부 국가에서는 연금과 의료를 위한 지출 규모가 중장기적으로 두 배 가량 증가하게 될 것이라는 부정적인 전망도 제시하고 있다. 따라서 국가가 공적연금제도의 운영과정에 개입해야 하는 당위성이 나타나고 있다. 〈네이버 백과사전 http://100.naver.com/100.nhn?docid=725730 〉

② 선진형 복지국가인 스웨덴의 노인복지정책을 보여주는 자료65세 이상의 모든 스웨덴 노인들은 사회보장사무소로부터 연금을 받을 수 있다. 장애인인 경우 65세가 되면 상병보상이 노인연금으로 대체된다. 물론 장애인의 수발도 노인수발로 대체된다. 65세 이전에 소득활동을 하면서 세금을 낸 사람은 소득비례연금을 받는다. 소득비례연금의 최대액은 월 16000크로나(2,160,000원)인데, 이 정도의 소득에 20% 정도의 세금이 부과된다고 하니, 실제 월 최대 연금액은 12, 800크로나(1,728,00원)가 될 것이다. 그러나 65세 이전에 소득활동을 못한 사람들은 최저보장연금(guarantee benefit)을 받는다. 최저보장연금 월액은 혼자 사는 노인은 7,153크로나(965,655원)이고, 부부인 경우는 각각 6,381크로나(861,435원)이다. (중략)스웨덴에서 노인이 공공부조의 대상자가 될 가능성이 매우 희박하다. 모든 노인들은 연금을 받으며, 의료와 복지서비스는 거의 무료이다. 물론 노인이 연금으로만 최저생계유지가 어렵다면, 노인도 기초자치단체에 공공부조를 신청할 수 있다.

표12. 반대 측 발표문-소주장1 근거 1 관련자료1) 국제연합 인권선언문

Universal Declaration of Human Rights
On December 10, 1948 the General Assembly of the United Nations adopted and proclaimed the Universal Declaration of Human Rights

Article 1.
All human beings are born free and equal in dignity and rights.They are endowed with reason and conscience and should act towards one another in a spirit of brotherhood.

Article 3.
Everyone has the right to life, liberty and security of person.

Article 7.
All are equal before the law and are entitled without any discrimination to equal protection of the law. All are entitled to equal protection against any discrimination in violation of this Declaration and against any incitement to such discrimination.

Article 17.
(1) Everyone has the right to own property alone as well as in association with others.
(2) No one shall be arbitrarily deprived of his property.
http://www.un.org/en/documents/udhr/ 국제연합(United Nations)〉인권〉인권선언문

표13. 반대 측 발표문- 소주장1 근거 1 관련자료2) 대한민국 헌법 조항

제1조
① 대한민국은 민주공화국이다.
② 대한민국의 주권은 국민에게 있고, 모든 권력은 국민으로부터 나온다.

제19조
모든 국민은 양심의 자유를 가진다.

제23조
① 모든 국민의 재산권은 보장된다. 그 내용과 한계는 법률로 정한다.

제37조
② 국민의 모든 자유와 권리는 국가안전보장, 질서유지, 또는 공공복리를 위하여 필요한 경우에 한하여 법률로써 제한할 수 있으며, 제한하는 경우에도 자유와 권리의 본질적인 내용을 침해할 수 없다.

제119조
① 대한민국의 경제 질서는 개인과 기업의 경제상의 자유와 창의를 존중함을 기본으로 한다.
http://likms.assembly.go.kr/alkms/cgi-bin/counter.cgi?lawscode=1001
대한민국국회〉국회정보〉법률지식정보〉헌법〉현행헌법

표14. 반대 측 발표문-소주장1 근거 2 관련자료) 개혁 개방과 민주화 요구 - 천안문 사건

자료 ①

〈톈안먼 20주년〉 ① 미완의 과제

(베이징=연합뉴스) 권영석 특파원 = 1989년 6월4일 베이징 톈안먼(天安門)광장에서 민주화를 요구하던 중국 대학생과 시민들이 인민해방군에 의해 유혈 진압된 지 20년을 맞고 있다. 그러나 중국에서는 톈안먼 민주화운동의 정신을 기리거나 희생자들을 추모하는 모습을 전혀 찾아볼 수 없다. 중국인들은 침묵을 지키고 있다. 왜냐하, 중국인들에게 톈안먼 사태는 함부로 입에 올릴 수 없는 '금기어'이기 때문이다. 지금은 그 당시 사건을 아는 사람들도 많이 줄어들었다.

그럼에도 불구하고 중국 공안은 톈안먼 민주화운동 20주년을 앞두고 감시를 강화하고 있다. 반정부 인사들이 가택연금 되는가 하면 집회는 엄격히 통제되고 있다. 하지만 침묵이 곧 망각을 의미하지는 않는다. 당국의 철저한 통제에도 톈안먼사태의 진상을 규명하고 희생자의 명예를 회복시켜야 한다는 목소리가 여기저기서 터져 나오고 있다.

(중략)

중국 지도부는 그러나 반체제 운동가들에 대한 언론 · 출판 · 집회 · 결사의 자유 등 미국이 주장하고 있는 서구식 인권 보호 요구에 대해서는 고개를 내젓고 있다. 중국이 말하는 민주화나 인권 개선은 서구인들의 시각에서 보면 민주화나 인권 개선이 전혀 아니다. 서구사상에 근거한 개선이 아니라 사회주의 사상에 입각한 개선이다. 중국 전문가들은 "경제가 발전하면서 서구 정치제도의 장점과 민주화를 도입해야 한다는 요구가 높아지고 있다"면서 "중국 지도부도 정치개혁 방안을 놓고 고민을 거듭하고 있다"고 말했다.

yskwon@yna.co.kr

자료 ②

톈안먼 사건 (중국 역사) [천안문사건]

(병)Tian'an Men (웨)T'ienan Men Incident.

중국의 민주화 시위를 중국정부가 무력진압하면서 빚어진 대규모 유혈참사사건 (1989. 6. 3~4)

사건의 배경

톈안먼 사건은 민주화 시위에 대한 군의 무력진압으로 빚어진 사건이지만 중국의 개혁개방정책 시행 이후 누적되어온 문제점이 폭발된 것이라고 할 수 있다. 1978년 12월 중국공산당 제11기 제3차 중앙위원회 전체회의(3중 전회)에서 덩샤오핑[鄧小平]의 개혁개방노선이 확립된 이래 중국은 서구의 시장 경제를 부분적으로 도입하고 경제적 자유와 개방의 폭을 과감히 넓혀왔다. 그러나 정치개혁은 상대적으로 부진을 면하지 못했다. 정치권력의 집중화 현상 아래서 경제개혁정책은 필연적으로 부정부패를 수반했다. 지난 10년 동안 개혁개방정책으로 생활은 나아졌지만, 대신 특권층의 부패가 만연하여 인민들의 불만의 대상이 되어왔다. 더욱이 경제 과열로 인한 인플레와 소득격차에서 오는 불만감 등이 상승효과를 내어 급기야는 정치개혁을 요구하는 민주화 시위로 발전했다.

사건의 발단 및 전개

중국의 민주화 시위는 1989년 4월 15일 급진개혁주의자로 학생들의 추앙을 받던 후야오방[胡耀邦] 전 당 총서기가 심장마비로 죽으면서 불이 붙었다. 그의 사망소식이 전해지자 베이징대학교[北京大學校] 학생들은 그를 찬양하고 보수파를 비난하는 대자보를 붙이기 시작하여, 4월 17일에 베이징 · 상하이[上海]에서 학생들의 가두시위가 벌어졌다. 이를 기폭제로 베이징대학교의 학생 수천 명은 톈안먼 광장에 집결하여 후야오방의 재평가를 요구하며 연좌시위에 들어갔다. 4월 22일 후야오방의 장례식에 수십만 명의 학생과 시민들이 참석하면서 본격적인 민주화 시위가 시작되었다. 5월 13일부터 2,000여 명의 학생이 톈안먼 광장에서 단식농성에 들어갔고, 5월 18일 시민 · 학생 100여 만 명이 단식농성 지지시위를 벌였다. 이에 당국은 19일 밤에 전격적으로 베이징에 군을 투입하기 시작했고, 5월 20일 베이징 일대에 계엄령을 선포했다. 이를 계기로 당내 보수파는 개혁파를 누르고 승리를 거두었다. 개혁파를 대표하는 자오쯔양[趙紫陽] 당 총서기와 정치국 상무위원 후치리[胡啓立]가 축출되고 강경파인 리펑[李鵬] 총리가 정권을 장악하기 시작했다. 그러나 베이징의 시위는 중국 전역으로 번졌다. 상하이는 물론 선양[瀋陽] · 창춘[長春] · 창사[長沙] 등에서 전국적인 시위가 잇달았고, 결국 6월 4일 '피의 일요일'로 불리는 군의 대학살로 이어졌다. 중국군은 시위대를 무차별 살해함으로써 민주화 시위를 종식시켰다. 혼란이 계속되는 동안 모습을 나타내지 않아 사망설까지 나돌던 덩샤오핑이 6월 9일 공석에 모습을 나타냈다. 그는 이날 베이징 일대에 출동한 군 지휘관들을 접견하여 '반(反)혁명 폭동'이 진압되었다고 선언함으로써 세계를 경악하게 했던 중국 사태는 강경보수파의 승리로 끝났다.

사건 이후 중국정부의 동향

이후 중국 당국은 세계여론의 빗발치는 비난과 경제제재 조치에도 불구하고, 반대자들에 대한 체포와 숙청을 단행했다. 중국공산당은 6월 23일부터 2일간 제13기 4중 전회를 열고 자오쯔양 지지 세력을 제거하는 권력개편을 단행했다. 정치국원 겸 상하이 시 당서기 장쩌민[江澤民]이 자오쯔양의 뒤를 이어 신임 총서기에 선출됨으로써 리펑 · 장쩌민 체제가 정식으로 출범했다.

출처: 브리태니커 백과사전

표15. 반대 측 발표문–소주장2 근거1 관련자료1) 수요량과 공급량에 따른 균형 가격 형성

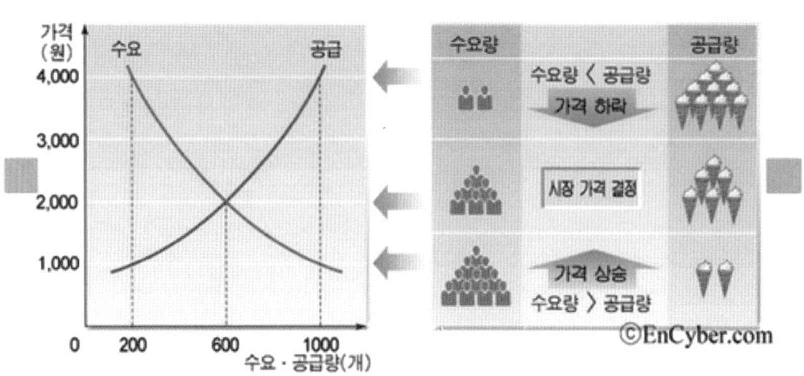

출처 – 〈네이버 백과사전〉 수요와 공급법칙

표16. 반대 측 발표문–소주장2 근거 1 관련자료2) 개혁개방 이후 중국의 발전

중국경제, GDP 68배 · 외환보유액 9,044배 껑충
개혁개방 30년 돌아보니…
세계 3위 경제대국 부상 '상전벽해'

덩샤오핑이 개혁개방의 기치를 올렸던 지난 1978년, 중국은 덩치만 컸지 가난하기 이를 데 없는 나라였다. 그러나 개혁개방을 통해 30년 동안 초고속 경제성장을 거친 지금, 중국은 세계 3위 경제대국으로 급성장했다.

그 동안 중국의 변화는 '상전벽해(桑田碧海)'라는 표현으로도 부족할 정도로 눈부시고 빨랐다. 중국 정부 통계에 따르면 중국의 국내총생산(GDP)는 78년 3,624억 위안에서 2007년 24억6,619억 위안으로 68배 늘었고, 1인당 GDP도 같은 기간 397위안에서 1만8,665위안으로 47배 증가했다. 외환보유액은 78년 2억 달러에서 올해 8월말 현재 1조8,088억 달러로 무려 9,044배나 급팽창했다.

중국의 대외개방은 1980년 광둥(廣東)성의 선전과 주하이(珠海), 푸젠(福建)성 샤먼(廈門) 등을 경제특구로 지정한 이후 급속히 진행됐다. 이어 1984년에는 두 번째 단계로 상하이(上海), 광저우(廣州), 다롄(大連), 톈진(天津), 칭다오(青島) 등 동남부 연안도시 14개 연해도시를 개방했다.

이들 지역에는 경제기술개발구가 설치됐고, 이를 토대로 신상품 및 신기술 개발 등을 통한 산업구조 조정이 본격화했다.

두 차례의 대외개방 정책이 성과를 보이자 중국은 1985년 창장(長江) 삼각주와 주장(珠江) 삼각주 및 샤먼 일대를 잇는 삼각지대를 연해경제 개방구로 확대했다. 이후 1991년부터는 전방위 개방 전략을 추진해 연강(沿江), 연변(沿邊), 연로(沿路) 등 내륙도 개방했다.

2000년대 들어서는 2005년 6월과 2006년 4월에 상하이의 푸둥(浦東)신구와 톈진의 빈하이(濱海)신구가 개혁시험구로 각각 지정됐고, 지난해 6월에는 청두(成都) · 충칭(重慶) 지구가 도농 일체화를 위한 종합개혁시험구로 지정됐다.

또한 올해엔 후베이(湖北)성 우한(武漢) 및 후난(湖南)성 창사(長沙)와 주저우(株洲), 샹탄(湘潭)지구를 개혁시험구로 지정하는 등 대외개방이 전방위로 확산되고 있다.

이처럼 적극적인 대외개방을 통해 중국은 대외무역과 공업 분야에서 찬란한 발전을 일궈냈다. 78년 당시 206억 달러에 지나지 않았던 대외무역액은 2007년에 2조1,738억 달러로 106배 늘어났으며, 이 가운데 수출은 97억 달러에서 1조2,180억 달러로 126배, 수입은 109억 달러에서 9,558억 달러로 88배씩 각각 증가했다.

베이징=문성진 특파원 hnsj@sed.co.kr
〈저작권자 ⓒ 인터넷한국일보〉 입력시간 : 2008/10/08 18:43:35

표17. 반대 측 발표문-소주장2 근거 2 관련자료1) 정부의 경제 규제와 경제성장률 관계

"규제 완화해 경제성장률 높여야"

한은 보고서. OECD 30개국 중 한국 18~21위. 규제완화 시 생산성 증가

우리나라는 주요 선진국에 비해 전반적으로 규제가 강한 것으로 나타났다. 이에 한국은행은 규제완화가 우리 경제의 성장잠재력을 향상시키는 유용한 정책대안이라며 정부의 이행을 촉구했다. 한국은행은 1일 '규제완화가 경제성장에 미치는 영향'이라는 보고서를 통해 "우리나라의 규제수준은 OECD 30개국 중 18~21위로 평균보다 높은 편"이라며 "기업활동에 대한 규제강도도 세계은행 지수에 따를 경우 창업(126위), 고용 · 해고(152위) 등을 중심으로 OECD 주요국 및 아시아 경쟁국에 비해 강하다"고 밝혔다.

OECD 주요국의 규제수준 비교			
	PMR1)	WCY2)	경제자유도지수3)
한국	18	31(21)4)	40(21)4)
미국	3	19	6
영국	1	22	7
독일	13	23	22
일본	10	34	18
전체국가수	30	55	165

주. 1) OCED, Product Market Regulation, 2003년 기준
2) IMD, The World Competitiveness YearBook, 2007년 기준
3) 헤리티지재단, Index of Economic Freedom, 홈페이지 DB(각 연도), 2007년 기준
4) (　)내는 OECD30개국 중에서의 순위

한은의 분석에 따르면 우리나라는 99년 외환위기 직후 대폭적인 규제완화가 이뤄진 이후 별다른 진전이 없었다. 규제지수는 98년 1.0에서 99년 0.49로 대폭 하락했지만 2006년에는 0.51로 오히려 올랐다. 규제특성별 규제지수 움직임에서도 최근 강한규제 및 중요규제보다 약한규제 및 비중요구제의 완화 폭이 커졌다는 것이 한은의 설명이다. 한은은 "실증분석 결과 우리나라의 경우 산업평균으로 규제가 10% 완화되면 총 요소생산성 증가율은 약 0.3%포인트 확대되는 것으로 나타났다"며 "앞으로 5년간 연평균 6%씩 완화해 현재보다 30% 수준만 낮춰도 5년 후 총 요소생산성 증가율은 현재보다 1%포인트 높아질 수 있다"고 밝혔다. 다시 말해 노동, 자본 등 생산요소의 추가 투입 없이 규제완화만으로도 경제성장률을 상당 폭 높일 수 있다는 주장이다. 한은은 규제완화 속도가 빨라질 경우에도 총 요소생산성 증대에 긍정적 영향을 줄 수 있다고 설명했다. 이에 한은은 정부가 총 요소생산성 증대에 큰 영향을 미치는 △강한 규제 △중요 규제 등에 초점을 맞춰 규제 완화를 실시해야 한다는 주장이다. 건수 위주의 약한 규제, 비중요 규제에 집중할 경우 경제성장에 큰 도움이 못 된다는 입장이다. 서비스업 관련 규제의 우선적 완화 필요성도 강조했다. 특히 금융, 의료 및 전문서비스업의 경우 규제완화의 총 요소생산성 증대효과가 큰 것으로 나타난 만큼 최우선적으로 규제를 완화해야 한다는 주장이다. 이밖에 한은은 과감하고 신속한 완화를 통해 효과를 극대화하고, 민간부문의 의견이 적절히 반영될 수 있도록 규제완화 추진조직을 개선하고, 규제관련 법령체계도 네거티브 시스템으로 개편해 불필요한 규제 신설이 근본적으로 억제될 수 있는 제도적 환경이 마련되어야 한다고 주장했다.

투데이포커스
임동욱 기자. 입력일자 2008.10.08
〈저작권자:'돈이 보이는 리얼타임 뉴스' 머니투데이〉

표18. 반대 측 발표문–소주장2 근거 2 관련자료2) 한국과 일본의 민영화 성과

① 공기업 유지정책 비웃는 민영화 성공 사례들

25일 워런 버핏이 방한해 찾아간 대구텍은 원래 텅스텐을 캐내던 대한중석이 1994년에 민영화된 회사다. 만성적자 공기업에서 민영화 뒤 흑자 경영으로 돌아서 작년에는 최대의 영업이익(615억 원)을 냈다. 한국중공업은 2000년 두산그룹이 인수해 두산중공업으로 거듭난 뒤 주가가 30배나 뛰었다. 미운 오리새끼 같던 공기업이 민영화되면서 백조로 변한 사례는 이 밖에도 많다. 공기업으로 매년 200억 원 이상의 적자에 허덕이던 대한송유관공사는 민영화 후 지난해 200억 원의 순익을 거뒀다.

(중략)

KT&G는 생산량의 40%를 40개국에 수출하고, 코리안리(옛 재보험공사)는 항공보험 분야 세계 1위 기업으로 변신했다. 민영화하면 국민 부담과 실업자가 늘어날 것이라는 주장은 궤변일 뿐이었다. 송유관공사는 수익이 나자 인력을 다시 늘렸다. 한국통신 민영화는 통신요금 인하로 이어졌다.

김현숙 숭실대 교수는 최근 한국공기업학회에서 포스코, KT(옛 한국통신), 두산중공업, KT&G(옛 담배인삼공사), 종합기술금융(KTB), 국정교과서, 대한송유관공사 등 7개 민영화 기업의 성과에 대해 "소비자 후생(厚生)이나 생산자 이윤에서 공기업 때보다 크게 향상됐다"고 분석했다. 공기업들이 민영화를 통해 국부(國富)를 늘리고, 국민 세금에 손 내밀지 않아도 되니 두 마리 토끼를 잡은 셈이다.

(중략)

동아일보 사설 칼럼 2007.12.31.

② 일본 공기업 민영화의 성공요인과 시사점

일본의 주요 3공사인 NTT(이동통신 업체), JR(철도 업체), JT(담배 업체)는 1984년 민영화 되었다. 민영화된 후 각자의 효율성과 수익성이 대폭 개선되었다. 3사 모두 민영화 이후 1인당 경상이익이 꾸준히 개선되었는데 NTT의 경우 8배, JT의 경우5.5배, JR에 경우3배 증가하였다. 특히 JR의 경우 경영실적이 매우 개선되었는데, 그 내용은 다음 표와 같다.

JR의 경영실적 변화	
민영화 전(1986년 기준)	민영화 후(2005년 기준)
경상적사 1.4조 엔 이월 결손금 15.5조 엔 누적채무 37.1조 엔	7사 합계 경상이직 5,000억 엔 고정자본세, 법인세 2,700억 엔 납세 장기채무 약 6조 엔 경감
자료 : 주간동양경제(2007년 4월 21일 자)	

JT그룹의 경우에는 국내시장에 축소에도 불구하고, 민영화 이후 적극적으로 해외시장을 개척하였다. 그 결과 민영화 이전 6.9%였던 세계 시장점유율을 2006년 8.2%까지 끌어 올리게 되었다.

– 삼성경제연구소(Samsung Economic Research Istitute) 경제 포커스 192호

표19. 반대 측 발표문–소주장2 근거 2 관련자료3) 포스코건설의 민영화 성공 사례

(1) 포스코건설 민영화 시점

1999. 03. 31 광양제철소 5고로 준공(조강 2,800만톤 생산체제)
2000. 10. 04 민영화 출범
2001. 07. 02 포스피아시스템 가동
2002. 03. 15 사명변경(포항제철주식회사 → 주식회사 포스코)
출처: http://www.posco.co.kr/ (포스코)

(2) 포스코건설 민영화 이후 매출 추이
출처: http://history.poscoenc.com/ (포스코건설 10년사)

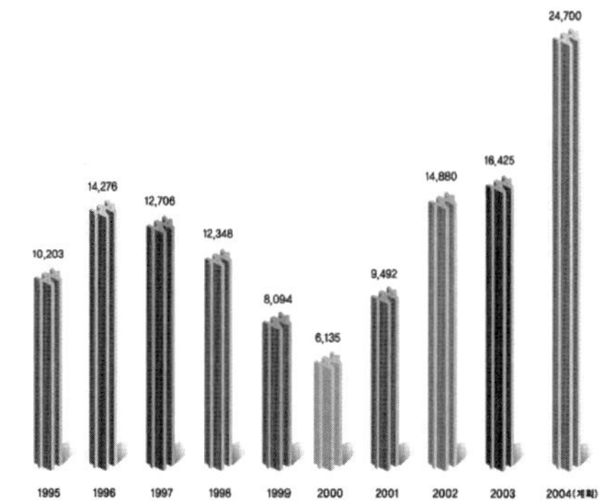

(3) 포스코건설 최근 매출 현황
출처: http://www.poscoenc.com/ (포스코건설)

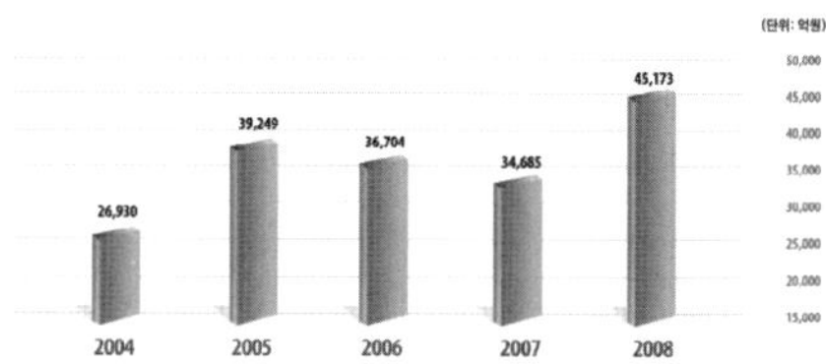

표20. 반대 측 발표문–소주장3 근거 1 관련자료1, 2, 3) 복지 선진국의 위기

① 수출 세계 1위 독일이 병에 걸린 이유
독일경제 어떻게 구할 수 있는가

독일은 경제규모 세계 3위, 수출 세계 1위의 경제대국이다. 그런 독일이 언제부터인가 '유럽의 병자(病者)'로 불리고 있다. 2000년 이후 연평균 경제성장률이 1%도 안 되고, 실업률은 10%를 넘는다. 저성장 · 고실업의 '독일병'을 앓고 있는 것이다. 1977년 영국의 2배 수준이었던 1인당 국민소득이 역전된 것을 비롯해 프랑스, 네덜란드, 오스트리아, 덴마크, 아일랜드 등 유럽 이웃 국가들에 계속 밀리고 있다.

(중략)

1970년대 초반에 확립된 '사회적 시장경제' 모델에서 독일병의 뿌리를 찾는다. 독일은 브란트 총리 시절인 1972년 스웨덴을 모델로 한 복지국가 건설에 본격적으로 나섰다. 실업급여 · 실업수당 · 공공부조 등 복지지출이 급격히 늘어나고, 국가채무도 함께 부풀었다. 지금은 독일 유권자의 41%가 수입을 주로 국가에 의존할 정도가 됐다.

복지제도의 확충이 낳은 폐해는 크게 두 가지다. 하나는 일하지 않아도 정부로부터 받는 돈으로 먹고 살만 한 탓에 열심히 일할 의욕이 없어진 것이다. 특히 미숙련 노동자들은 일자리를 구하기보다는 복지수당을 더 타내는 방법을 찾는 데 열심이다. 실업(失業)도 '괜찮은 직업'이 된 것이다.

다른 하나는 노동비용이 높아져 기업의 경쟁력을 떨어뜨린 것이다. 사회보장기여금 같은 임금 외 비용부담도 문제지만 관대한 복지제도 자체가 기업에 고임금을 강요하는 압박요인이 되고 있다. 기업들은 최소한 근로자들이 일하지 않고도 벌 수 있는 수입보다는 훨씬 많은 임금을 줘야 한다. 그러다 보니 기업들의 투자가 위축되고 해외탈출이 나타나게 됐다.

2007.02.09 23:34 / Copyright ⓒ 조선일보 & Chosun.com

② 英 고용악화 – 눈덩이 부채에 재정 멍든다.

(중략)

텔레그라프는 무엇보다도 가장 큰 문제는 영국 재정지출의 대부분을 차지하는 사회복지비용이라고 지적했다. 당장 내년 회계연도에 영국 국가의료시스템(NHS)에 들어갈 비용만도 1070억 파운드에 이를 것으로 추산된다. 올해 재산세 징수액이 1405억 파운드라는 점을 감안하면 영국 정부가 사회복지에 얼마나 많은 돈을 쏟아 붓고 있는지를 확인할 수 있다.

앞으로의 사회복지지출 증가는 더욱 우려스럽다. 2011년 4월부터 2014년 3월 사이 총 사회보장 관련 지출은 4.4% 증가할 것으로 예상된다. 아이러니한 것은 영국 정부가 각 부의 지출 규모를 9% 이상 줄이겠다는 방침을 세운 것이다.

영국 납세자연합의 대표인 매튜 엘리엇은 이번 자료는 영국 재정의 무시무시한 실상을 보여 준다며 "이는 경기 침체를 막 벗어나는 시점에서 영국 경제를 또 다시 곤란에 빠뜨릴 것"이라고 말했다.

실업급여 신청자 수 역시 600만 명이 넘어 정부 재정에 커다란 부담 요인이다. 글로벌 경기 회복 분위기와 달리 영국의 실업자 수는 꾸준한 증가세다. 영국 통계청에 따르면 올해 7~8월 실업률은 7.9%로 1995년 이후 최고치를 기록했다.

2009.09.17 14:15 입력 /김기훈 기자 core81@asiae.co.kr

〈ⓒ세계를 보는 창 경제를 보는 눈, 아시아경제(www.asiae.co.kr) 무단전재 배포금지〉

③ [특별기고] 스웨덴과 독일의 '복지모델'은 죽었다
유럽의 경제번영은 자유 시장경제의 선물

스웨덴부터 보자. 이 나라는 유럽에서 가장 뒤늦게, 그러나 가장 성공적으로 산업화를 이룩한 나라에 속한다. 1950년에는 유럽에서 가장 부유한 나라가 되었다. 1960년대 초까지만 해도 세계에서 세 번째로 가장 높은 일인당 소득을 가진 나라로 성장했다. 그런데 중요한 것은 이런 성장의 이유이다. 그 이유는 많다. 그러나 중요한 것은 스웨덴의 경제적 번영의 열쇠였던 제도적 조건이다. 그 조건이 완숙된 자유 시장경제였다. 1870년대 이후 사유재산권을 비롯하여 수출입의 자유와 경제활동의 자유가 그 어느 나라보다도 폭넓게 인정되었다. 노동시장도 대단히 유연했다. 기술교육이 왕성하게 이루어졌다. 정부의 개입은 최소한도로 제한되어 있었다. 이런 광범위한 경제활동의 자유 속에서 스웨덴 기업가들은 유럽의 광대한 지역을 누비면서 돈을 벌어들였다. 기업가 정신을 생산적으로 마음껏 발휘할 수 있었다. 그 결과, 기술혁신과 경제의 역동성은 눈부실 정도였다. "유럽의 홍콩"으로서 스웨덴의 위치가 확보된 것은 이미 이때이다.

(중략)

스웨덴 경제를 세계수준의 번영으로 이끈 것이 1870년대부터 거의 100년간 지속적으로 가꾸어온(물론 우여곡절은 있었다고 해도) 자유 시장경제였다. 1950~60년대만 봐도 5% 이상의 년 평균 경제성장을 구가했다. 실업은 3% 미만으로 낮은 수준이었다. 그런데 문제는 1970년대 이후이다. 성장은 급격히 추락하여 20년 가까이 년 평균 1%내외였다. 1990년 중반에는 결국 경제위기에 빠지고 말았다. 100년간의 공든 탑이 무참히 무너지기 시작한 것이다. "유럽의 홍콩"의 명예가 소멸되었다. 이런 경제침체의 원인은 무엇인가? 경제사가들이 보여주고 있듯이, 그것은 분명했다. 친(親)노동정책, 관대한 복지정책과 높은 세율을 특징으로 하는 스웨덴의 복지모델 때문이었다. 독일의 라인강 기적을 가져온 것도 분배를 중시하는 독일의 사회적 시장 경제가 아니라 히틀러가 망한 1940년대 후반부터 70년대 초까지의 자유 시장경제였다. 이 시기는 독일의 역사에서 경제자유가 가장 잘 보호되던 시기였다. 거의 모든 부문을 자유와 경쟁의 원리에 따라 조직하는 시기였다. 기업부문은 물론 노동부문과 심지어 교육 부문까지도 그랬다.

(중략)

이런 자유 속에서 독일인들은 전 세계를 누비면서 거침없이 경제활동에 종사했다. 말하자면 모험적인 기업가 정신을 개발하고 이를 마음껏 활용할 수 있었다. 이런 자유 속에서 기존의 인적 자본과 기술도 효과적으로 개발되고 축적되었다. 그 결과 년 평균 성장률이 8%의 고성장과 1% 내외의 낮은 실업이었다. 그러나 1970년대 초부터 전혀 다른 경제성과가 등장했다. 성장률은 일관되게 하락했다. 1% 내외의 저성장을 기록한지 오래다. 최근의 성장률도 마찬가지이다. 실업률도 일관되게 상승해 왔다. 오늘날 12%내외를 기록하고 있다. 저성장-고실업, 이것이 독일경제의 처참한 현주소다. 유럽경제의 견인차의 역할을 하면서 유럽통합을 주도하던 독일 경제가 "유럽경제의 환자"가 되었다. 영국의 ≪파이낸셜 타임즈≫가 일컬은 말이다. 그 원인도 친 노동정책, 관대한 복지정책, 그리고 평등주의의 교육정책을 그 특징으로 하는 사회적 시장 경제 때문이다.

민경국 칼럼니스트(강원대 경제무역학부 교수) / 뉴데일리(www.newdaily.co.kr)
[중도와 균형을 표방하는 신문-업코리아(upkorea.net)]

미주 尾註

1. 프랭클린(Benjamin Franklin, 1706–90)의 원래 영어 문장은 다음과 같다. "Without Freedom of Thought, there can be no such Thing as Wisdom; and no such Thing as public Liberty, without Freedom of Speech." 여기서는 http://www.bartleby.com/73/674.html에서 참고.
2. 독단주의에 대해서는 박준호, 「독단과 논증의 사이: 가설의 방법」, 2014 참고.
3. 많은 학생들이 윤리적 혹은 법적 필연성과 논리적 필연성을 혼동한다. 가령 "무고한 사람을 죽이는 것은 나쁘다"나 "무고한 사람을 죽이는 것이 법률적으로 금지되어 있다"란 전제로부터, "무고한 사람을 죽여서는 안 된다"는 것이 결론으로 필연적으로, 즉 연역적으로 도출된다고 생각한다. 이는 사실 도덕적 의무나 법률에 기초한 윤리적, 법률적 필연성이지 연역에 해당하는 논리적 필연성이 아니다. 왜냐하면, 무고한 사람을 죽이는 것은 나쁘지만 특수한 사정으로 인해 그러한 사람을 죽이는 경우가 허용될 수 있고, 비슷한 이유로 법률적으로 금지되어 있지만 경우에 따라 그러한 사람을 죽이는 것이 허용될 수도 있기 때문이다. 그러한 경우로 전쟁과 같은 특수한 상황을 고려해 볼 수 있을 것이다. 결론적으로, 윤리적, 법적 전제들은 결론의 내용을 다 포함하고 있지 못하며, 따라서 전제로부터 결론이 반드시 따라 나온다고 할 수 없다.
4. 결론의 내용이 전제 안에 들어 있다는 것은, 구문론적으로, 논리적 원리들을 사용하여 전제들로부터 이끌어 낼 수 있는 것들의 범위 안에 결론이 들어 있다는 것을 의미한다. 가령 (1)의 경우 전제1, 전제2로부터 전건긍정논증에 의해 "우리 집 앞마당 땅이 젖었다"를 이끌어 낼 수 있고 그 점에서 결론은 전제로부터 이끌어 낼 수 있는 것들의 범위 안에 있게 된다.
5. 참고로, 이따금 연역이 보편진술로부터 개별진술을 추론하는 것으로 설명되기도 한다. "모든 사람은 죽는다."는 전제로부터 "소크라테스는 죽는다."를 결론으로 도출하는 경우가 이에 해당한다. 하지만 이런 설명은 연역에 대한 정확한 정의가 아니다. 왜냐하면, 보편진술로부터 보편진술을 추론하거나 개별진술에서 개별진술을 추론하는 연역 논증의 경우가 얼마든지 있기 때문이다. 가령 "모든 사람은 죽는다."로부터 "모든 남자는 죽는다."를 도출하는 것은 보편진술로부터 보편진술을 논증하는 것에 해당하고, "만약 영희가 철수를 좋아한다면, 영희는 철수에게 초콜릿을 준다."와 "영희는 철수를 좋아한다."로부터 "영희는 철수에게 초콜릿을 준다."를 도출하는 것은 개별진술에서 개별진술을 논증하는 경우에 해당한다.
6. 참고로, 이따금 귀납이 개별진술로부터 보편진술을 추론하는 것으로 설명되기도 한다. "소크라테스는 죽는다."는 전제로부터 "모든 사람은 죽는다."를 결론으로 도출하는 경우가 이에 해당한다. 하지만 이런 설명은 귀납에 대한 정확한 정의가 아니다. 왜냐하면, 가령 개별진술에서 개별진술을 추론하는 귀납 논증의 경우가 얼마든지 있기 때문이다. 예를 들어, "6월 1일 아침에 동쪽에서 해가 떴다.", "6월 2일 아침에 동쪽에서 해가 떴다." 그리고 "6월 3일 아침에 동쪽에서 해가 떴다."로부터 "6월 4일 (내일) 아침에 동쪽에서 해가 뜰 것이다."를 도출하는 것은 개별진술들로부터 개별진술을 논증하는 경우에 해당한다.
7. 명제논리는 명제 즉 참, 거짓을 판별할 수 있는 문장들을 기본단위로 하여 그 안에서 허용될 수 있는 추론 내지 논증 관계를 연구한다. 명제논리에 관한 보다 정확하고 자세한 이해를 위해서 일반적인 논리학 교재에 소개된 명제논리 부분을 참조하기 바란다.
8. 배타적 선언은 '(A 또는 B) 그리고 ~(A 그리고 B)'와 같은 형식으로 표현될 수 있다.
9. 이러한 상황은 일반적으로 편향된 통계의 오류로 명명된다.
10. 이러한 상황은 일반적으로 성급한 일반화의 오류로 명명된다.
11. 경향신문, "'크론병 환자' 면역 억제제 부작용 원인 찾았다." 2014년 8월 11일
12. 경향신문, "美 연구팀 '일부 피임약, 유방암 위험 높여'", 2014년 8월 2일
13. 해당 오류들은 일반적인 오류 소개 교재에 자세히 소개되어 있다. 보다 정확한 소개를 위해서는 관련

된 교재를 참조하기 바란다.
14. 국가암정보센터 홈페이지 http://www.cancer.go.kr 참조
15. 박정일, 「논술과 토론의 개념」, 『철학과 현실』, 철학문화연구소, 2006
16. 「논증분석」에 사용된 모든 지문은 논증분석 연습의 학습 효과를 극대화할 목적으로 필요한 경우 논증을 가감하거나 재구성하여 인용하였다.
17. '몹시 괴롭히거나 가혹하게 대우함. 또는 그런 대우'를 말한다. (네이버 국어사전)
18. 이러한 방식의 사육이 학대라는 점은 예컨대 다음에서 알 수 있다. 전주 MBC,「육식의 반란 마블링의 음모」, 2013 한국방송대상
19. 강윤재, 『세상을 바꾼 과학논쟁』, 서울: 궁리, 2014
20. 김익중『한국탈핵』, 서울: 한티재, 2013
21. 김윤희, 『탄소세 도입에 따른 난방용 에너지원의 소득재분배에 대한 영향연구』, 서울대학교 환경계획과 석사논문, 2007
22. 홍성욱, 『과학은 얼마나』, 서울대학교출판문화원, 2014
23. 이용갑, 『프레젠테이션 1막 5장』, 프롬북스, 2011, 164~165쪽 참고
24. 장하준, 이종태 외 옮김, 『국가의 역할』 제 2장 참고
25. 김태성 · 성경륭, 『복지 국가론』(나남, 2009 2판 10쇄), 제 2장 참고. 박종현, 『케인즈&하이에크 시장경제를 위한 진실게임』 4장 참고.
26. 『복지국가론』 제 1장 31쪽 참고. 현대 복지 국가는 경제성장에 따른 국민소득 총액의 증가를 바탕으로 조세정책, 일부 산업의 국유화, 완전고용, 쾌적한 의식주 확보, 질병자, 실업자, 노인과 모자의 사회보장, 국민연금 정책으로 국민 전체의 건강과 문화생활을 보장한다. 복지 국가는 사회보험 제도(산재보험, 질병보험, 노령연금, 실업보험)에 따라 보호되는 대상자의 수를 확대하여 국민의 삶의 질을 높이려 한다.
27. 찬성 측 발표문–소주장1 근거1 관련자료1) 국제연합 인권선언문
28. 찬성 측 발표문–소주장1 근거1 관련자료2) 대한민국 헌법 조항
29. 찬성 측 발표문–소주장1 근거2 관련자료) 선진국의 조세부담률과 공공사회복지비 지출 비교
30. 찬성 측 발표문–소주장2 근거1 관련자료) 산업정책의 시장조절 역할
31. 찬성 측 발표문–소주장2 근거2 관련자료1) 일본 부품 · 소재 산업 지원정책
32. 찬성 측 발표문–소주장2 근거2 관련자료2) 일본 부품소재 산업 세계 시장 석권
33. 찬성 측 발표문–소주장2 근거2 관련자료3) 우리나라 자동차 부품 산업의 경쟁력
34. 찬성 측 발표문–소주장3 근거1 관련자료) 소득재분배 정책과 소득불평등 완화 관계
35. 찬성 측 발표문–소주장3 근거2 관련자료1) 핀란드의 교육 복지와 한국이 배워야 할 것
36. 찬성 측 발표문–소주장3 근거2 관련자료2) 나라별 공교육비 민간 부담률
37. 찬성 측 발표문–소주장3 근거2 관련자료3) 노인복지 문제와 해결 사례
38. 정정길 외, 『작은 정부론』 제1장 참고.
39. 존 비 테일러, 이상규 외 옮김, 『테일러 경제학』 21장, 606쪽 참고.
40. 애덤 스미스, 김수행 옮김, 『국부론』 (상), 552쪽. 여기서 '보이지 않는 손'이란 가격기구를 가리킨다.
41. 박종현, 『케인즈&하이에크 시장 경제를 위한 진실게임』 Epilogue 3 키워드 찾기 참고.
42. 반대 측 발표문–소주장1 근거1 관련자료1) 국제연합 인권선언문
43. 반대 측 발표문–소주장1 근거1 관련자료2) 대한민국 헌법 조항
44. 하이에크, 『노예의 길』 78쪽 참고.
45. 반대 측 발표문–소주장1 근거2 관련자료) 개혁개방과 민주화 요구– 천안문 사건
46. 애덤 스미스, 『국부론』, 553쪽.
47. 반대 측 발표문–소주장2 근거1 관련자료1) 수요량과 공급량에 따른 균형 가격 형성
48. 반대 측 발표문–소주장2 근거1 관련자료2) 개혁개방 이후 중국의 발전

49. 반대 측 발표문-소주장2 근거2 관련자료1) 정부의 경제 규제와 경제 성장률 관계
50. 『테일러 경제학』, 435-436쪽 참고. 공기업이란 정부나 지방자치단체, 공공기관이 직접 사회적 공공복리를 위하여 경영하는 기업으로서 소비의 비경합성과 비배제성을 갖는 재화나 서비스인 공공재(public goods)를 생산한다. 비경합성(nonrivarly)은 한 사람이 더 소비한다고 하더라도 다른 사람이 소비할 양이 줄어들지 않는다는 뜻이고, 비배제성(nonexcludability)은 어떤 사람이 해당 재화나 서비스를 소비하지 못하게 배제할 수 없다는 뜻이다. 공기업이 생산한 재화는 저렴한 가격에 제공하지만, 적자가 발생할 경우 정부가 세금으로 충당해 준다.
51. 반대 측 발표문-소주장2 근거2 관련자료2) 한국과 일본의 민영화 성과
52. 반대 측 발표문-소주장2 근거2 관련자료3) 포스코건설의 민영화 성공 사례
53. 반대 측 발표문-소주장3 근거1 관련자료1, 2, 3) 복지 선진국의 위기
54. 『복지 국가론』, 267쪽 참고.
55. J. B. Taylor, 이상규 외 옮김, 『테일러 경제학』, 527쪽-543쪽 참고
56. 같은 책, 549쪽. N. G. Mankiw, 김경환 · 김종석 옮김, 『맨큐의 경제학』(교보문고, 2009), 629쪽, 표 23.3 GDP와 삶의 질

찾아보기

하

저자

김영례

전북대학교 철학과 시간강사

논문: 「칸트에 있어서 선험적 인식에 관한 연구–흄의 인과율과 관련하여–」(박사학위논문, 1991), 「비판적 사고와 칸트」(동서철학연구, 2012), 「칸트의 다원주의」(동서철학연구, 2013), 「칸트철학에서 타자의 얼굴」(범한철학 제70집, 2013), 「칸트의 재산권과 분배적 정의」(범한철학 제72집, 2014), 「칸트철학에서 사회복지의 이론적 근거」(범한철학 제73집, 2014), 「칸트 윤리학에서 행복의 의의」(범한철학 제 75집, 2014) 외 다수

저 · 역서: 『사고와 토론』(신아출판사, 2014)

• 전북대학교에서 〈비판적 사고와 논리〉, 〈철학의 이해〉, 〈윤리학의 이해〉, 〈논술의 이론과 실제〉, 〈인문고전읽기〉 강의

김진형

서울시립대학교 강의전담 객원교수

논문: 「툴민 논증 모형의 사용에 대하여; 토론 수업을 중심으로」(범한철학 제66집, 2012), 「토론에서 논증의 사용에 대해: 토론 수업을 중심으로」(범한철학 제71집, 2013) 외 다수

• 서울시립대학교에서 〈발표와 토론〉 강의

김회빈

전북대학교 철학과 강의전담교수

논문: 「타르스키의 진리성 개념에 관한 연구」(박사학위논문, 1992), 「언어상대주의의 반실재주」(범한철학 제51집, 2008) 외 다수

저 · 역서: 『비판적 사고를 위한 논리학』(신아출판사, 2012), 『자연과학과 철학』(중원문화, 2010), 『논리의 오류』(중원문화, 2010)외 다수

박일호

전북대학교 철학과 교수

논문: 「Confirmation Mearsures and Collaborative Belief Updating」(Synthese, 2014), 「귀납, 우도, 학습: 전영삼의 『귀납』에 대한 비판적 논평」(과학철학, 2014) 외 다수

• 과학철학, 그 중에서도 과학방법론, 귀납논리, 확률철학 등을 연구, 강의

박준호

전북대학교 철학과 교수

논문: 「비형식 논리학의 논증과 논증 평가 개념」(범한철학 제34집, 2004), 「논증의 평가와 평가의 기준: 비판적 사고와 비형식 논리학의 의의」(범한철학 제43집, 2006), 「선결문제요구와 논증평가론」(범한철학 제61집, 2011), 「논증의 오류」(범한철학 제64집, 2012), 독단과 논증의 사이: 가설의 방법, (동서철학연구 제74호, 395-422, 2014) 외 다수

저 · 역서: 『논리의 이해』(한국문화사, 2011), 『논리와 논증의 이해』(한국문화사, 2003), 『철학자의 연장통』(서광사, 2007), 『철학은 이렇게 공부한다』(서광사, 2010), 『철학과 형이상학』(서광사, 2012) 외 다수

서상복

서강대학교 강사 및 전문 번역인

논문: 「W. Sellars의 통관 철학: 과학 세계와 도덕 세계의 융합」(박사학위논문, 2000), 「칸트와 셀라스: 현상주의를 넘어 과학적 실재주의로」(칸트연구 제8집, 2001) 「W. Sellars의 지각 이론: 과학적 설명과 일상적 이해를 조화시키는 길」(철학연구 제75집, 2006) 외 다수

저 · 역서: 『합리주의, 경험주의, 실용주의』, 『서양철학사』(공역), 『러셀 서양철학사』외 다수

• 서강대학교에서 〈논리와 사고〉, 〈논리와 비판적 사고〉, 〈철학 탐구 방법론〉, 〈인식론〉, 〈윤리학〉, 〈서양 철학사〉, 한양대학교와 육군사관학교에서 〈교양 철학〉, 서울시립대학교에서 〈발표와 토론〉 강의

양은석

전북대학교 철학과 교수

비판적사고와 논술 연구소 소장

논문: 「논리적 개념의 불확정성에 관한 연구」(박사학위논문, 1997), 「공학도를 위한 논리」(논리연구 13집2호, 2010), 「논란 없는 원리와 귀납논증」(철학적 분석 제27호, 2013) 외 다수

• 서울시립대학교 〈발표와 토론〉 4년간 강의

조흥만

전북대 철학과 강의전담교수

논문: 「『변론』에서 소크라테스의 죽음관에 대한 새로운 조명」(철학연구, 2014) 외 다수

저 · 역서: 『중세철학』(서광사, 2007) 외 다수

• 전북대학교 기초교양교육원 비판적사고와 논리 교수법 연구를 위한 공개 강의(2012)

사고와 토론

지은이 박준호, 양은석, 박일호, 김회빈, 김진형, 조홍만, 김영례, 서상복
펴낸이 양오봉
펴낸곳 전북대학교출판문화원

초판 1쇄 발행 2015. 2. 28.
2 판 7쇄 발행 2024. 9. 20.

전북대학교출판문화원 전북특별자치도 전주시 완산구 어진길 32 (풍남동2가)
전화 (063) 219-5319~5322
FAX (063) 219-5323
출판등록 2012년 8월 20일 제465-2012-000021호

값 14,000원

ISBN 978-89-98534-80-6 03170